한 권으로 끝내는

쇼핑몰
창업&운영
바이블

고은희, 박대윤 지음

정보문화사
Information Publishing Group

한 권으로 끝내는
쇼핑몰 창업&운영 바이블

초판 1쇄 인쇄 | 2020년 10월 20일
초판 1쇄 발행 | 2020년 10월 30일

지 은 이 | 고은희, 박대윤
발 행 인 | 이상만
발 행 처 | 정보문화사

편 집 진 행 | 노미라
교 정 교 열 | 안종군

주   소 | 서울시 종로구 동숭길 113 (정보빌딩)
전   화 | (02)3673-0037(편집부) / (02)3673-0114(代)
팩   스 | (02)3673-0260
등   록 | 1990년 2월 14일 제1-1013호
홈 페 이 지 | www.infopub.co.kr

I S B N | 978-89-5674-858-0

Preface

머리말

2020년, 멋진 새 출발을 위해 연초에 많은 계획을 세우셨을 것이라 생각합니다. 빠르게 시간이 흘러 벌써 2020년의 하반기로 다가가고 있습니다. 2020년 한 해는 예상하지 못한 코로나19 사태로 우리의 생활과 일이 급격히 변화했습니다. 하지만 이러한 와중에도 온라인 산업은 반사이익을 얻었습니다. 코로나19 사태가 진정된다 하더라도 온라인을 기반으로 하는 산업의 성장세는 더욱 가파를 것으로 예상됩니다. 그 중심에는 e커머스가 있습니다.

이와 같은 시장 변화에 맞춰 창업 유형에서도 인터넷 쇼핑몰 창업이 단연 인기 업종이 되었습니다. 특히 인터넷 쇼핑몰 창업은 초기 자본이 적게 든다는 이유로 학생, 주부부터 직장인까지 '할 것 없으면 인터넷 쇼핑몰이나 하지'라는 생각으로 시작하는 분들이 많습니다.

2000년 초만 하더라도 경쟁이 치열하지 않았기 때문에 물품을 올리기만 해도 바로 팔리는 경우가 많았지만, 현재의 인터넷 쇼핑몰시장은 규모만 커진 것이 아니라 무한 경쟁 시대라 할 만큼 경쟁이 치열하여 오픈한 지 3개월 안에 폐점하는 인터넷 쇼핑몰들이 부지기수입니다. 이러한 상황에서 무작정 판매를 시작하면 3개월 안에 폐점하는 또 하나의 쇼핑몰로 남게 될 뿐입니다.

이 책은 시장 조사 및 아이템, 사업계획서 작성, 쇼핑몰 제작, 쇼핑몰 마케팅 등 창업 절차에 맞춰 체계적이고 쉽게 이해할 수 있도록 단계별 학습 방식을 채택했습니다.
특히 쇼핑몰 제작은 최근 가장 인기 있는 플랫폼인 네이버 스마트스토어, 국내 대표 쇼핑몰 솔루션인 '카페24'와 '메이크샵'을 이용하여 제작과 운영 전반에 걸쳐 자세히 설명하였습니다. 쇼핑몰 운영 중에는 다른 솔루션으로 이전하는 것이 쉽지 않습니다. 자신이 운영하려는 쇼핑몰은 어느 솔루션으로 제작하고 운영하는 것이 유리한지 판단할 수 있도록 하기 위해 네이버 스마트스토어와 두 가지 솔루션을 이용한 PC와 모바일 쇼핑몰 제작 및 운영 기능 전반에 대해 설명했습니다.

쇼핑몰 판매 채널을 확장할 수 있도록 네이버쇼핑, 오픈마켓, 종합 쇼핑몰, 소셜커머스 입점 및 판매 방법을 소개하고 해외 쇼핑몰 만들기에 대해 설명하였습니다. 또한 실무에 바로 적용할 수 있는 다양한 마케팅 서비스를 설명하였습니다.
쇼핑몰 창업 준비하기, 쇼핑몰 만들기, 쇼핑몰 관리 & 운영하기, 쇼핑몰 판매 채널 확장하기, 쇼핑몰 마케팅, 쇼핑몰 상품사진 촬영 & 포토샵 등 쇼핑몰 창업에 필요한 거의 모든 내용을 네이버 스마트스토어와 카페24, 메이크샵 솔루션을 적용하여 실무에 바로 적용할 수 있도록 적용 방법들을 자세히 기술하였습니다.

끝으로 책 집필에 도움을 주신 인터넷 쇼핑몰 대표님들께 감사드리며 이 책을 통해 모두가 소망하는 성공 쇼핑몰 창업의 꿈에 한걸음 다가설 수 있기를 기원합니다.

저자 씀

Preveal

미리보기

이 책은 벤치마킹, 쇼핑몰 창업 계획표 작성, 아이템 선정, 쇼핑몰 제작, 쇼핑몰 운영 및 관리, 판매 채널 운영, 쇼핑몰 마케팅, 쇼핑몰 디자인, 상세 페이지 제작에 필요한 포토샵 기능 등 쇼핑몰 창업 전반에 대해 좀 더 체계적이고 쉽게 이해할 수 있도록 단계별 학습 방식을 채택하였습니다.

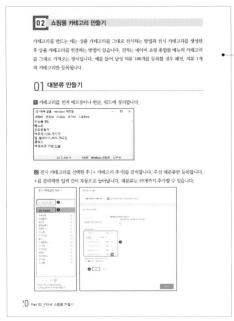

본문

본문은 인터넷 쇼핑몰 창업 계획표의 순서에 따라 초보자들이 쉽게 따라 할 수 있는 방식으로 설명하였습니다.

Tip

본문에 설명한 내용 이외 필요한 기능이나 자세히 알아야 할 세부 사항에 대한 설명을 추가하였습니다.

이 책의 예제에 사용된 파일은 정보문화사 홈페이지(http://www.infopub.co.kr)의 자료실에서 다운로드할 수 있습니다.

Contents

목차

Contents

목차

인터넷 쇼핑몰 만들기

PART 02

Contents

목차

쇼핑몰
관리와 운영

Contents
목차

PART 04

쇼핑몰 판매 채널 확장하기

Contents

목차

PART 05 쇼핑몰 홍보와 마케팅

Contents
목차

PART
06

쇼핑몰 상품 사진 촬영과
포토샵 핵심 기능 익히기

인터넷 쇼핑몰 창업,
제대로 준비하기

Part 01에서는 인터넷 쇼핑몰 창업 시작 전 무엇을 준비해야 하는지를 살펴봅니다. 판매할 아이템을 선정하는 방법, 쇼핑몰 사업계획서 작성에 필요한 관련 서류 등에 대해 자세히 알아봅니다.

01 인터넷 쇼핑몰 창업 준비하기

01 인터넷 쇼핑몰의 현재와 미래

통계청의 2020년 1분기 온라인 쇼핑 동향 자료에 따르면, 인터넷 쇼핑 거래액은 약 12조 5,000억 원으로 전년 동 분기 대비 11.8% 증가한 반면, 동 기간의 백화점 및 전통적인 오프라인 소매업 규모는 감소했습니다. 여기서 주목할 점은 모바일 쇼핑 비중이 매년 크게 증가하고 있다는 것입니다. 온라인 쇼핑 거래액 중 모바일 쇼핑 거래액은 약 8조 4,000억 원으로 19.2% 증가했고, 모바일 쇼핑의 거래액 비중은 약 67%를 기록했습니다.

온라인 쇼핑 거래액

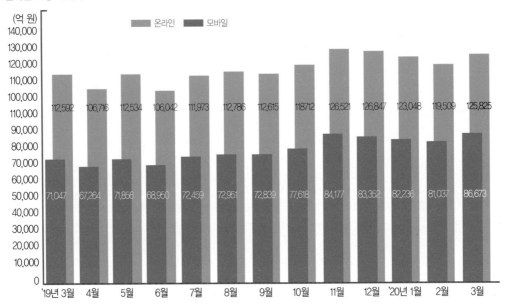

온라인 쇼핑 거래액 동향(출처: 2020년 1분기 온라인 쇼핑 동향. 통계청 자료)

인터넷 쇼핑시장이 매년 꾸준히 성장하는 원인은 크게 세 가지로 나눠볼 수 있습니다.

첫째, '모바일 쇼핑(M-commerce)시장의 꾸준한 성장'입니다.
온라인 쇼핑 비중이 소비시장에서 유통 채널 1위로 꾸준히 성장하고 있고, 모바일 쇼핑은 성장의 견인차 역할을 하고 있습니다. 즉, 소비시장은 다음과 같이 변화하고 있습니다.

소비시장의 변화

둘째, '오프라인 유통 기업의 인터넷 쇼핑몰 증가와 온·오프라인 연계(O2O) 서비스의 성장'입니다.
음·식료, 농·축·수산물 등 마트 관련 상품군과 같은 오프라인 기업의 온라인 병행 쇼핑몰의 증가로 온라인 쇼핑의 규모가 크게 상승하고 있습니다. 또한 온·오프라인 연계 서비스의 성장도 중요한 성장 요인이라 할 수 있습니다. 대표적인 서비스로는 카카오택시를 들 수 있고, 배달음식, 식당, 옷가게, 헤어숍, 택배, 부동산 중개, 이사 등 실생활에 관련된 다양한 분야로 점차 확대되고 있습니다.
특히, 코로나19와 소비 형태의 변화로 신선 식품, 간편식, 배달음식 등의 거래량이 크게 증가했습니다. 특히 신선 식품은 새벽 배송과 같은 고객 맞춤형 서비스가 늘어나면서 거래량이 폭발적으로 증가했습니다.

셋째, '소비 패턴의 변화'입니다.
온라인 쇼핑은 인터넷 쇼핑을 통해 물건을 지속적으로 구매하는 재구매자의 비율이 높아지는 소비 패턴의 변화를 만들었고, 이는 온라인 쇼핑시장의 꾸준한 성장에 중요한 요인으로 작용하고 있습니다.

하지만 인터넷 쇼핑의 양적 성장률에만 초점을 맞춰 인터넷 쇼핑몰을 창업하면 실패할 확률이 높습니다. 앞서 언급한 인터넷 쇼핑의 성장 요인 중 재구매자의 비율이 높다는 말은 인터넷 쇼핑몰을 수년간 운영하면서 안정된 수익과 단골 고객을 확보한 운영자가 더 많은 이득을 볼 수 있다는 것이지 인터넷 쇼핑몰 예비 창업자들이 반드시 성공할 수 있다는 것을 의미하는 것은 아닙니다. 주변의 많은 조력자는 예비 창업자에게 "열심히 하면 성공할 수 있습니다."라고 조언합니다. 물론 틀린 말은 아니지만, 현재의 인터넷 쇼핑몰 창업시장은 열심히만 한다고 해서 성공할 수 없는 상태이고, 치열한 경쟁을 해야 하는 상황이라는 점에 주목해야 합니다.

현재의 인터넷 쇼핑몰시장은 명확한 목표와 구체적인 계획 없이는 결코 성공할 수 없습니다. 이 세상에 목표도 없고 계획도 없이 열심히만 한다고 해서 성공하는 일은 없으니까요. 필자가 다년간 인터넷 쇼핑몰 창업 교육을 하면서 느낀 점은 많은 예비 창업자가 구체적인 계획도 없이 시작했다가 쉽게 포기하는 경우가 많다는 것이었습니다.

02 인터넷 쇼핑몰시장 살펴보기

인터넷 쇼핑몰시장이 꾸준히 성장하고, 인터넷 쇼핑몰 창업자 수가 꾸준히 늘고 있는 이유를 쇼핑몰의 창업자와 구매자의 입장에서 각각 살펴보겠습니다.

02-1 창업자 입장의 인터넷 쇼핑몰

창업자 입장에서 바라본 인터넷 쇼핑몰의 장점은 다음과 같습니다.

❶ 무자본 · 소자본으로 창업할 수 있다

오프라인 매장의 형태로 창업하려면 매장 임대, 인테리어, 임대료, 매장 규모에 맞는 초기 사입, 인건비 등 막대한 초기 투자 비용이 발생하고, 매장을 유지하려면 매월 많은 비용이 발생합니다. 반면, 인터넷 쇼핑몰은 규모에 따라 수십~수백만 원의 소자본으로도 창업할 수 있습니다. 심지어 최근 네이버에서 운영하는 스마트스토어가 활성화돼 쇼핑몰을 무료로 만들수도 있습니다. 또한 B2B를 활용해 물건을 판매할 수 있는 무재고, 무자본 쇼핑몰 창업 방법으로 쇼핑몰 창업의 진입 장벽이 더욱 낮아지기도 했습니다.

쇼핑몰을 무료로 만들 수 있는 네이버 스마트스토어와 카페24 쇼핑몰 솔루션

최근에는 스마트스토어와 같은 오픈마켓에 회원 가입을 한 후 '도매매'와 같은 배송 대행 B2B 서
비스 사이트에서 상품의 사진만 가져와 판매하는 무재고, 무자본 창업이 인기를 끌고 있습니다.

도매매의 상품 데이터를 무료로 가져와 스마트스토어, 쇼핑몰에 자동으로 연동

❷ 임대료 부담이 적다

옷가게와 같은 오프라인 매장은 입지 조건이 매우 중요합니다. 매장을 유동 인구가 많은 곳
에서 운영하려면 매달 수백~수천만 원의 비싼 임대료를 부담해야 합니다. 하지만 인터넷 쇼
핑몰은 입지 조건을 따질 필요가 없고, 심지어 집에서도 시작할 수 있습니다. 쇼핑몰 솔루션
업체에서 운영하는 창업센터의 공동 사무실을 이용하면 월 20~30만 원으로 사무실, 촬영 스
튜디오, 택배 등을 모두 해결할 수 있습니다.

❸ 1인 창업도 할 수 있다

쇼핑몰 기획, 제작, 홍보, 상품 사입, 상품 촬영, 상품 포장, 고객 관리 등 쇼핑몰 운영에 관
련된 업무를 혼자서도 처리할 수 있습니다. 인터넷 쇼핑몰을 오픈한 후 사업이 어느 정도 안
정되고 업무량이 증가하면 직원을 채용해야 하는데, 1인 창업은 업무를 효율적으로 처리할
수 있고 직원 간 의사소통 문제도 발생하지 않는다는 장점이 있습니다.

다음은 ○○○ 의류 쇼핑몰의 1인 창업 사례입니다. 이 쇼핑몰에서는 창업주가 직접 상품을 사입하지 않습니다. 창업센터의 사입 대행 서비스를 이용하거나 의류 도매 사이트에서 제공하는 상품 사진을 제공받아 노출하고, 주문이 들어오면 해당 도매 사이트에 배송을 요청하기 때문에 상품을 사입하는 데 따른 시간적·물리적 비용이 전혀 발생하지 않습니다. 사업 초창기의 사무실은 창업센터의 '1인 소호 사무실'을 이용했기 때문에 초기 창업 비용과 유지 비용을 최소화할 수 있었습니다.

○○○ 의류 쇼핑몰

❹ 자금 운용 계획을 수립하기 쉽다

인터넷 쇼핑몰을 이용하는 고객은 신용카드나 온라인 입금 방식을 선호하기 때문에 자금 흐름이 안정적입니다. 쇼핑몰의 정산 주기와 자금 흐름이 명확하고 투명하기 때문에 쇼핑몰 운영 자금을 효율적으로 관리할 수 있습니다. 안정적이고 원활한 자금 흐름은 인터넷 쇼핑몰의 전체 자금 운용 계획을 세우는 데 유리합니다.

> **TIP** **오픈마켓(쇼핑몰 포함), 스마트스토어의 정산 주기**
>
> PG사의 정산 주기는 보통 일 1회(승인 후 7일), 월 4회, 월 2회, 월 1회이고, 수수료 차이는 거의 없습니다. 쿠팡의 정산 주기는 주 1회, 월 1회인데, 주 1회 정산의 경우 구매 확정 건의 70% 금액만 지급되고 구매 확정을 누르지 않으면 배송 완료 후 7일 후에 구매가 확정되며 업체 직송은 7일 후 자동 구매가 확정돼 정산에 반영됩니다.
> 월 1회 정산은 한 번에 몰아서 받기 때문에 정산이 빠르다는 장점이 있지만 자금 회전이 힘들다는 단점이 있습니다. 반면 주 1회 정산은 주마다 70%의 금액이 지급되지만 항상 30%씩 남아 있다는 단점이 있습니다. 스마트스토어, 옥션, G마켓, 11번가는 배송 확정 후 7일 이내에 정산됩니다. 쇼핑몰을 원활하게 운영하는 데는 일 1회 정산이 유리합니다.

02-2 구매자 입장의 인터넷 쇼핑몰

구매자의 입장에서 바라본 인터넷 쇼핑몰의 장점은 다음과 같습니다.

❶ 가격 만족도가 높다

인터넷 쇼핑몰이 성장하게 된 가장 큰 원인으로는 '합리적 소비 패턴 확산'을 들 수 있습니다. 인터넷 쇼핑이 아무리 편리하다 하더라도 오프라인 매장에 비해 가격이 저렴하지 않다면 꾸준한 성장은 기대할 수 없기 때문입니다. 따라서 인터넷 쇼핑몰 창업자는 상품 가격을 책정할 때 인터넷 쇼핑 고객의 '합리적 소비 패턴'에 관련된 니즈(needs)를 충분히 반영해야 합니다.

❷ 쇼핑이 편리하고 시간이 절약된다

인터넷 쇼핑몰을 이용하면 먹을거리, 입을거리, 볼거리 등 우리 생활에 필요한 것을 주문할 수 있고, 집에서 편리하게 받을 수도 있습니다. 인터넷 쇼핑몰을 이용하면 시·공간에 구애 받지 않고 상품을 편리하게 구매할 수 있고, 백화점이나 마트, 동대문 패션상가나 서점 등을 직접 방문하지 않고도 원하는 상품을 쉽게 구입할 수 있습니다. 심지어 스마트폰, 태블릿 PC 등과 같은 IT 기기를 이용해 지하철이나 버스 안, 길을 걷다가도 쇼핑을 할 수 있습니다. 이처럼 모바일 쇼핑은 시간에 쫓기는 현대인에게 각광받는 서비스가 될 것입니다. 따라서 쇼핑몰 예비 창업자에게는 인터넷 쇼핑몰 PC 버전과 모바일 버전을 함께 운영하는 전략이 필요합니다.

❸ 상품을 비교, 분석하기 쉽다

인터넷에 접속하면 상품의 브랜드, 가격, 혜택 등을 비교해 원하는 상품을 쉽게 구매할 수 있습니다. 다음은 네이버 쇼핑에서 '티셔츠'라는 키워드로 검색한 결과 화면입니다. 상단에 카테고리, 브랜드, 가격, 혜택, 색상 목록이 노출되고, 그 아래쪽에 여러 판매자의 티셔츠 상품이 노출됩니다. 즉, 상품의 가격, 제품 특징 등을 몇 번의 클릭만으로도 비교할 수 있습니다.

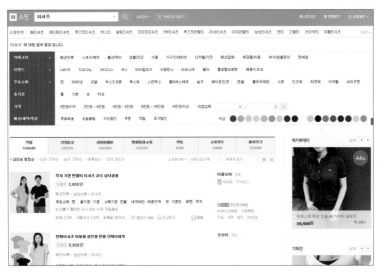

네이버 쇼핑에서 '티셔츠'로 검색한 화면

03 인터넷 쇼핑몰 창업, 무엇부터 시작해야 할까?

인터넷 쇼핑몰을 창업하려고 할 때는 무엇부터 시작해야 할지 막막합니다. 하지만 다음 절차를 따라 하면 쇼핑몰을 쉽게 오픈할 수 있습니다.

• 1단계: 쇼핑몰 채널 결정하기

온라인 판매 채널에는 G마켓, 옥션, 11번가 등과 같은 오픈마켓, 카페24, 메이크샵, 고도몰 등과 같은 쇼핑몰 솔루션을 활용한 자체 쇼핑몰, 네이버 스마트스토어, 블로그, 인스타그램 등과 같은 SNS를 활용한 SNS마켓 등이 있습니다. 가장 먼저 자신의 목적과 환경에 맞는 채널을 선정해야 합니다.

• 2단계: 시장 조사 및 아이템 선정하기

시장 상황과 아이템의 특성을 분석해 자신이 가장 잘 판매할 수 있는 아이템으로 시작합니다. 아이템을 선정할 때는 상품의 생명 주기와 특성, 고객의 니즈, 경쟁력(가격, 안정된 공급 채널, 아이템의 독창성 등) 등을 고려해야 합니다.

• 3단계: 사업계획서 작성하기

사업의 타당성을 분석한 후 사업계획서를 작성합니다. 인터넷 쇼핑몰 사업계획서에는 쇼핑몰 제작과 운영 전반에 걸친 내용이 모두 포함돼야 합니다. 특히 쇼핑몰 마케팅 방법과 예산 등을 분기별, 연 단위로 계획해야 운영상의 어려움을 최소화할 수 있습니다.

• 4단계: 도메인 구입하기

아이템의 특성과 쇼핑몰의 이름이 매치되는 도메인을 구입합니다. 아이템의 특성이나 쇼핑몰 이름과 일치되는 도메인은 찾기 어렵기 때문에 최대한 연관성이 높고, 기억하기 쉽고, 짧고, 부르기 쉬운 도메인을 구입하는 것이 좋습니다.

• 5단계: 인·허가 관련 사항 신고하기

인터넷 쇼핑몰 사업을 하려면 사업 규모, 아이템 등에 따라 관할 행정 기관에 사업자등록, 통신판매업, 부가통신사업자 등을 신고해야 합니다.

• 6단계: 사무실·택배 계약하기

사무실은 집에서 시작할 수도 있지만, 쇼핑몰 솔루션 업체의 창업센터 공동 사무실을 이용하면 저렴한 택배 서비스, 스튜디오 무료 이용 등과 같은 다양한 혜택을 제공받을 수 있습니다.

• 7단계: 쇼핑몰 제작 및 PG 신청(스마트스토어 제외)

카페24, 메이크샵 등 자신에게 유리한 쇼핑몰 솔루션을 선택합니다. 단, 스마트스토어는 PG 신청을 별도로 하지 않아도 되고, 결제 수수료가 수단별로 자동 부과됩니다. 아이템의 콘셉트와 잘 매치되는 디자인 색상, 레이아웃 등을 고려해 쇼핑몰을 제작합니다. 쇼핑몰을 오픈하기 전에는 충분한 테스트 과정을 거쳐야 합니다. 테스트 과정에서 페이지의 링크 설정 및 오류 체크는 물론 무통장 입금 및 카드 결제 오류 여부 등도 체크해야 합니다.

• 8단계: 쇼핑몰 오픈

모든 항목을 체크한 후 이상이 없다고 판단되면 쇼핑몰을 정식으로 오픈합니다. 1차 오픈을 한 후에는 점검표를 만들어 고객의 피드백을 반영합니다.

• 9단계: 쇼핑몰 마케팅

쇼핑몰이 성공하려면 경쟁력 있는 상품을 판매하는 것 못지않게 많은 사람에게 알리는 것이 중요합니다. 쇼핑몰이 알려지지 않으면 활성화를 기대할 수 없기 때문입니다.

04 인터넷 쇼핑몰 30일 창업 진행표

다음은 소자본으로 창업해 꾸준히 성장하고 있는 숙녀화 전문 쇼핑몰 '빅클럽'의 30일 창업 진행표입니다. 이 사례를 이용해 창업 진행표를 만들어봅시다.

1일차	2일차	3일차	4일차	5일차
아이템 구성 1	아이템 구성 2	아이템 조사 1	아이템 조사 2	아이템 가격 분석
인터넷 검색	아이템 목록 선정	인터넷에서 아이템에 대한 시장성, 선호도 등 조사	도매상가, 인터넷 도매 사이트에서 아이템 시장 조사	아이템 시장 조사를 바탕으로 매입 가격과 판매 가격을 분석한 후 판매가 결정

6일차	7일차	8일차	9일차	10일차
아이템 분석	아이템 선정	사업계획서 작성	도메인 구입	인·허가 관련 신고
SWOT 분석을 통해 빅사이즈 숙녀화 신발 아이템 분석	빅사이즈 숙녀화 신발을 최종 아이템으로 결정	지난 자료를 바탕으로 사업계획서 작성	카페24 도메인센터에서 '빅클럽' 도메인 구입	사업자등록, 통신판매업, 부가통신사업자 등 각종 인·허가 사항 신고

11일차	12일차	13일차	14일차	15일차
쇼핑몰 솔루션 선택	디자인 업체 선정	디자인 콘셉트 회의	쇼핑몰 설계	사무실/택배 계약
무료로 쇼핑몰을 만들고 호스팅받을 수 있는 카페24 솔루션 선택	카페24 디자인센터에서 스마트디자인 제작이 가능한 업체 선정	쇼핑몰 UI와 디자인에 관한 회의	콘셉트 회의를 바탕으로 쇼핑몰 화면 설계 및 필요한 자료 전달	카페24 창업센터 공동 사무실 입주 및 택배 서비스, 스튜디오 이용 계약

16일차	17일차	18일차	19일차	20일차
초기 상품 구매 1	초기 상품 구매 2	초기 상품 구매 3	디자인 피드백	PG 서비스 신청
쇼핑몰의 메인 화면에 배치할 주력 상품 매입 1	쇼핑몰의 메인 화면에 배치할 주력 상품 매입 2	쇼핑몰의 초기에 판매할 보조 상품 매입	웹 디자이너가 작업한 쇼핑몰 디자인 초안 피드백	신용카드 결제 시스템 신청, 무통장 입금 통장 개설

21일차	22일차	23일차	24일차	25일차
상품 촬영	상품 페이지 제작	상품 등록	이벤트 계획	쇼핑몰 테스트
카페24 창업센터 스튜디오를 이용해 촬영 및 보정	촬영한 상품으로 상품 페이지 제작	경쟁업체의 상품 가격 조사 후 판매 가격 결정 및 상품 등록	쇼핑몰 할인 쿠폰 제작, 이벤트 준비	문제점을 파악하기 위한 쇼핑몰 운영 테스트

26일차	27일차	28일차	29일차	30일차
쇼핑몰 오픈	홍보 & 마케팅 1	홍보 & 마케팅 2	첫 주문	분석과 운영
빅클럽 쇼핑몰 오픈	할인 쿠폰 및 이벤트 시작	무료 홍보와 키워드 광고 집행, 로그 분석	주문 고객 응대, 배송	로그 분석으로 고객 및 쇼핑몰 분석과 지속적인 대응 방안 모색

빅클럽 인터넷 쇼핑몰 30일 창업 진행표

02 판매 아이템 조사와 선정하기

쇼핑몰의 대박과 쪽박은 아이템 선정에 달려 있다고 해도 지나친 말이 아닐 정도로 '판매 아이템 정하기'는 쇼핑몰 창업에 가장 중요한 절차 중 하나입니다. 아이템은 어떻게 선정해야 하고, 상품은 어디에서 사입해야 하는지 알아보겠습니다.

01 어떤 아이템을 선택해야 하나요?

'아이템 찾기'는 인터넷 쇼핑몰 창업 프로세스 중 가장 먼저 진행해야 하는 과정입니다. 어떤 아이템을 선택하는지에 쇼핑몰 사업의 성패가 달려 있을 정도로 중요하기 때문입니다. 이번에는 내 아이템이 인터넷 쇼핑몰 상품으로 적당한지 판별하기 위한 기준을 알아보겠습니다.

❶ 고정 관념을 버린다

시장의 상황과 아이템의 특성을 고려해 자신이 가장 잘 알고 있고, 자신 있게 판매할 수 있는 아이템을 선정합니다. 아이템을 선정할 때는 오프라인에 기반을 두고 있는 사람이 유리합니다. 만약 내가 자동차 정비업체 또는 반찬가게를 운영하고 있거나 부모님이 떡집을 운영한다면 사업체와 아이템에 맞는 쇼핑몰을 제작한 후 홍보만 잘하면 성공할 수 있기 때문입니다.

만약 오프라인에 기반을 두고 있지 않다면 자신의 성격과 경력을 고려해 전문성을 살릴 수 있는 아이템을 선정하는 것이 유리합니다. 자신이 잘 알고 있는 일이나 좋아하는 일과 관련된 아이템을 선정하면 고객에게 다양하고 구체적인 정보를 제공할 수 있기 때문입니다. 이때 주의해야 할 점은 관련 분야에 많은 지식이 있다 하더라도 결코 유리하지 않다는 것입니다. 아이템과는 관련이 없더라도 그 아이템을 구매하는 고객의 관점에서 객관적으로 분석하면 쇼핑몰의 매출을 높이는 데 많은 도움이 될 것입니다.

여러분은 다음과 같은 달걀을 어떤 방법으로 판매하시겠습니까?

양계장에서 생산한 달걀

그냥 깨끗하게만 세척해 판다는 사람도 있고, 케이스에 잘 포장해 다른 판매자보다 저렴하게 판다는 사람도 있고, 달걀을 구워 판다는 사람도 있고, 달걀 노른자까지 양념이 잘 베게 해서 판다는 사람도 있을 것입니다. 이처럼 어떤 아이템을 선정하는지도 중요하지만 아이템을 고객의 관점에서 분석하는 것도 중요합니다.

양념이 베어 있는 달걀 장조림

다음 식자재는 동네 마트에서도 쉽게 구입할 수 있는데 왜 굳이 인터넷 쇼핑몰에서 구매하는 것일까요? 오프라인보다 싸게 구입할 수 있기 때문일 수도 있고, 배송이 빠르기 때문일 수도 있을 것입니다. 이 문제를 고객의 관점에서 분석하면 관련 분야의 경험이 없더라도 성공할 수 있습니다.

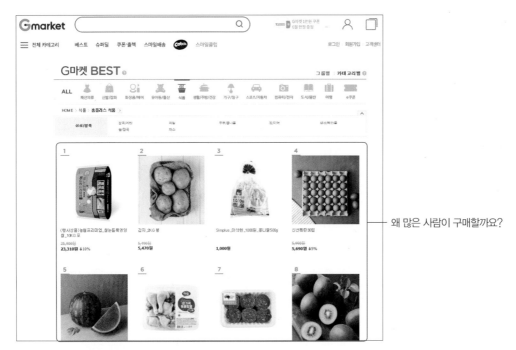

왜 많은 사람이 구매할까요?

오픈마켓에서 판매되고 있는 식자재

만약 아파트 화재 사건 소식을 접하고 집에 소화기를 구입해야겠다고 생각했다면 어디서 구입해야 할까요? 소화기는 동네 마트에서 팔지 않기 때문에 먼 거리에 있는 공구 단지에 직접 방문해 구입해야 합니다. 다시 말해 오프라인에서 쉽게 구입할 수 없을 때는 온라인 쇼핑으로 구매할 수밖에 없는 것이지요. 그런데 온라인 쇼핑 검색해보니 소화기의 종류에는 분말도 있지만 액체도 있다는 사실을 알게 됐다면 어떨까요? 집에서 사용하기 불편한 분말 소화기보다 아이들도 손쉽게 사용할 수 있는 액체 소화기를 선호할 것입니다.

오프라인 〈 온라인

분말 소화기   액체 소화기

❷ 광고를 효율적으로 할 수 있는 아이템을 선정한다

온라인 창업 프로세스에서 가장 힘든 부분 중 하나가 '자사 상품을 홍보하는 것'입니다. 아무리 쇼핑몰을 잘 꾸며 놓고, 좋은 상품을 준비해 놓더라도 홍보를 하지 않으면 높은 매출을 기대할 수 없기 때문입니다.

홍보는 매출과 비례합니다. 만약 그렇지 않다면 상품의 품질, 가격 등에 문제가 있는 것이기 때문에 반드시 원인을 찾아 조치를 취해야 합니다. 하지만 홍보비를 높여 매출을 늘린다고 해서 그 결과가 반드시 순이익과 직결되는 것은 아닙니다. 홍보비를 높여 매출이 늘어났는데도 실제 순이익은 오히려 감소하는 경우가 있습니다. 가장 이상적인 전략은 적은 홍보비를 들여 매출을 높이거나 매출이 적더라도 순이익을 높이는 것입니다.

온라인 쇼핑몰의 홍보비는 곧 광고비라 해도 지나친 말이 아닙니다. 쇼핑몰 업계에 따르면, 평균 5년 이상 운영하고 있는 쇼핑몰 업체의 광고비는 매출의 10~15% 이내로 알려져 있습니다. 창업 초반에는 광고비가 많은지, 적은지 판단할 수 있는 데이터가 없기 때문에 광고비가 생각보다 많이 들어가는 게 사실입니다. 하지만 일반적으로 사업 초반에 광고비를 줄이면 매출도 동반 하락합니다. 그래서 광고비를 줄이지도 못하고, 계속 운영하자니 적자가 늘어나고, 결국 감당할 수 없는 상태가 되면 폐업하게 되는 것입니다. 그렇다면 최소의 광고비로 매출이나 순이익을 극대화할 수 있는 전략은 무엇일까요?

광고비는 아이템과 운영 전략에 달려 있습니다. 즉, 아이템을 세분화할수록 진입 장벽은 낮아지고, 경쟁자도 적습니다.

진입 장벽이 낮고, 경쟁자가 적다는 것은 시장의 규모가 작다는 것을 의미합니다. 하지만 마케팅 비용, 운영비 등이 적기 때문에 초보자에게 유리합니다. 예를 들면 여성 신발보다 빅사이즈 여성 신발 쇼핑몰, 여성 의류보다 레깅스 전문 쇼핑몰이 진입 장벽이 낮고 경쟁자도 적어 상위에 노출하기가 유리합니다.

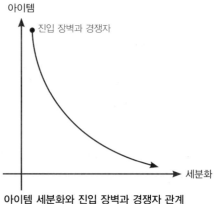

아이템 세분화와 진입 장벽과 경쟁자 관계

❸ 차별화, 전문화된 틈새 아이템을 선정한다

다른 쇼핑몰과 차별화할 수 있는 아이템을 선정합니다. 아이템을 세분화할수록 차별화, 전문화된 틈새 아이템 찾기가 쉽습니다. 온라인상에는 이미 많은 업종과 품목이 진출해 있는 상태이기 때문에 이러한 환경 속에서 새로운 아이템을 찾기는 어렵습니다. 이미 판매 중인 제품이라 하더라도 고급스러움을 강조하거나 마니아층이 선호하는 아이템을 선정해야 합니다. 흔히 볼 수 없는 개성 있는 제품을 발굴하거나 하나뿐인 제품을 선정하는 것도 좋은 아이템 선정 방법입니다. 예를 들어 '소중한 장면을 폰 케이스에'는 고객의 스마트폰 케이스에 연인 사진, 아이 사진, 가족 사진 등을 편집해 넣어주는 서비스입니다. 즉, 세상에서 하나밖에 없는 폰 케이스인 셈이지요.

'소중한 장면을 폰 케이스에'라는 제품은 일반 스마트폰 케이스에 작은 아이디어를 접목한 상품입니다. 이처럼 발상을 전환하면 누구나 차별화된 틈새 아이템을 찾을 수 있습니다.

'소중한 장면을 폰 케이스에' 제품들

❹ 수익성 높은 아이템을 선정한다

구매력과 가격 경쟁력을 함께 갖춘 아이템을 선정합니다. 오픈한 후 일정 규모의 인터넷 쇼핑 몰로 성장하려면 마케팅 비용, 재고 비용, 배송 비용 등과 같은 '고정 비용'이 높아질 수밖에 없습니다. 박리다매를 노린 아이템보다는 마진 폭이 큰 아이템을 선정하는 것이 유리합니다.

❺ 소모성이 강하고 재구매 확률이 높은 아이템을 선정한다

온라인 쇼핑에서 가장 잘 팔리는 아이템은 소모성이 강하고 재구매 확률이 높은 상품입니다. 쌀, 복사 용지, 토너, 라면 등과 같은 생활필수품이나 사무용품은 한 번 고객을 만족시키면 재구매가 계속 이뤄집니다. 그러나 소모성이 강하고 재구매 확률이 높은 아이템의 단점은 '비교 구매가 가능'하고 '최저가를 선호'한다는 것입니다. 즉, 매출은 꾸준히 발생하지만, 마진율이 적을 수 있습니다. 이런 단점을 보완하고 전체적인 매출 증대를 기대할 수 있는 추가 아이템이 필요합니다.

울랄라공주 란제리 전문 쇼핑몰의 란제리, 파자마, 레깅스 등은 연관 상품 재구매가 빈번히 발생하는 상품을 판매하기 때문에 고객이 꾸준히 증가하고 있습니다. 골든베이비 범퍼침대 전문 쇼핑몰은 아기들을 위한 범퍼침대, 침구용품 등 재구매 확률이 낮은 상품을 판매하기 때문에 고객이 좀처럼 늘지 않습니다. 하지만 골든베이비의 범퍼침대는 특허받은 상품이기 때문에 객단가가 높고, 아이를 키우는 엄마들에게 입소문이 나면 구매로 연결되기 쉽다는 장점이 있습니다.

울랄라공주 란제리　　　　　　　골든베이비 범퍼침대

02 아이템을 선정할 때 고려해야 할 사항

아이템 선정할 때 고려해야 할 사항을 알아보겠습니다.

02-1 관심사와 연관된 아이템을 선정하라

아이템을 조사하다 보면 막상 중요한 것을 간과하기 쉽습니다. 그것은 바로 '관심사'입니다. 아이템을 선정할 때 가장 많이 고민해야 하는 것은 '자신이 가장 좋아하고 흥미로워하는 상품 분야(쇼핑몰에서는 카테고리)가 무엇인지'를 파악하는 것입니다.

다음은 네이버 쇼핑의 카테고리입니다. 총 13개의 대분류가 있고, 각 대분류를 클릭하면 중분류-소분류로 분류됩니다. 이처럼 자신의 관심사와 일치할수록 그 분야를 잘 알게 됩니다.

네이버 쇼핑 카테고리

요가, 필라테스에 관심이 많은 판매자라면 다른 사람보다 '요가복', '요가용품', '필라테스 용품'을 많이 접해봤을 것입니다. 나의 관심 분야를 찾아본 후 관련 자료·마켓의 관련 카테고리에 있는 상품을 찾아보면 어떤 상품을 팔아야 할지 쉽게 정할 수 있습니다.

예를 들어 평소 등산과 요가 운동을 즐겼던 김○○ 씨는 외출복으로 입기에 민망한 레깅스를 등산복으로 내놓았습니다. 그 결과, 등산할 때 레깅스를 입는 사람의 수가 크게 늘었고 등산 전문 브랜드에서도 레깅스 상품을 출시할 정도로 성장했습니다.

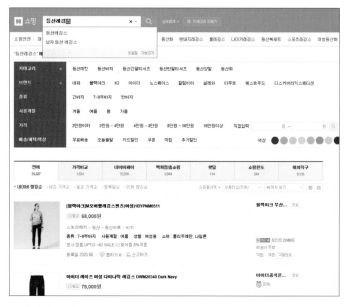

등산 레깅스 상품

02-2 재고 리스크가 적은 아이템으로 시작하라

초보 판매자는 단기 유행 상품이나 생명 주기가 짧은 상품, 사이즈나 색상이 다양한 상품, 객단가가 높은 상품 등은 재고 리스크가 클 수 있기 때문에 선택하지 않는 것이 바람직합니다. 다음 왼쪽 그림은 단색의 프리 사이즈 상품, 오른쪽 그림은 다양한 색상의 프리 사이즈 상품입니다. 초보 판매자라면 오른쪽 상품보다 왼쪽 상품을 선택하는 것이 리스크를 줄이는 데 도움이 됩니다.

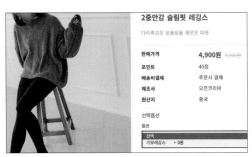

단색 및 프리 사이즈 상품   다양한 색 및 프리 사이즈 상품

객단가가 높은 아이템도 재고 부담이 큽니다. 대부분의 창업 전문가는 겨울에 의류 쇼핑몰을 창업하는 것은 바람직하지 않다고 말합니다. 겨울 의류는 봄, 가을, 여름 의류에 비해 사입비의 리스크가 크기 때문입니다. 특히 인터넷 쇼핑몰 창업 시 유명 브랜드 의류, 가전제품, 객단가가 높은 아이템은 수요가 많든, 적든 판매하기가 쉽지 않습니다. 왜냐하면 수요가 많을 때는 정산 주기만큼의 자본이 필요하기 때문입니다. 예를 들어 객단가가 50만 원인 아이템을 하루에 20개 판매한다면 하루에 1,000만 원의 여유 자금이 필요합니다.

종류가 너무 많은 상품도 초보자가 피해야 할 아이템입니다. 너무 많은 아이템을 취급하면 전문성도 떨어지고, 사입 수량도 적을 수밖에 없기 때문에 한 가지 아이템을 대량으로 매입하는 판매자보다 상품 사입 원가가 높아질 수밖에 없습니다.

가장 좋은 조합은 수요가 많아 경쟁은 심하지만 가격 경쟁에서 유리할 수 있는 아이템 한두 가지와 수요는 많지 않지만 마니아적인 성격이 강해 꾸준히 성장할 가능성이 있는 아이템 한두 가지입니다.

TIP 상품평에 죽고 사는 세상

유통채널의 온라인화가 가속화되고 모바일 쇼핑이 증가할수록 중요해지는 항목이 '고객의 평'입니다. 인터넷 쇼핑몰에 달리는 고객의 평은 판매량의 지속성을 좌우합니다.

다음의 상품평에 따라 판매량이 어떻게 달라지는지를 나타내는 그래프입니다. 부정적인 상품평이 늘어날수록 판매량이 감소하는 반면, 판매량이 저조한 상품이라도 좋은 상품평이 늘어날수록 판매량이 증가한다는 것을 알 수 있습니다.

이렇듯 상품평은 베스트셀러를 만드는 데 중요한 요소입니다. 다음 '상품평에 따라 달라지는 판매량 그래프'는 개인 쇼핑몰, hmall, cjmall 등 종합 쇼핑몰, G마켓, 옥션과 같은 오픈마켓, 도매꾹과 같은 도매 사이트 등 모든 온라인 마켓에서 공통적으로 나타나는 현상입니다.

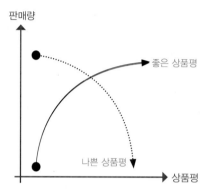

상품평에 따라 달라지는 판매량

"간혹 같은 상품을 다른 판매자보다 비싸게 판매하는데도 다른 판매자보다 더 많이 판매돼 베스트 판매자에까지 오르는 경우가 있습니다. 그 원인은 고객의 상품평에 있는 경우가 많습니다. 판매 초반에 판매량이 많더라도 부정적인 상품평이 늘어나면 판매량은 감소할 수밖에 없습니다. 긍정적인 상품평은 판매량을 증가시키고 베스트 판매자를 만들고 더 나아가 스테디셀러를 만듭니다.

'엔틱소품'의 군모 상품은 고객으로부터 긍정적 상품평을 받았기 때문에 도매꾹 메인 화면의 '추천 상품평' 영역에 수시로 노출되고 있습니다. 도매꾹의 '추천 상품평' 코너는 광고비를 주고 광고할 수 있는 영역이 아니기 때문에 고객에게 더욱 신뢰를 줄 수 있고 판매량 증가 효과도 기대할 수 있습니다."

― 김정호(앤틱소품 대표)

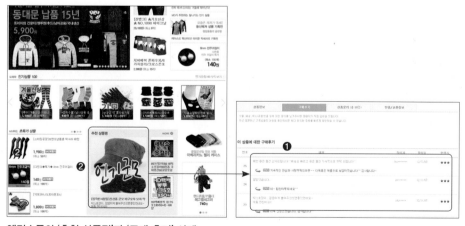

엔틱소품의 '추천 상품평'과 '구매 후기' 사례

03 카테고리와 콘셉트 결정하기

앞의 사업계획서에도 언급했듯이 자신이 생각하는 주력 카테고리를 결정한 후 쇼핑몰을 어떤 콘셉트로 운영할지 결정하면 시장 조사가 좀 더 쉬워집니다.

❶ 주력 카테고리를 정하라

"판매자님은 어떤 쇼핑몰을 운영하고 싶으신가요?"라는 물음에 명확히 답할 수 있어야 합니다. 예를 들어 '레깅스 전문 쇼핑몰을 운영할 계획이다.', '기능성 메모리폼 등받이 전문 쇼핑몰을 운영할 계획이다.' 등과 같이 명확히 답할 수 있어야 합니다. 만약 답하기 어렵다면 "판매자님 쇼핑몰의 메인 카테고리가 무엇인가요?"라는 물음에 먼저 답할 수 있어야 합니다. 카테고리는 네이버 쇼핑의 메인 카테고리 → 서브 카테고리를 참조해 판매자와 연관된 카테고리를 정해야 관련 분야의 경쟁 판매자를 벤치마킹하기 쉽습니다.

예를 들어 레깅스를 전문으로 판매하고 싶다면 다음과 같이 네이버 쇼핑의 메인 카테고리 → 서브 카테고리에서 확인할 수 있습니다. 판매자에게 메인 카테고리는 상품을 등록할 때 매우 중요한 선택 요인이고, 검색 노출에도 많은 영향을 미칩니다.

네이버 쇼핑의 메인 카테고리

❷ 콘셉트를 정하라

판매자 쇼핑몰의 콘셉트를 결정해야 합니다. 우선 "판매자님의 쇼핑몰은 어떤 콘셉트인가요?"라는 물음에 명확한 답을 할 수 있어야 합니다. 예를 들어 '힙업 효과가 뛰어난 ○○레깅스', '다리를 가늘고 길게 보이게 해주는 ○○레깅스'와 같이 명확히 답할 수 있어야 합니다.

04 | 데이터 분석으로 온라인 트렌드 따라잡기

온라인 트렌드는 데이터 분석으로 확인할 수 있습니다. 그 대표적인 예로 네이버의 '데이터 랩'과 '구글 트렌드'를 들 수 있습니다.

네이버 데이터랩은 창업을 계획하거나 이미 창업한 소상공인이 무료로 비즈니스에 활용할 수 있는 빅테이터 분석 서비스입니다. 네이버 데이터랩은 급상승 검색어, 검색어 트렌드, 쇼핑 인사이트, 지역 통계, 댓글 통계 등과 같은 메뉴가 제공됩니다. 특히 관심 있게 살펴봐야 하는 메뉴는 급상승 검색어, 검색어 트렌드, 쇼핑 인사이트입니다.

❶ 데이터랩

데이터랩(https://datalab.naver.com) 사이트에 접속하면 주요 기능이 나타납니다. [데이터랩 홈] 메뉴를 클릭한 후 분야별 인기 검색어와 인기 분야를 선택하고 카테고리를 선택하면 선택한 분야의 인기 검색어와 분야를 요일별로 확인할 수 있습니다.

데이터랩 홈

❷ 급상승 검색어

급상승 검색어 메뉴를 클릭하면 검색 횟수가 급상승한 검색어의 순위와 추이를 연령별, 시간 대별로 자세히 제공합니다. 이용자의 실시간 검색 흐름을 30초 단위로 파악할 수 있습니다.

데이터랩 급상승 검색어

❸ 검색어 트렌드

네이버 통합 검색에서 특정 검색어가 얼마나 많이 검색됐는지 확인할 수 있습니다. 검색어를 기간별, 연령별, 성별로 조회할 수 있습니다. 주제어는 최대 5개까지 입력할 수 있고, 보조 입력 상자에 여러 단어를 입력하면 해당 단어의 추이를 합산해 그 결과를 보여줍니다. 예를 들어 주제어 1에 '캠핑(❶)', 보조 입력 상자(❷)에 '캠핑용품, 캠핑장, 글램핑, 오토캠핑, 캠핑카, 텐트, 캠핑요리' 를 입력하면 7개의 검색어 추이를 합산한 결과를 '캠핑'이라는 주제어로 조회할 수 있습니다.

데이터랩 검색어 트렌드 조회

기간, 범위, 성별, 연령을 선택한 후 [네이버 검색 데이터 조회] 버튼을 클릭하면 조회 결과를
그래프로 확인할 수 있습니다.

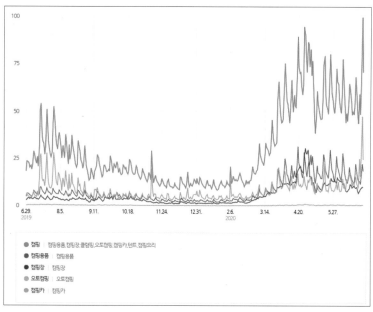

데이터랩 검색 데이터 조회 결과

❹ 쇼핑 인사이트

쇼핑 인사이트에서는 다양한 분야에
서 클릭이 발생한 검색어의 클릭량
추이 및 연령별·성별 정보를 상세
하게 조회할 수 있습니다.

데이터랩 쇼핑 인사이트

쇼핑 분야 트렌드 비교 조회 결과로는 분야별 조회 결과를 기간별, 성별, 연령별로 확인할 수 있습니다. 판매자의 주력 상품과 관련된 검색어의 검색 추이와 통계를 이용해 상품 구성, 판매 전략은 물론 마케팅 시의 타깃을 설정할 수 있습니다.

판매할 상품을 구성하거나 사입하기 전 내가 판매하려는 상품이 어느 시점에 시작되고, 최고점에 이르고, 하락하는지를 파악할 수 있습니다. 이 시점에 따라 상품 사입 시점에 따른 재고 수량을 조절할 수 있습니다.

TIP 데이터의 분석 결과를 판단하는 능력

네이버 데이터랩과 구글 트렌드에서 검색 결과를 확인하는 것보다 데이터를 제대로 판단할 수 있는 능력을 키우는 것이 더 중요합니다. 데이터의 검색 결과가 무엇을 의미하고 어떻게 대응해야 하는지를 파악할 수 있어야 합니다. 위 마스크의 클릭량 추이에서 1월과 2월 사이, 2월과 3월 사이에 상품 조회량이 급격히 높아진 원인은 무엇일까요? 2020년 이전이라면 '황사'겠지만 2020년은 '코로나19'입니다. 그래프가 급격이 높아진 지점은 마스크 대란이 벌어진 시점입니다. 이후 공적 마스크 판매가 시작되면서 점차 안정적인 그래프가 나타납니다.

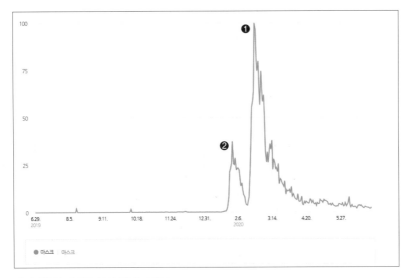

데이터랩의 데이터 분석 결과 그래프

구글 트렌드(trends.google.com)도 네이버 데이터랩과 같이 검색량을 확인할 수 있습니다. 해당 주제가 설정한 기간 내의 가장 많은 검색 횟수를 '100'으로 정한 후 이를 중심으로 상대적인 변화를 기록합니다. 구글 트렌드 검색 창에서 관심 있는 검색어를 입력한 후 알고 싶은 나라를 선택하고 검색합니다. 유모차의 대한민국 검색 트렌드를 알고 싶다면 '대한민국'을 선택한 후 검색 창에 '유모차'를 입력하고 검색합니다.

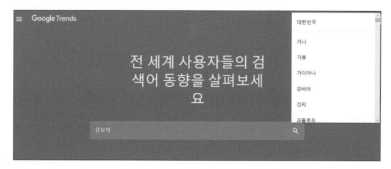

구글 트렌드 검색 창

검색 결과 창에서 기간, 카테고리, 검색 방법을 설정하면 데이터가 바로 수정돼 나타납니다.

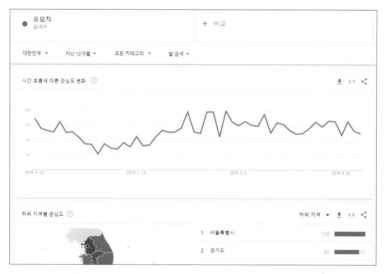

구글 트렌드의 '유모차' 검색 결과

소싱을 받을 수 있는 국내의 대표적인 도매상가를 품목별로 살펴보겠습니다.

05-1 의류 도매상가 살펴보기

다음은 의류 도매상가를 주요 품목별로 나열한 것입니다.

의류 도매상가

아이템	위치	특징
남성복(30대 후반~50대)	통일상가 1~2층, 평화시장 1층	통일상가 A동은 기성복이 주류
여성복(30대 후반~50대)	광장시장 1층, 평화시장 2~3층, 흥인시장 1층	–
아동복	남대문 삼익 패션 타운 지하, 대도상가 지하, 통일상가 3층, 흥인시장 2층	• 남대문 원도매업자가 동대문 도매업자에게 도매로 판매하는 경우가 많음. • 삼익 패션 도로변은 브랜드 아동의류가 많음.
캐주얼 남녀 의류	청평화시장 1~4층, 신평화시장 2~3층, 광장시장	–
청바지, 청재킷	동평화시장 지하 4층, 신평화 2~3층, 남평화시장 2~3층, 통일상가 2~3층	동평화시장, 광희시장 1층은 저가 의류가 많음.
보세 의류	청평화시장 지하, 동평화시장 4층, 제일평화시장 3층	동평화시장 지하는 저가 의류가 많음.
가죽 의류	광희시장 2층, 골든타운 2~3층	광희시장 2층은 가죽 제품 전문점이 많음.
일본 구제 의류	광장시장 2~3층 일부	일본 구제 의류 및 패션잡화, 빈티지 스타일 아이템이 주류
빅사이즈 의류	이태원시장 주변, 신용산역 주변	• 이태원시장 주변은 도·소매 중심 • 신용산역 주변은 소매 중심
군복/군모	종로5가 곱창골목 입구, 남대문 대도상가 D, E동 사이	군복, 군화 등 군인용품 도매상가이며, 대도상가의 규모가 더 큼.
덤핑/저가 의류	테크노상가 1~4층, 동평화시장 지하 4층, 평화시장 지하, 삼우텍프라자 1~3층, 통일상가 2~3층, 이태원시장	삼우텍프라자는 덤핑과 함께 각종 보세 의류 취급
명품 스타일/고가 의류	신평화시장 1층, 동평화시장 1층, 제일평화시장 지하 2층, 광희시장 지하, 디자이너 클럽, Area6, 뉴존 지하	제일평화시장, Area6, 디자이너클럽은 고가 의류가 많음.
속옷	동평화시장 1층, 신평화시장	브랜드와 노브랜드의 비율이 3 : 7 정도로 노브랜드 제품이 강세
양말	신평화시장 1층	속옷시장과 함께 형성돼 있고, 남성·여성·아동용 모두 취급하며, 도매 가격은 개당 100~300원 정도로 형성
유니폼/모자	평화시장 1층, 남대문시장	• 평화시장 1층은 작업복, 단체 체육복이 강세, 남대문시장은 각종 직업 유니폼 강세로 평화시장보다 가격이 높은 편임. • 평화시장 1층은 모자 도매 전문
한복	동대문종합시장 주단부, 종로5가 지하상가, 광장시장의 한복전문상가	동대문종합시장은 원단을 함께 취급함.

05-2 패션잡화

다음은 패션잡화 도매상가를 주요 품목별로 나열한 것입니다.

패션잡화 도매상가

아이템	위치	특징
운동화·구두	동대문신발상가, 흥인시장 1층과 이면 골목, 성수동 수제화 거리, 회현역 주변	동대문신발상가 C동이 가장 크며, D동은 중국산 제품이 많고, 성수동 수제화 거리는 수제화가 주류, 회현역 주변은 아동 구두가 많음.
지갑·벨트	남평화시장, 남대문 유성상가	남대문 유성상가는 도매 중심, 남평화시장은 도·소매
가방·핸드백	남평화시장 1층과 지하, 청계천5가 가방 도매상가 (평화시장 맞은편)	청계천5가는 서류 및 여행 가방, 남평화시장은 숙녀용 및 캐주얼 가방이 강세
액세서리/보석	남대문시장 액세서리 상가(마노, 영창, 연세, 장안, 실로암, 코코, 남정, 우주 등), 종로3가 대로변과 단성사 주변	• 종로4가는 귀금속 도소매 • 인터넷 판매자는 준보석류 거래가 주류 • 종로는 이리 공단에서 유입되는 수량이 많음.
시계	청계천, 숭례문 지하상가 1층과 지상 1층	국산, 중국산, 이미테이션, 일본산 등 다양하며, 손목시계가 주류
안경/선글라스	남대문상가 주변, 남대문 대도상가 주변	남대문상가 주변은 도매 강세, 대도상가는 소매 강세
넥타이	청대문 옆 동화 의류 부자재상가, 동평화시장, 청평화시장	동화의류는 사은품으로 사용할 수 있는 초저가 넥타이 전문점이 많음.
의료/이·미용 기기	종로5~6가 대로변, 숭례문 지하 수입상가	• 종로 5~6가 대로변은 의료 기기가 많음. • 숭례문 지하상가: 수입 이·미용 기기가 많음.
화장품	화곡동 생활용품 도매단지, 남대문 대도상가 대로변	화곡동 생활용품 도매단지는 도매, 대도상가는 소매 중심
이불·커튼·침구류	동대문종합시장 1층, 광장시장, 고속터미널상가	고속터미널상가는 가격이 약간 높은 편이지만, 동대문시장에 비해 품질이 우수함.
수건	청계6가에서 평화시장 1층 대로변	사은품으로 사용할 수 있는 수건이 많음.

05-3 문구·완구·애완용품 도매상가 살펴보기

다음은 문구·완구·애완용품 도매상가를 주요 품목별로 나열한 것입니다.

문구·완구·애완용품 도매상가

아이템	위치	특징
문구	남대문 문구 골목(1~2번 게이트쪽), 동대문 문구 거리, 천호동 문구 거리, 화곡동 도매 물류 단지	화곡동 도매 물류 단지는 중저가 완구가 많음.
완구	천호동 문구·완구 도매시장, 청계천 플라스틱 완구 도매시장, 화곡동 도매 물류 단지	전자 완구는 천호동, 플라스틱 완구는 청계천이 유리함.
완구 부속	청계천5가 광장시장 2층	전동 완구 부속품들이 많음.
팬시/화구/화방용품	숭례문 수입상가에서 대도상가 방향의 팬시용품 거리	• 도매 거래 시 사업자등록증 사본이 있어야 함. • 소매의 30~40% 이상 저렴함.
애완용품	진양상가 2층, 충무로상가	• 수입품이 많으며, 큰 도매 거래가 어려움. • 충무로상가에서 애완용품 직수입 오퍼 진행 가능

05-4 등산 · 스포츠 · 자동차용품 · 기타 도매상가 살펴보기

다음은 등산 · 스포츠 · 자동차용품 · 기타 도매상가를 주요 품목별로 나열한 것입니다.

등산 · 스포츠 · 자동차용품 · 기타 도매상가

아이템	위치	특징
등산용품	광장시장 맞은편 청계6가 대로변, 회현역 대로변	• 도매 가격은 소매 가격보다 20~30% 저렴함. • 청계6가 대로변은 소매 중심, 회현역 대로변은 도매 전문 시억임.
스포츠용품	동대문운동장 주변, 남대문 회현역 대로변, 평화시장 1층	동대문운동장 주변은 소매 중심, 남대문 회현역 대로변은 도매 중심, 평화시장 1층은 각종 라켓 및 스포츠용품 도 · 소매
낚시용품	서울역에서 남대문 방향	• 도매와 소매의 차이가 10~20% 내외로 크지 않음. • 낚시 전문 쇼핑몰을 운영하고 있는 상태라면 폐업하는 낚시 가게를 덤핑으로 거래하는 것이 유리함.
자동차용품	장안평 중고차매매시장 주변, 화곡동 생활용품단지	장안평은 분산된 상가로 시장 조사의 어려움이 있음.
오토바이용품	퇴계로5가 대로변 주변	신상품과 중고품을 함께 취급하는 곳이 많음.
수영용품	남대문 중앙시장 1층, 청계천6가 평화시장 1층	• 브랜드와 노브랜드 제품의 비율은 4 : 6 정도임. • 브랜드제품의 도매 가격은 소매 가격보다 20~30% 저렴함.
그릇/식기	남대문 중앙상가, 대도상가 D동, 숭례문 수입상가, 광장시장 2층, 남대문 중앙상가 C동 지하상가, 을지로4가 스테인리스상가	• 남대문 중앙상가가 가장 유명함. • 도매 가격은 소매의 40~50%에 거래됨.
조명기기	용산전자상가, 세운상가 좌우 도로변과 이면골목	• 세운상가의 점포는 자체 공장을 보유한 곳이 많음. • 도매 가격은 소매 가격의 60~70% • 도매 생산은 100개 이상
인테리어용품	남대문 대도상가 C, D동 2층	수입품은 60~70% 정도이고, 중국산 제품의 비중이 늘어나고 있음.
도기/타일	을지로2가에서 3가 로터리까지 대로변	도매 가격은 소매 가격의 50~60%에 거래됨.
지물	을지로5가 교차로에서 방산시장 입구	포장지, 포장 재료 등 택배용품이 많음.
카메라 및 부자재	숭례문 지하상가, 청계4가 이면골목	숭례문 지하상가는 일본 내수용 카메라가 많음.
악기	종로 낙원상가 2~3층, 부산 서면 악기상가	2층은 일반 매장, 3층 점포는 수입업자 사무실

05-5 식품 · 식품 재료

다음은 식품 · 식품 재료 도매상가를 주요 품목별로 나열한 것입니다.

식품 · 식품 재료 도매상가

아이템	위치	특징
제과 · 제빵 재료	청계5가 방산시장 초입	제과 · 제빵 재료와 기구 제작업체들도 밀집되어 있음.
건어물	을지로4가 중부시장, 가락동 농수산물시장 내 건어물 도매시장	새벽시장과 주간시장으로 구분되어 있음.
가공 식품	청량리 식품 도매시장	유명 제과 및 약품 회사의 제과와 음료가 많음.
수입 식품	남대문 중앙상가 C동 지하 도깨비시장	일본, 미국 등 수입 식품이 주류를 이루고 있음.
식품 재료	방산시장	–
건강 식품	제기동 경동시장과 그 주변	–
한과/떡	낙원상가를 중심으로 좌 · 우측	한과는 대부분의 공장에서 제작돼 유통됨
사탕/과자	대한화재 이면 남대문시장 방향	• 수입품과 국산은 6:4 비율 • 사탕이 주력 상품 • 화이트데이, 발렌타이데이 이벤트 상품이 많음.
일본 식품	부산 국제시장	• 일명 '깡통시장'이라고 함. • 일본 보따리 상인에 의해 주로 수입됨.

05-6 창업 준비물

다음은 창업 준비물 도매상가를 주요 품목별로 나열한 것입니다.

창업 준비물 도매상가

아이템	위치	특징
각종 서류 봉투, 명함	을지로4가 이면 인쇄 골목, 인터넷 명함 제작 사이트	명함 제작 시 봉투를 함께 제작하면 2중으로 들어가는 로고 제작비를 절감할 수 있음.
포장 재료	청계천5가 대로변과 이면	방산시장에 포함되는 지역으로 완충재, 에어캡 등을 도매로 구매할 수 있음.
포장지와 박스	청계천5가 대로변, 숭례문 지하상가 이면	포장지는 길이 단위로 박스는 크기 단위로 최소 수량으로 주문 가능함.
판촉물	을지로4가 이면 골목, 을지로 입구에서 청계천 방향 대로변과 이면 골목	쇼핑몰 오픈 사은품 취급
각종 상호 및 상패 등 아크릴 제품	청계천 대로변 일대, 종로3가 서울극장 이면 골목	소량으로 제작 가능함.
진열장	을지로4가 좌우 대로변	쇼핑몰 창업 시 상품 재고를 보관할 수 있는 진열장을 구매할 수 있음.
스티커	을지로4가 이면 인쇄 골목	브랜드 로고 스티커, 파손 주의 및 적재 방향 표시 스티커 등을 취급함.

동대문 도매시장은 대형 상가가 총 31개(재래시장 10개, 신흥 도매상가 13개, 복합 쇼핑몰 등 8개)가 분포돼 있는 곳으로 야간 도매상가(오후 9시~오전 7시) 22개, 24시간 영업 상가 6개로 이뤄져 있습니다.

동대문패션타운관광특구(http://www.dft.co.kr) 사이트에 방문한 후 [동대문패션상가] – [상가 소개]를 클릭하면 상단에 전체 지도 그림이 나타나고 그 아래에 다음과 같이 상가 배너가 나열되는데, 이 배너를 클릭하면 각 상가의 자세한 정보를 확인할 수 있습니다.

동대문패션타운관광특구

남대문시장은 의류·패션잡화, 액세서리, 아동복, 혼수용품, 주방용품 등 다양한 품목을 구매할 수 있고, 먹을거리, 볼거리가 많습니다. 남대문관광특구(http://namdaemunmarket.co.kr) 사이트에 접속한 후 [살거리]를 클릭하면 도매업체의 상세한 정보를 확인할 수 있습니다.

남대문관광특구

오프라인에 도매시장이 있듯이 온라인에도 도매 쇼핑몰이 있습니다. 그 대표적인 예로는 '도매꾹(domeggook.com)'과 '도매매(domeme)'를 들 수 있습니다. 도매꾹은 의류, 잡화, 생활용품, 유아용품, 완구, 스포츠용품 등을 도매 가격으로 구입할 수 있습니다. 도매꾹은 오프라인 도매상인, 수입업체, 제조업체 등 400만 명 회원의 다양한 상품을 한곳에서 도매 가격으로 사고팔 수 있다는 장점이 있습니다.

도매꾹 홈페이지

도매꾹은 일정 수량 이상의 도매 단위 방식으로 운영되고 있습니다.

바람막이 판매 사례

발목양말 판매 사례

바람막이 상품의 판매 단가는 2만 6,000원입니다. 단, 한 번에 최소 2개 이상을 구매해야 하고, 낱개 샘플 구매의 경우 4만 2,000원입니다. 발목양말 상품의 판매 단가는 270원으로, 120장 단위로만 구매할 수 있습니다. 낱개로 판매를 요청할 때는 샘플 구매 형태로 판매 금액보다 비싸게 판매되는 경우도 있습니다.

발목양말을 120개씩 구입하는 사람은 의류 매장에서 장사하시는 분, 회사의 사은품으로 이용하려는 분 등인 것입니다. 즉, 도매꾹에서는 남대문 도매시장, 동대문 도매시장 등과 같이 도매 가격과 판매 단위를 기본으로 거래하고 있습니다.

도매꾹에서 상품을 사서 재판매하는 소매점에게 유명한 사이트입니다. 우리나라뿐 아니라 세계 각국의 많은 사업자가 도매꾹을 활용해 재판매할 상품을 조달하고 있습니다.

도매매(www.domeme.co.kr)는 전문 판매자만을 위한 도매꾹의 자매 사이트입니다.

도매매 홈페이지

도매매는 초기 자본 없이 상품 이미지를 다운로드해 온라인 판매를 할 수 있도록 하고, 내 쇼핑몰 이름으로 배송 대행까지 하는 사이트로, 도매매의 모든 상품은 1개씩 판매할 수 있고 배송 대행도 할 수 있는 특징이 있습니다.

도매매의 가장 큰 장점은 전문셀러를 위해 만든 사이트이기 때문에 1개씩 판매가 가능하다는 점이고, 다른 사업자와의 가장 차이점은 제품을 전문셀러의 쇼핑몰 이름으로 배송해주기 때문에 전문셀러라는 것이 드러나지 않는다는 점입니다. 그리고 무재고 · 무사입 쇼핑몰 창업이기 때문에 부담 없이 시작할 수 있다는 장점이 있습니다. 이러한 이유로 전문셀러가 점차 많이 늘어나는 추세입니다.

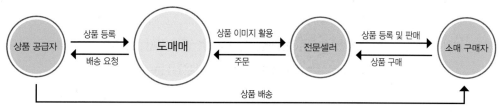

도매매 프로세스

다음은 도매꾹과 도매매의 차이점을 나타낸 것입니다.

도매꾹과 도매매의 차이점

비교 항목	도매꾹	도매매
판매 최소 수량	2개	1개
배송 대행	없음.	정해주는 쇼핑몰 명의로 배송 대행할 수 있음.
가격	도매 가격 판매	샘플 개념이 강해 도매꾹보다 높을 수 있음.
이미지 사용	이미지를 사용할 수 없는 것도 있음.	이미지를 사용할 수 있음.
사용자	도 · 소매업자	전문 셀러 전용, B2B 배송 대행
사입 여부	2개 이상 판매로 전문 사입 업체가 주로 이용	무사입으로 재판매 가능 주문이 들어올 때마다 도매매에 주문해 상품 배송
트렌드	트렌드에 민감	판매가 점점 많아지는 추세
수수료	없음.	없음.

07 중국 도매시장, 이우 · 광저우

오픈마켓의 스테디셀러나 소위 잘 나간다는 인터넷 쇼핑몰 중 상당수는 중국에서 직접 상품을 소싱하고 있습니다. 중국에서 상품을 소싱하면 인건비, 원자재 등이 한국과 비교했을 때 많은 차이가 납니다. 그래서 너나 할 것 없이 수많은 판매자가 중국과의 거래를 원하고 있습니다. 불과 몇 년 전만 하더라도 '중국산이 다 그렇지 뭐.'라고 생각했고, 판매자와 구매자에게 중국산 제품에 대한 불신의 폭이 컸습니다.

물론 아직까지도 중국산 제품 중에는 불량률이 높아 리스크가 있는 것이 사실이지만, 이런 리스크를 잘 관리한다면 충분히 경쟁력 있는 상품을 소싱할 수 있습니다. 그중에서도 이우 도매시장과 광저우 도매시장은 한국 상인에게 가장 널리 알려져 있는 곳입니다.

07-1 소상품 천국, 이우 도매시장

이우시에는 국제상무성(푸텐시장), 황원시장, 빈왕시장, 속옷시장, 양말시장, 자동차 용품과 액세서리 도매시장, 라이터, 공예품, 액자, 도자기 도매시장 등 이우시 전체가 소상품 도매 시장이라 할 정도로 소상품 천국 도시입니다. 특히 국제상무성 주변에 위치하고 있는 황원시 장과 빈왕시장은 한국의 거상이 즐겨 찾는 도매시장으로, 이 도매시장의 점포는 자체 공장을 보유하고 있는 경우가 많습니다.

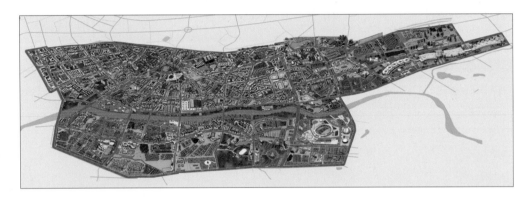

이우 도매시장별 주요 취급 품목

지역	도매시장 명칭	특징 및 주요 취급 품목
❶	국제상무성(푸텐시장)	• 푸텐 1~3기로 구성 • 완구, 문구, 생활용품, 액세서리, 잡화, 크리스마스용품 등
❷	황원시장	• 각종 일회용품, 생활 잡화, 천냥하우스 제품, 전자 및 전기 상품, 시계, 우산, 니트/코트, 실, 신발, 단추, 안경 등
❸	빈왕시장	• 의류, 편직물 이너웨어, 타이, 털실, 수건, 넥타이, 피혁 등
❹	속옷시장	• 아동 및 성인 속옷, 이너웨어 등
❺	양말시장	• 저가 · 고가 양말
❻	자동차용품 도매시장	• 자동차용품 및 부품
❼	액세서리 도매시장	• 액세서리 부자재 및 완제품
❽	사은품 도매시장	• 라이터, 공예품, 액자, 도자기 전문시장으로 구성 • 각종 사은품

07-2 광저우 도매시장

광저우는 의류, 신발, 액세서리 및 시계가 강세이고, 이우시에서 생산되는 제품보다 품질이 좋은 편입니다. 특히 의류, 신발은 국내 오픈마켓, 인터넷 쇼핑몰 거상은 물론, 국내에서 공 장을 운영하는 분도 즐겨 찾는 곳입니다. 광저우의 대표적인 도매시장 밀집 지역으로는 꾸이 화강, 짠시루, 짠첸루, 난안루와 중산빠루, 리완 광장, 쓰산항루, 이더루, 타이캉루, 텐허취, 중따 등이 있습니다.

광저우 도매시장별 주요 취급 품목

지역	도매시장 명칭	특징 및 주요 취급 품목
❶	꾸이화 강	• 유명 브랜드 잡화 짝퉁이 많음. • 패션 잡화 중심의 액세서리를 판매함.
❷	짠시루	• 의류, 신발, 시계 도매상가 밀집 지역 • 유명 브랜드 의류, 신발, 시계 짝퉁도 판매함.
❸	짠첸루	• 광저우의 대표적인 의류 도매시장 밀집 지역 • 오픈마켓에서 판매할 수 있는 저가 의류를 취급하는 새벽시장이 있고 도매 및 제작 가능
❹	난안루와 중산빠루	• 건축 자재, 욕실, 주방 인테리어 재료
❺	리완광장	• 액세서리, 안경 도매상가 밀집 지역 • 직접 제조 공장을 갖춘 곳이 많아 주문 제작이 수월함.
❻	쓰산항루	• 광저우 최대 규모의 아동 의류 도매상가 밀집 지역 • 유명 브랜드 아동의류도 취급함.
❼	이더루	• 문구 및 완구 밀집 지역 • 문구 및 완구를 주로 취급하고 신발 전문 상가도 있음.
❽	타이캉루	• 각종 철재 제품, 조명, 문, 손잡이, 전등 등 다양한 건축 자재 및 인테리어용품 도매시장 밀집 지역
❾	텐허취	• 광저우 최대 규모의 전자 제품 도매 및 소매상가 밀집 지역
❿	중따	• 광저우 최대 규모의 원단 및 부자재 도매상가 밀집 지역 • 짠시루, 짠첸루의 의류 도매상가도 이곳에서 원단 및 부자재를 조달함.

08 일본 도매시장, 오사카 · 도쿄

일본의 시스템은 도매와 소매가 철저하게 분리돼 있습니다. 소매시장은 차별화된 콘셉트의 체인화된 대형 잡화점, 상권의 주요 길목에 위치하고 있습니다. 반면, 도매시장은 특정 유통회사가 전체 품목을 관리하면서 도매상가 전체를 운영하는 형태가 많습니다. 도매상가에 출입하려면 회원 카드가 필요합니다. 또한 신뢰가 쌓이지 않으면 상품을 내주지 않는 특성이 있습니다. 일본의 오프라인 도매시장 중 가장 인기 있는 곳은 오사카 도매시장과 도쿄 도매시장입니다.

08-1 오사카 도매시장

오사카 대표 도매상가에는 만에이, 판비데라우치(줄여서 '판비'라고도 함)가 있습니다. 인테리어 소품(쿠션 · 리빙 · 패브릭 · 주방용품 등)이 우수합니다.

만에이

판비

판비는 4개동으로 이뤄져 있습니다.

판비 4개동의 층별 품목

토탈 패션관 판비 타운 1		버라이어티관 판비 타운 5		생활 패션관 판비 타운 11	
8층	신사복 · 이벤트 화장	9층	문구(그린테라스 – 카페)	4층	웨딩살롱 & 선물 세트(선물포장 코너)
7층	속옷 & 잠옷(푸트코드 테라–식당)	8층	생활 잡화	3층	리빙 & 침구
6층	부인복 & 가죽	7층	생활 잡화	2층	키친 잡화 & 식품
5층	부인복	6층	캐릭터 2	1층	식품/계산대
4층	의류 잡화	5층	캐릭터 1	**뷰티 & 헬스관 종합 접수처 판비 타운 2**	
3층	보석 & 특선 수입품	4층	버라이어티 잡화 & 키즈	4층	기모노 살롱
2층	가방 & 핸드백 & 여행용품	3층	신발 & 캐주얼	3층	화장용품
1층	액세서리	2층	패션 잡화/ 계산대	2층	헤어케어 & 미용 잡화
B1층	계산대	1층	스포츠 캐주얼	1층	종합 접수처

만에이, 판비는 도매 전용카드를 소지한 사람에 한해 입장할 수 있습니다. 대여도 할 수 있고, 카드 1장만 있어도 2~3인이 동반 입장할 수 있습니다. 단, 카드를 발급받지 못하거나 소유하고 있지 않으면 입장할 수 없습니다.

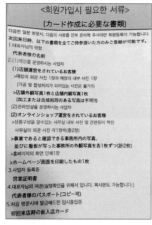

판비 타운 회원 가입 절차   **판비 타운 방문 임시 카드**

08-2 도쿄 도매시장

바쿠로요코야마 A1 출구 일대가 바쿠로 요코야마, 바쿠로쵸, 하가시 니혼바시 등 도매시장 지역입니다.

토코 도매상가 밀집 지역

오사카에 '만에이', '판비'가 있다면 도쿄에는 '에트와르'와 '마스다'가 있습니다. 다음은 에토와르 도매상가 홈페이지와 마사다 도매상가 홈페이지입니다. 상가 층별 주요 품목을 확인할 수 있습니다.

에토와르 도매상가 홈페이지(http://www.etoile.co.jp)　　마사다 도매상가 홈페이지(http://www.mdm-net.co.jp)

TIP **중국 도매시장과 일본 도매시장의 차이점**

일본과 중국 도매시장의 가장 큰 차이점은 '가격'과 '품질'입니다. 일본 제품은 가격적인 면에서는 한국 시장에 불리합니다. 더욱이 일본에서 신제품이 출시되면 중국에서 이와 비슷하거나 똑같은 제품이 생산되기 때문에 경쟁력이 떨어집니다. 그러나 일본 제품은 품질 면에서 상당히 앞서 있습니다. 물론 가격과 품질은 반비례합니다. 이런 부분을 어떻게 전략적으로 생각하는지에 따라 아이템 접근 논리가 형성됩니다.

---

03 쇼핑몰을 창업할 때 준비사항

01 사업계획서 만들기

인터넷 쇼핑몰 창업이 소자본으로 시작할 수 있다 하더라도 엄연히 사업자등록을 해야 하는 사업입니다. 아무리 작은 사업이라도 계획 없이 시작할 수는 없습니다. 사업은 사업계획서의 작성에서 시작됩니다. 사업계획서를 만든 후 SWOT 분석을 이용해 아이템의 사업성을 체크해봐야 무엇을 보완해야 할지 알 수 있습니다.

01-1 사업계획서는 꼭 필요한가요?

사업계획서는 '나는 어떤 쇼핑몰을 운영할 것인가?'를 정하는 것입니다. 이는 쇼핑몰 사업의 전체적인 진행 방향과 목표를 미리 정해두기 위한 것으로, 쇼핑몰을 체계적으로 구축하거나 운영하는 데 중요한 역할을 합니다. 또한 사업계획서를 작성하면 쇼핑몰 운영상의 실수를 줄일 수 있습니다.

그렇기 때문에 '1인 창업'이라도 사업계획서는 반드시 작성해야 합니다. 사업계획서를 작성하면서 사업을 좀 더 구체화할 수 있고, 생각하지 못했던 부분도 꼼꼼히 챙길 수 있습니다. '쇼핑몰 창업 진행 절차'에서 그림으로 설명했던 쇼핑몰 창업의 전체 일정도 계획할 수 있습니다.

사업계획서는 사업의 전체적인 마스터플랜을 작성하는 것이므로 객관적이고 정확한 조사를 바탕으로 사업의 구체적인 내용, 즉 운영 계획, 자금 계획, 시장 분석, 고객층 분석, 일정 등이 포함돼 있어야 합니다. 사업계획서를 작성하다 보면 계획했던 아이템의 시장성이 떨어지거나 자금 조달에 문제가 생기는 등 예상치 못한 여러 가지 원인을 파악할 수 있습니다. 이때에는 사업계획서를 다시 검토하거나 계획 자체를 수정해 나중에 일어날 수 있는 리스크를 미리 예방해야 합니다.

다음은 사업계획서를 작성할 때 반드시 포함해야 할 항목을 크게 여섯 가지로 구분한 것입니다. 표에서 분류된 여섯 가지 항목은 다시 세부적으로 구분하고, 그 세부 항목에 따라 구체적이고 명확한 실천 계획을 수립해야 합니다.

사업계획서 실천 계획표

분류	구분	내용
사업 요약	• 어떤 쇼핑몰을 시작할 것인가? 판매하려는 아이템을 선정하고 쇼핑몰의 분위기와 전체적인 구성을 그려 봅니다.	• 어떤 쇼핑몰로 시작할 것인가? 예 여성의류 쇼핑몰을 운영해보자. • 어떤 콘셉트로 만들 것인가? 예 귀여운 콘셉트? 섹시한 콘셉트? • 상품은 어떻게 구성할 것인가? 예 의류와 함께 신발, 액세서리 등도 함께 판매할 것인지?
시장 분석	• 선정한 아이템이 시장에서 잘 팔리는가? 선정한 아이템이 온라인에서 잘 팔리는지를 확인해 전반적인 트렌드를 조사합니다.	• 앞으로 시장 전망이 좋은가? 예 오프라인 의류샵이 있지만, 시간적인 면을 고려해 편리하게 구매할 수 있는 인터넷 의류 쇼핑몰에 대한 선호도가 높아진다. • 선정한 아이템을 판매할 목표 시장은 어디인가? 예 인터넷을 사용하는 20~30대 직장인
예산 계획	• 얼마의 비용을 투자할 것인가? 얼마의 투자로 얼마의 이익을 거둘 것인지에 대한 예산계획서를 미리 세워 정확한 창업 목표를 수립합니다.	• 비용에는 어떠한 것이 있는가? 예 쇼핑몰 디자인, 판매 방식과 아이템별 신고 및 허가 사항, PG사, 택배사, 박스 구매 등 • 운영에 필요한 서비스 계약에 따른 비용과 상품 사입, 재고 등 상품에 관한 비용과 광고 집행에 따른 비용 등은 얼마나 되는가? • 월별 예상 매출은 얼마인가? 예 월별 매출 규모는 얼마이며, 손익은 얼마나 될 것인가?
인력 구성	• 몇 명의 인원이 일해야 하는가? 반드시 해야 하는 일을 확인하고 인력을 배치해 쇼핑몰을 몇 명으로 운영해야 하는지를 파악합니다.	• 몇 명의 직원을 채용할 것인가? 예 상품 사입 담당, 촬영 담당, 쇼핑몰 디자인 담당, 고객 관리 담당, 배송 담당 등 • 쇼핑몰의 업무 범위를 파악해 인력을 어떻게 구성할 것인가?
상품 소싱	• 상품은 어디서, 어떻게, 어떤 조건으로 공급받고, 어떻게 촬영할 것인가? 확정된 아이템을 어디에서, 어느 정도 구매할 것인지를 계획합니다.	• 어디에서 사입할 것인가? 예 동대문이나 남대문시장에서 사입할 것인가? 인터넷 도매 사이트에서 사입할 것인가? • 아이템은 몇 개씩 구매할 것인가? 예 대량으로 구매해 놓을 것인가? 초도 물량은 소량으로 구매하고 주문을 받으면 추가 구매할 것인가? • 상품 촬영은 어떻게 할 것인가? 예 스튜디오를 빌려 실내 촬영할 것인가? 야외 촬영할 것인가? • 상품 코디는 어떻게 할 것인가? 예 코디 후 상품을 구매할 것인가? 구매 후 상품을 코디할 것인가?
마케팅 계획	• 어떻게 홍보할 것인가? 쇼핑몰에 적합하고 비용 대비 효율이 높은 마케팅 방법을 선정해 집행합니다.	• 쇼핑몰을 홍보하기 위해 무엇을 할 것인가? 예 키워드 광고, 쇼핑몰 등록, 마켓 입점, SNS, 블로그 등 쇼핑몰을 알릴 수 있는 홍보 방법을 선택한다. • 매출을 올릴 수 있는 방법은 무엇일까? 예 고객에게 다양한 이벤트, 고객 감동 기획전 등 고객의 관심을 이끌어낼 수 있는 마케팅 계획을 세운다.

01-2 SWOT 분석하기

사업계획서는 객관적인 입장에서 작성해야 합니다. 사업계획서를 작성할 때 반드시 대조 분석해야 하는 것의 예로는 '상황 분석', 일명 'SWOT 분석'을 들 수 있습니다.

인터넷 쇼핑몰 창업 시의 SWOT 분석이란, 대상을 강점(Strength), 약점(Wekness), 기회(Opportunity), 위협(Threat) 순으로 각각의 항목에 대입해본 후 쇼핑몰의 사업성을 결정하는 것입니다. SWOT 분석 시에는 대상, 품목, 가치, 비용, 경쟁력 등을 고려해 정보와 자료를 충분히 조사한 후 각 항목에 적용해야 합니다.

- 대상: 누구에게 판매할 것인가?
- 품목: 앞으로 어떤 품목이 꾸준히 판매될 것인가?
- 가치(희소성): 판매할 물품이 고객에게 얼마나 가치가 있는가?
- 비용: 창업 예산에 맞춰 준비할 수 있는 아이템인가?
- 경쟁력: 선택한 아이템이 타사와 비교했을 때 경쟁력이 있는가?

다음은 '어린이 뽀ㅇㅇ 한우 사골 국물' 아이템의 SWOT 분석 사례입니다.

(내 아이템의) **강점(Strength)**	(내 아이템의) **약점(Weakness)**
• 아이들이 좋아하는 뽀ㅇㅇ 캐릭터 상표 사용권을 보유하고 있다. • 사계절 내내 매출이 발생한다. • 반품이 거의 발생하지 않는다. • 재구매율이 높다.	• 뽀ㅇㅇ 캐릭터 상표 사용권을 매년 갱신해야 한다. • 모든 아이의 입맛을 만족시키기 어렵다.
(내 아이템의) **기회(Opportunity)**	(내 아이템의) **위협(Threat)**
• 친숙한 캐릭터 브랜드로 아이들의 호감도가 뛰어나다. • 어린이 한우 사골 국물 전문 브랜드나 업체가 없는 상태다.	• 특허받은 기술이 아니기 때문에 경쟁업체가 도전하기 쉽다. • 진입 장벽이 낮다.

SWOT 분석 사례

SWOT 분석을 바탕으로 취할 수 있는 전략은 다음 네 가지입니다.

SO 전략	ST 전략
강점으로 기회 살리기 전략	강점으로 위협 피하기 전략
WO 전략	**WT 전략**
약점은 보완하고 기회는 살리기 전략	약점은 보완하고 위협은 피하기 전략

SWOT 전략

SO 전략은 기회와 장점이 모두 적합한 상태이고, 어린이 한우 사골 국물 전문 브랜드나 업체가 전무한 상태이며, 아이들이 좋아하는 캐릭터를 사용했기 때문에 친숙하다는 장점을 극대화할 수 있는 전략이 필요합니다. 반면, WO 전략은 캐릭터 사용권 계약을 매년 갱신해야 하고, 아이들 입맛과 건강을 모두 만족시킬 수 있도록 꾸준한 연구 개발이 필요합니다.

SWOT 분석은 한 번에 그치는 것이 아니라 분기별, 연도별로 실시한 후 각 항목의 변화에 맞게 쇼핑몰을 탄력적으로 운영하는 전략이 필요합니다.

02 도메인 선정과 구입하기

02-1 도메인 정하기

도메인(Domain)은 우리가 살고 있는 집의 '주소'에 비유할 수 있습니다. 친구에게 편지를 보내려면 친구의 집 주소를 써야 하듯이 어떤 인터넷 쇼핑몰을 방문하려면 웹 브라우저의 주소 입력 창에 인터넷 쇼핑몰의 주소를 입력해야 합니다. 예를 들어 주소 입력 창에 'www.naver.com'라고 입력했을 때 naver.com이 사이트의 이름, 즉 '도메인'입니다. 도메인에는 '영문 도메인'과 '한글 도메인'이 있습니다. 영문 도메인과 한글 도메인에는 숫자가 포함될 수 있습니다.

영문 도메인   한글도메인

사이트의 주소를 찾기 위해서는 '211.218.150.200'과 같이 점으로 구분되고 0~255 사이의 숫자들로 이뤄진 주소를 부여해 사용하는데, 이를 'IP'라 합니다. 숫자로 표현된 IP는 기억하기 어렵기 때문에 주소 체계를 알파벳이나 한글로 변경한 것이 '도메인 네임(도메인 이름)'입니다.

웹사이트의 IP 주소

02-2 도메인 네임은 어떻게 구분하나요?

도메인 네임은 알파벳, 숫자, 하이픈(-)을 사용해 만들 수 있습니다. 하지만 숫자만으로 만들어진 IP 주소보다 다음과 같이 영문 도메인을 사용하면 좀 더 쉽게 기억할 수 있습니다.

www.infopub.co.kr

호스트명 | 구분자 | 3단계 | 2단계 | 1단계

도메인 네임 구분

도메인 네임은 오른쪽부터 1~3단계이며, 왼쪽으로 갈수록 도메인이 포함하는 범위가 축소됩니다. 'www.infopub.co.kr'라는 도메인 네임의 경우, 1단계는 국가 도메인(kr), 2단계는 사업 성격(co는 일반 회사를 의미함), 3단계는 이름(도메인 등록자가 결정하는 이름)으로 구성되고, www는 호스트명입니다. 호스트명에는 영문, 숫자를 모두 사용할 수 있습니다. 예를 들어 'edu1.infopub.co.kr', 'book1.infopub.co.kr'처럼 다양하게 만들 수 있습니다.

02-3 어떤 도메인을 만들어야 하나요?

회사의 이름이 좋다고 회사가 발전하는 것이 아니듯 좋은 도메인이 쇼핑몰의 미래를 보장하는 것은 아닙니다. 하지만 인터넷 쇼핑몰의 도메인을 이용해 기대 이상의 성과를 얻는 경우도 많습니다. 기억하기 쉬운 도메인은 처음 방문하는 고객에게 좋은 기억을 남기기 때문입니다.

하지만 좋은 도메인을 선정하기는 어렵습니다. 기억하기 쉬운 도메인은 대부분 이미 사용되고 있기 때문입니다. 그렇다고 해서 인터넷 쇼핑몰의 주소인 도메인을 기억하기 어렵고, 인터넷 쇼핑몰과 아무런 연관성이 없이 무성의하게 선정하면, 쇼핑몰을 고객에게 알리는 데 물리적, 시간적 노력이 더 많이 소요된다는 것에 유의해야 합니다. 좋은 도메인이란 어떤 조건을 갖추고 있어야 하는지 알아보겠습니다.

❶ 기억하기 쉬운 단어를 조합해 만든다

월드(world), 피아(pia), 바비(vavi), 오렌지(orange), 캔디(candy) 등을 상품과 연상되는 이미지나 스타일을 나타내는 단어와 조합해 만드는 것이 좋습니다. 예를 들면 유아 용품은 아이월드(iworld.co.kr), 여성 의류 전문 쇼핑몰은 바비샵(vavishop), 캔디샵(candyshop), 코디샵(codishop) 등으로 만들 수 있습니다.

❷ 회사 이름을 도메인으로 만든다

회사 이름을 도메인과 비슷하게 사용하는 것은 전문 쇼핑몰에서 두드러지게 나타나는 현상입니다. 즉, 회사 이름을 기획할 때부터 회사 이름, 쇼핑몰 이름, 도메인을 함께 고려해 이와 비슷하게 만드는 사례가 많습니다. 대표적인 남성 의류 쇼핑몰인 '멋남'은 회사 이름과 쇼핑몰의 이름이 전혀 연관성 없는 사례인데, 이 경우 상호보다 쇼핑몰 이름을 홍보하는 것이 효과적입니다.

도메인 네임 사례

회사명	쇼핑몰 이름	도메인 네임
골든베이비	골든베이비	goldenbaby.co.kr
빅클럽	bigclub	bigclub.co.kr
설탕공장	설탕공장	sultang.co.kr
난다	스타일난다	stylenanda.com
부건에프엔씨	멋남	mutnam.com

❸ 주력 아이템을 나타내는 단어를 조합해 만든다

나이키 신발을 전문으로 판매하는 쇼핑몰 도메인을 만든다고 가정해봅시다. 이 경우 나이키의 'nike'와 신발의 'shoes'를 조합한 'nikeshoes' 또는 상점의 'shop'을 조합한 'nikeshop' 등과 같이 관련된 단어를 조합해 만들면 쇼핑몰을 직접 방문하지 않더라도 도메인 자체로도 그 쇼핑몰의 성격을 파악하고, 기억하기 쉬울 것입니다.

❹ 간단하고 명확한 단어로 만든다

도메인은 8~10자를 넘지 않는 것이 좋습니다. 도메인 네임이 너무 길면 기억하기 어렵고, 입력하기도 불편하며, 혼동될 수 있기 때문입니다.

02-4 어디서 구입해야 하나요?

검색 포털에서 '도메인 구입'을 키워드로 검색하면 도메인을 구입할 수 있는 곳을 쉽게 찾을 수 있습니다. 하지만 솔루션을 이용해 쇼핑몰을 제작한다면 솔루션 업체에서 도메인을 구입하는 것이 유리합니다.

카페24 솔루션으로 쇼핑몰을 만든다고 가정해보겠습니다. 카페24에서 도메인을 구입하지 않은 경우에는 도메인 등록 기관에서 도메인 네임 서버를 IP 주소로 세팅해야 합니다. 또한 세팅 후 적용되기까지는 2~3일 정도가 소요됩니다. 하지만 카페24에서 신청한 도메인은 별도로 세팅할 필요가 없고, 적용되는 시간도 빠릅니다.

1 카페24(www.cafe24.com)에 접속한 후 [도메인]-[도메인 등록]을 클릭합니다.

2 [도메인 통합 검색 · 등록] 페이지에서 검색하고 싶은 도메인 이름을 입력한 후 [도메인 검색] 버튼을 클릭합니다. 검색 결과 중 원하는 도메인을 선택한 후 [도메인 신청하기] 버튼을 클릭합니다.

> 영문 도메인은 영문 도메인 입력 창, 한글 도메인은 한글 도메인 입력 창에 각각 입력합니다.

3 '도메인 신청' 페이지에서 약관에 동의한 후 도메인 소유자 정보를 확인하고 결제 수단을 선택합니다. [결제하기] 버튼을 클릭한 후 결제를 완료하면 도메인 구입이 완료됩니다.

도메인 구입

---

03 사업자 신고 사항과 필요한 서류

03-1 판매 상품에 따른 신고 및 표기 사항

상거래를 할 때 인터넷 쇼핑몰, 모바일 쇼핑몰, 소셜커머스 등과 같은 인터넷과 모바일을 이용하려면 반드시 신고해야 할 사항과 아이템에 따라 추가로 신고해야 할 사항이 있습니다. 반드시 신고해야 할 필수 사항은 사업자등록, 통신판매업, 통신서비스 이용 증명원이고, 사업 규모에 따라 부가통신사업자 신고를 해야 합니다.

식품 판매 쇼핑몰은 어떤 방식으로 판매하느냐에 따라 식품제조가공업, 즉석판매제조업, 건강기능식품 일반 판매업, 건강기능식품 제조업, 건강기능식품 수입판매업 등 제조가공업 신고 및 허가를 받아야 하고, 소형 가전제품이나 전자 · 전기 작동 완구를 수입해 판매하는 쇼핑몰은 전기 안전 검사를 받아야 합니다.

쇼핑몰 창업 시 필수 신고 항목과 업종별 신고 항목

분류	신고 항목	내용
공통	사업자등록증	• 모든 인터넷 쇼핑몰 및 모바일 쇼핑몰 운영자의 필수 신고 항목임.
	통신판매업 신고증	• 간이과세자는 통신판매업 신고를 하지 않아도 됨.
	통신서비스 이용 증명원	• 쇼핑몰 고객들에게 문자 발송 전 발신 번호를 사전등록해야 함. • 발신 번호를 사전 등록하기 위해서는 우선 '통신서비스 이용 증명원' 서류를 발급받아야 함.
선택 필수	부가통신사업자 신고증	자본금 1억 원 이상은 신고 의무 사항이지만, 1억 원 미만의 소규모 쇼핑몰은 신고 면제 대상임.
	제조가공업 신고증	인터넷 쇼핑몰에서 포장 고등어, 김치, 젓갈 등을 판매하기 위해서는 반드시 신고 및 허가를 받아야 함.
	건강기능식품 일반판매업	배즙, 양파즙, 호박즙 등과 같은 건강기능식품을 인터넷 쇼핑몰에서 판매하기 위해서는 건강기능식품 일반판매업 허가뿐 아니라 각 제품마다 품목 허가를 받아야 함.

TIP 사과와 사과즙 판매의 차이점

사과나 배는 면세(농수산물은 부가가치세 면제 상품) 상품이기 때문에 인터넷 쇼핑몰에서 사과나 배를 판매할 때는 사업자등록증과 통신판매업 신고증만 있으면 됩니다. 하지만 사과나 배를 즙으로 만들면 건강 기능 식품으로 가공하는 것이기 때문에 부가가치세가 부과되고 건강기능식품 일반 판매업 신고를 해야 합니다.

신고 후에 부여되는 사업자등록번호, 통신판매업 번호, 부가통신사업 번호는 다음과 같이 쇼핑몰의 하단에 표기해야 합니다. 단, 사업자등록번호 의무 표기는 모든 쇼핑몰에 해당하지만, 통신판매업 번호 표기는 법인사업자와 일반사업자에만 해당하고, 간이과세자는 해당하지 않습니다. 부가통신사업 번호 표기는 자본금 1억 원 이상의 법인사업자나 개인사업자의 의무사항입니다.

사업자등록번호, 통신판매업, 부가통신사업 번호 표기

03-2 KC 인증 및 전안법

'전안법'은 '전기용품 및 생활용품 안전 관리법'의 줄인 말로, 공산품 중 전기 제품에만 적용했던 전기 안전 관리법과 의류나 가방 등에 적용했던 생활용품 안전 관리법이 통합된 것입니다.

2018년 7월 1일부터 생활용품 중 위해도가 상대적으로 낮은 제품을 별도로 분류해 '안전 기준 준수 대상 생활용품'으로 다음과 같이 관리합니다. 예를 들어 성인 의류는 안전 기준 준수 대상이기 때문에 KC 마크 표시 의무 사항이 아닙니다.

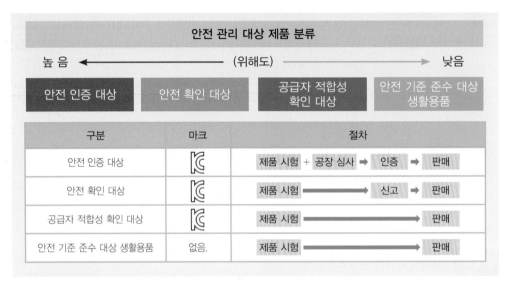

안전관리대상 제품 분류표

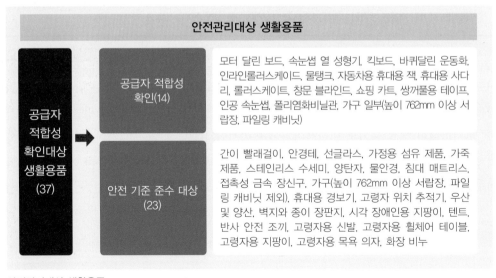

안전관리대상 생활용품

03-3 세금의 시작, 사업자등록

사업자등록을 신청하는 데는 두 가지 방법이 있습니다.

❶ **방법 1**: 자신의 사업장 주소지 관할 세무서에 직접 찾아가 신청합니다. 사업체의 관할 세무서에 방문해 임대차계약서 사본을 제출한 후 사업자등록신청서를 작성하면 됩니다. 상황에 따라 허가증 사본 등이 필요할 수 있습니다. 자신이 임대를 하지 않거나 자택을 사무장 주소지로 사용한다면 임대차계약서는 필요하지 않습니다.

❷ **방법 2**: 국세청 홈택스 홈페이지를 통해 공인인증서 로그인을 한 후 온라인으로 신청합니다. 온라인상으로 사업자등록 신청서를 작성하되, 임대차계약서 사본 이미지 파일, 허가증 사본 이미지 파일 등을 제출해야 합니다.

TIP **관련 서류 신고 시점**

사업자등록, 통신판매업 신고, 부가통신사업자 신고 등의 행정 절차는 사업의 방향을 정하는 준비 단계보다는 쇼핑몰 구축이 어느 정도 완료되는 시점에 준비하는 것이 좋습니다.

---

1 국세청 홈택스 홈페이지(https://www.hometax.go.kr)에 접속한 후 [신청/제출]-[사업자 등록 신청·정정 등]을 클릭합니다. 로그인한 후 신청서 작성을 완료합니다.

2 [사업자등록신청(개인)] 페이지에서 인적사항, 업종 선택, 사업장 정보 입력 항목에 내용을 입력합니다.

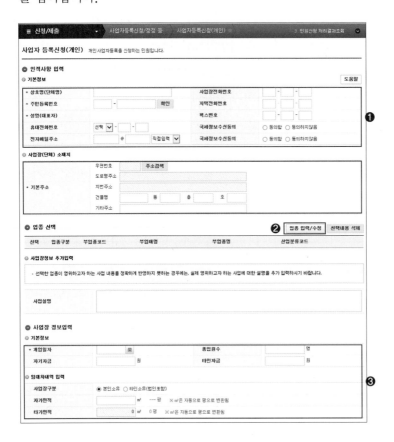

업종을 선택하기 위해 [업종 입력/수정] 버튼을 클릭하면 '업종 선택' 팝업 창이 나타납니다. 여기서 업종 코드의 [검색] 버튼을 클릭합니다.

'업종 코드' 창이 나타나면 세세 분류 이름에 '전자상거래'를 입력한 후 [조회하기] 버튼을 클릭합니다. 업종 코드 목록에 다음과 같이 전자상거래업 업종 코드가 표시되면 세세 분류 이름을 더블클릭합니다.

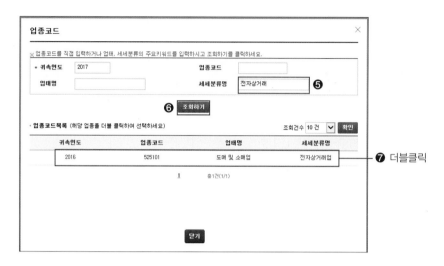

[등록하기] 버튼을 클릭합니다.

다음과 업종이 등록됐습니다.

❸ 공동 사업자 정보 입력, 사업장 유형 선택, 선택사항 등을 입력한 후 [저장 후 다음] 버튼을 클릭합니다.

❹ '제출 서류 선택' 창이 나타납니다. [파일찾기] 버튼을 클릭한 후 스캔받은 이미지 파일을 첨부하고 [파일변환] 버튼을 클릭합니다. [다음] 버튼을 클릭해 사업자등록 신청을 완성합니다. 신고를 마치면 세무서가 사업자에게 사업자등록증을 발급합니다.

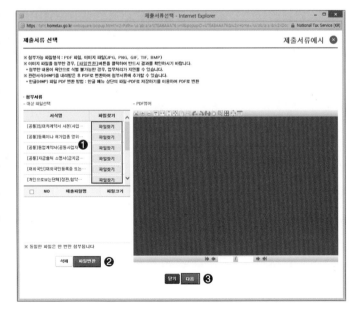

03-3-1 사업자등록증이란?

사업자등록증이란, 인터넷 쇼핑몰을 시작했으므로 앞으로 사업 소득에 대한 세금을 내겠다는 것을 국세청에 신고하고 세무서로부터 받는 증서입니다. 사업자등록은 원칙적으로 사업을 시작한 날로부터 20일 이내에 구비서류(사업자등록 신청서, 임대계약서 사본, 신분증 등)를 갖춰 관할 세무서에 신청해야 합니다. 관할 세무서에 사업자등록신청서를 작성해 제출하면 당일에 사업자등록증을 발급받을 수 있습니다.

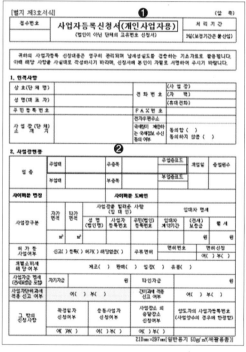

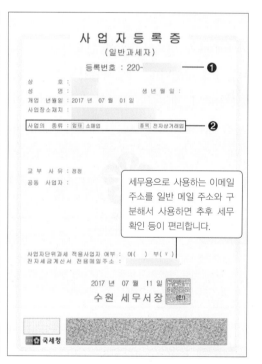

사업자등록 신청서와 사업자등록증

❶ 사업 유형: 개인사업자, 법인사업자, 면세사업자 등 사업 유형에 따라 표시됩니다. 특히 개인사업자의 경우 간이과세자, 일반과세자 중 선택한 결과에 따라 표시됩니다.

❷ 업태, 업종, 종목: 업태는 '상품을 어떻게 파는가?'라는 관점, 즉 도소매업, 서비스업, 제조업, 건설업 등을 의미하고, 업종은 판매하는 상품의 종류를 의미합니다. 예를 들면 신발가게, 전자상거래 등을 의미합니다. 또한 종목은 업태 중에서 좀 더 세분화된 사업의 분류를

의미합니다. 음식점이라면 한식, 중식, 일식 등으로 나뉩니다. 즉, 범위를 종목 〈 업태 〈 업종 순으로 구분할 수 있습니다.

TIP 업태와 종목 추가

업태와 종목은 추가할 수 있습니다. 만약 쇼핑몰을 운영하고 있는 상태에서 일반 여행 서비스 사업도 하고 싶을 경우 추가로 업태는 '서비스', 종목은 '일반여행'을 등록할 수 있습니다.

사 업 의 　종 류 : 업태 서비스　　　　　　종목 일반여행
　　　　　　　　　　　소매　　　　　　　　　　　전자상거래

사업자등록증의 업태와 종목 표시

03-3-2 사업자의 종류

사업자등록은 사업의 형태를 결정한 후에 등록 신청을 해야 합니다. 사업자의 형태는 과세 여부에 따라 '면세사업자'와 '과세사업자'로 나뉘고, 과세사업자는 다시 '개인사업자'와 '법인사업자'로 나뉩니다. 개인사업자는 말 그대로 개인이 소자본으로 사업을 시작할 때 취하는 방식입니다. 개인사업자는 연 매출 금액에 따라 일반과세자와 간이과세자로 나뉩니다.

1년간 매출액이 4,800만 원 이상이거나 간이과세 적용이 안 되는 개인사업자의 경우에는 일반과세자로 분류되고, 1년간 매출액이 4,800만 원 미만이거나 간이과세자에서 배제되는 업종 지역이 아닌 경우에는 간이관세자로 분류됩니다.

TIP 2020년 세법개정안

2020년 세법개정안에 따르면, 간이과세자 기준 금액이 연매출 4,800만 원에서 8,000만 원으로 조정되고, 부가가치세 납부 면제 기준 금액도 3,000만 원에서 4,800만 원으로 개정될 예정입니다. 단, 세법개정안은 2020년 7월 기준이며 아직 개정되지 않은 상태이기 때문에 추후 관련 개정안을 확인해야 합니다.

TIP 일반과세자와 간이과세자 분류

일반과세자 또는 간이과세자로 등록했더라도 사업자등록을 한 해의 부가가치세 신고 실적을 1년으로 환산한 금액을 기준으로 과세 유형을 다시 판정합니다. 예를 들어 간이과세자로 등록했더라도 1년간 환산한 공급대가가 4,800만 원 이상이면 그 이상이 되는 해의 다음해 7월 1일부터 일반과세자로 전환되며 4,800만 원 미만이면 간이과세자로 계속 남게 됩니다.

다음은 일반과세자와 간이과세자를 비교한 것입니다.

일반과세자와 간이과세자

분류	일반과세자	간이과세자
대상	간이과세자 외의 모든 과세사업자	연매출 4,800만 원 미만인 개인사업자
매출세액	공급가액 × 10%	공급대가 × 업종별 부가가치세율 × 10%
세금계산서 발급	발급 의무 있음.	발급 의무 없음.
매입세액 공제	전액 공제	매입세액 × 업종별 부가가치세율
의제매입세액 공제	모든 업종에 적용	음식점, 제조업

03-4 통신판매업 신고

쇼핑몰 운영 허가를 받기 위해서는 관할 시·군·구청 지역경제과에 통신판매업 신고를 해야 합니다. 관할 시·군·구청 지역경제과에 방문해 통신판매업을 신고하지 않고 민원 24(www.minwon.go.kr) 홈페이지에서 온라인으로 신고할 때는 공인인증서가 필요합니다. 개인사업자 중 일반과세자는 필수사항이지만, 간이과세자는 선택사항입니다. 일반과세자는 쇼핑몰의 하단에 통신판매업 신고 번호를 명기해야 합니다.

통신판매업 신고서는 관할 구청 지역경제과에 비치돼 있고, 다음 항목을 각각 작성한 후 필요한 서류와 함께 제출해야 합니다.

통신판매업 신고서 양식

❶ **상호 및 대표자**: 회사 이름, 회사 주소, 성명, 신고인 거주 주소, 전자우편(e-mail) 주소 등을 기재합니다.

❷ **인터넷 도메인 이름**: 쇼핑몰 도메인 주소를 기재합니다.

- www.sample.co.kr, 만약 자체 도메인이 없고 쇼핑몰 솔루션업체에서 기본적으로 제공하는 임시 쇼핑몰 주소를 이용할 때는 해당 주소를 기입합니다.
- 카페24를 이용하는 경우 'http://id(아이디).cafe24.com'을 기재합니다.

❸ **호스팅받을 업체의 주소를 기입합니다.**

- 카페24를 호스팅 서비스로 이용하는 경우: 서울 양천구 목동 KT IDC 센터 924번지 3층 심플렉스인터넷(주)
- 메이크샵을 호스팅 서비스로 이용하는 경우: 서울 강남구 언주로 30길 13 대림아크로텔 5층 KINX IDC

❹ **판매 방식**: 상품을 판매하는 방식을 체크합니다. 인터넷 쇼핑몰 판매자는 인터넷 항목에 체크합니다.

❺ **취급 품목**: 주로 취급하는 품목에 체크합니다. 사업자등록증에 기재한 주 업종과 관련된 항목에 체크합니다.

민원24에서 통신판매업 신고서를 작성한 후 통신판매업 신고를 신청합니다. 신청 후 7일 이내에 통신판매업 신고 번호와 신고증을 받을 수 있습니다.

관할 시·군·구청 지역경제과를 방문해 통신판매업 신고서를 작성하려면 사업자등록증 사본, 구매안전서비스 이용 확인증·에스크로 확인증, 대표자 도장, 신분증, 쇼핑몰 관련 정보를 준비해야 합니다. 여기서 쇼핑몰 관련 정보는 인터넷 쇼핑몰의 인터넷 주소, 관리자 이메일, 서버가 위치하는 주소를 말합니다. 사업자등록 신청에 따른 통신판매업 신고 제출 서류는 다음과 같습니다.

❶ **사업자등록을 하지 않은 경우**

통신판매업 신고를 먼저 하고 난 후 신고증 교부일로부터 30일 이내에 사업자등록을 하고, 그 사본을 관할 구청 지역경제과에 제출하면 됩니다. 제출서류는 다음과 같습니다.

- 통신판매업 신고서
- 구매안전서비스 이용 확인증·에스크로 확인증 1부
- 면허세 4만 5,000원

❷ 사업자등록을 한 경우

- 사업자등록증 사본 1부
- 통신판매업 신고서
- 구매안전서비스 이용 확인증 · 에스크로 확인증 1부
- 면허세 4만 5,000원
- 법인등기부등본 1부(법인만 해당)

TIP　**사업자정보 확인 링크 의무화**

통신판매업 신고 후 쇼핑몰 하단 정보에 사업자정보 확인 페이지 링크 노출은 법적 의무 사항입니다.

사업자정보 확인 링크 적용 사례

03-5 부가가치세와 신고 방법

03-5-1 부가가치세란?

상품을 판매하는 과정에서 증가한 금액에 정해진 세금을 부과하는 것입니다. 예를 들어, 인터넷 쇼핑몰을 운영하는 김모 씨는 물건을 사입하는 데 100만 원을 지출했고, 사입한 물건을 인터넷 쇼핑몰에서 총 300만 원어치를 판매했다면 증가된 금액에 해당하는 200만 원에 해당하는 세금을 부과하는 것입니다.

사업 초보자가 자주 혼동하는 세법이 '소득세'와 '부가가치세'입니다. 소득세는 판매자의 이윤에 대해 납부하는 세금이고, 부가가치세는 총 거래 금액에 대해 납부하는 세금입니다. 부가가치세는 사업자의 유형, 즉 개인사업자의 경우 일반과세자인지, 간이과세자인지에 따라 세금 부과 기준이 다릅니다.

- **일반과세자의 부가가치세 부과 기준**

(매입세액 − 매출세액 = 납부(환급 세액) − (경감 공제 세액 − 예정 고지, 미환급 세액) + 가산세 = 차가감 납부(환급받을)할 세액

- 간이과세자의 부가가치세 부과 기준

매출세액 − 세액공제 + 가산세 = 차가감 납부할 세액

03-5-2 부가가치세 신고서 작성하기

부가가치세 신고서는 일반과세자와 간이과세자에 따라 계산 방식과 신고서 양식을 다르게 작성해야 합니다. ○○○ 인터넷 쇼핑몰의 김초보 사업자의 매출 금액과 매입 금액을 바탕으로 일반과세자의 부가가치세 신고서 작성 사례를 살펴보겠습니다.

구분	내용
상호	○○○(대표: 김초보)
사업자등록번호	123-45-6789
업종	소매업
업태	전자상거래, 의류
과세기간	제1기(1~6월)
매출 금액	65,000,000원
매입 금액	11,000,000원

❶ 매출 구분

구분	금액(부가가치세 포함)	비고
세금계산서 발행	11,000,000원	10매
현금영수증 발행	22,000,000원	
기타 매출액	32,000,000원	신용카드 결제분 포함
합계	65,000,000원	

❷ 매입 구분

구분	금액(부가가치세 포함)	비고
세금계산서	5,000,000원	인터넷 쇼핑몰과 오픈마켓 판매 수수료 포함
신용카드 사용	1,000,000원	
현금영수증(지출증빙용)	1,000,000원	경비 처리용 영수증 포함
경비 처리용 영수증	4,000,000원	
합계	11,000,000원	

일반과세자 부가가치세 □ 예정 ☑ V확정 □ 기한 후 과세표준 신고서　처리기간

관리번호

신고기간 2008 년　1기 (1 월 1 일 ~ 6 월 30 일)

사업자
상호(법인명) 엄블코디　성명(대표자명) 김동화　사업자등록번호 123-45-67890
주민(법인)등록번호 000000-0000000　전화번호 사업장 123-4567 주소지 xxx-xxx-xxx 휴대전화 011-123-4567
사업장 주소 서울 인터넷 구 사이버 동 111 번지　전자우편주소 xxxx@xxx.co.kr

[1] 신 고 내 용

구 분		금 액	세 율	세 액
과세표준및매출세액	과세 세금계산서교부분 ①	10,000,000	10/100	1,000,000
	기타 ②	50,090,910	10/100	4,909,090
	영세율 세금계산서교부분 ③		0/100	
	기타 ④		0/100	
	예정신고누락분 ⑤			
	대손세액가감 ⑥			
	합 계 ⑦	60,090,910	⑨	5,909,090
매입세액	세금계산서수취분 일반매입 ⑧	4,545,455		454,545
	고정자산매입 ⑨			
	예정신고누락분 ⑩			
	기타공제매입세액 ⑪	1,818,182		181,818
	합계(⑧+⑨+⑩+⑪) ⑫	6,363,637		636,363
	공제받지못할매입세액 ⑬			
	차감계(⑫-⑬) ⑭	6,363,637	⑮	636,363
납부(환급)세액(매출세액⑨ - 매입세액⑮) ⑯				5,272,727
경감·공제세액	기타공제·경감세액 ⑯			
	신용카드매출전표등발행공제등 ⑯	909,091		90,909
	합 계 ⑰		⑱	90,909
예정신고미환급세액 ⑱			⑲	
예정고지세액 ⑲			⑳	1,000,000
가산세액계 ⑳			㉑	
차가감 납부할 세액(환급받을 세액)(⑯-⑯-⑱-⑲+⑳)		(21)		4,181,818
총괄납부사업자 납부할 세액(환급받을 세액)				0

[2] 국세환급금계좌신고　거래은행 은행　지점　계좌번호

[3] 폐 업 신 고　폐업일자　폐업사유

[4] 과 세 표 준 명 세

업 태	종 목	업종코드	금액
(22) 소매	통신판매업		545,456
(23)			
(24)			
(25) 수입금액제외			
(26) 합 계			545,456

세무대리인 성명　사업자등록번호　전화번호

「부가가치세법」 제 18 조 · 제 19 조 또는 제 24 조와 「국세기본법」 제 45 조의 3의 규정에 의하여 신고합니다.

2008 년　1 월　25 일

신고인 *** (서명 또는 인)
**세무서장 귀하

구 비 서 류　위록참조

부가가치세 신고서 양식

04　상품 포장 박스 활용하기

포장 박스는 단순히 상품을 포장하는 본래의 기능 이외에 마케팅 도구로도 활용할 수 있습니다. 예를 들어 4,000~5,000원짜리 티셔츠를 판매한다고 가정하면 전체 원가에서 포장 박스는 많은 비중을 차지합니다. 그런데도 일부 쇼핑몰은 택배 포장 박스를 단순히 상품 포장 용도로만 사용하는 경우가 많습니다. 포장 박스에는 상품과 함께 상품 할인 쿠폰을 새겨 넣거나 포장 박스에 자사 행사 광고를 인쇄하는 등 업체마다 다양하게 활용할 수 있어야 합니다. 진행 중인 할인 이벤트와 각종 행사 관련 소식을 포장 박스에 동봉하는 것도 좋은 방법입니다.

상품 포장 박스 사례

포장 재료는 '외장 재료'와 '내장 재료'로 구분됩니다. 외장 재료는 상품을 담는 용도로 사용하며, 내장 재료는 상품의 파손 및 손상을 막는 용도로 사용합니다. 외장 재료로는 택배용 골판지 박스, 폴리백, 아이스박스, 에어백, 에어캡 등을 주로 사용하고, 내장 재료로는 부직포 가방, 스티로폼, 부직포, 공기 주입 비닐 등을 주로 사용합니다.

(a) 골판지 박스　(b) 폴리백　(c) 아이스박스　(d) 에어백　(e) 에어캡
외장 재료

(a) 부직포 가방　(b) 스티로폼　(c) 부직포　(d) 공기 주입 비닐
내장 재료

TIP 택배 박스는 이렇게 활용하자

- 포장 박스에는 스마트스토어의 로고와 주소를 동봉하거나 인쇄한다.
- 교환, 반품 등에 대한 조건 및 절차에 관한 안내 사항이 담긴 안내서나 제품 사용 설명서 등을 함께 동봉한다.
- 이웃, 단골 고객에게 혜택이나 추가 구매로 이어질 수 있는 쿠폰이나 할인권 등을 동봉한다.

---

05 택배업체 선택 및 등록하기

05-1 택배업체 선택하기

판매 물품을 배송하기 위해 이용할 수 있는 배송업체로는 우체국택배, 솔루션업체의 창업센터와 연계된 택배업체, 일반 택배업체 등이 있습니다. 택배업체는 크게 대한통운, 한진, CJ,

현대, 우체국택배 등이 있습니다. 대규모 택배업체는 신속하고 빠른 배송, 친절한 서비스 및 구매자에게 배송에 대한 신뢰감과 안정감을 주는 반면, 요금이 다소 비싼 편이고, 계약 시 요구 조건이 까다롭기 때문에 배송 물량이 적은 초보 창업자의 입장에서는 약간 불리한 부분이 있을 수 있습니다. 반면, 중소규모의 택배업체는 시장 확대를 위한 업체 간 경쟁 때문에 배송 물량이 적어도 저렴한 가격에 계약할 수 있습니다. 요즘은 서비스가 많이 향상됐기 때문에 중소업체 간 서비스의 우열을 가리기 어렵습니다.

쇼핑몰 창업 초기에는 기대한 만큼의 판매 수량이 발생하지 않기 때문에 배송업체와 협상해 건당 배송비를 낮추기도 어렵습니다. 하지만 판매 수량이 조금씩 늘어나면 배송업체에서 먼저 기존의 조건보다 더 좋은 조건을 제시하기 마련이므로 그때 새롭게 유리한 조건으로 계약할 수 있습니다.

05-2 택배업체와 배송 서비스 계약하기

쇼핑몰의 상품 배송은 작은 액세서리와 같이 사이즈와 무게가 작아 우편으로 보내는 경우 이외에는 대부분 택배 서비스를 이용합니다. 따라서 쇼핑몰을 준비하면서 사전에 택배업체와 계약을 해둬야 합니다. 배송 관련 문제 중에는 '너무 늦게 도착한다.', '배송업체 직원이 불친절하다.', '배송업체 직원이 말도 없이 관리실에 놓고 갔다.', '물품의 일부가 손상됐다.' 등 배송업체와 직접 연관된 클레임이 많습니다. 이런 경우 쇼핑몰 운영자가 배송업체에 책임을 물을 수도 있지만, 서로의 입장 차이로 쉽게 해결되지 않는 경우가 많습니다.

택배업체를 선택할 때는 신속하고 안정적인 서비스와 배송 상품 분실에 따른 사고 처리가 원활한 업체를 선택하는 것이 바람직합니다. 너무 저가의 택배업체를 선택하면 배송 사고 등에 따른 책임을 묻기 어렵기 때문에 계약 내용을 꼼꼼히 살펴본 후에 계약해야 합니다. 택배업체의 배송 기간은 오늘 물품을 보내면 내일 받아보는 익일 시스템이 가장 많으며, 배송비는 하루 배송 건수가 4~5건 이하를 기준으로 2,500원 전후입니다.

"사무실 부근에 다른 여러 쇼핑몰과 협의해 한 곳의 택배업체를 선정한 후 공동 계약하면 택배비를 절약할 수 있을 뿐 아니라 혼자 이용할 때보다 서비스 품질도 높습니다. 카페24 창업센터에 입주하면 택배 서비스, 스튜디오 서비스 등을 이용할 수 있어 유리합니다. 또한 사무실을 개별적으로 구하는 경우 공급업체와 가까운 곳에 있으면 재고 관리에 유리합니다. 저희는 동대문 신발 도매시장에서 주로 사입하기 때문에 사무실을 주요 사입처 부근에 마련했습니다. 사입처와 사무실의 거리가 도보로 이동할 만큼 가깝다보니 가능하면 재고를 쌓아두지 않고 하루에 두 번 사입합니다."

– 허용성(빅클럽 대표)

택배업체와 계약을 맺은 후 솔루션업체의 관리자 페이지에서 배송업체를 등록합니다. 다음은 스마트스토어, 카페24, 메이크샵에서 배송업체 등록 방법입니다.

❶ 스마트스토어에서 배송업체 등록하기

1 [판매자 정보]–[판매자 정보]를 클릭한 후 판매자 개인정보처리방침 관리 영역에서 배송 위탁 업체의 [택배사 선택] 버튼을 클릭하고 선정한 택배사를 선택합니다.

❷ 카페24 솔루션에서 배송업체 등록하기

1 [상점관리]–[배송관리]–[배송업체 관리]를 클릭한 후 배송업체 관리 페이지에서 [배송업체 추가] 버튼을 클릭합니다. 배송업체 등록란에 계약을 맺은 배송업체의 정보를 입력한 후 [저장] 버튼을 클릭하면 "배송업체를 등록하시겠습니까?"라는 팝업 창이 나타납니다. [확인] 버튼을 클릭하면 배송업체가 등록돼 목록에 표시됩니다.

2 배송 시작 체크 시 설정되는 기본 택배업체로 지정하기 위해 배송업체 이름 앞쪽의 체크 박스에 체크 표시를 한 후 [기본 설정] 버튼을 클릭합니다. "선택한 배송업체를 기본 배송업체로 지정하시겠습니까?"라는 팝업창이 나타나면 [확인] 버튼을 클릭합니다.

3 "선택한 배송업체가 기본 배송업체로 지정됐습니다."라는 팝업창이 나타나면 [확인] 버튼을 클릭합니다. 다음과 같이 [기본] 아이콘이 변경된 기본 택배업체에 표시됩니다.

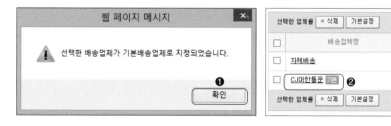

❸ 메이크샵에서 배송업체 등록하기

1 [주문 관리]-[부가 관리]-[배송사 목록 설정]을 클릭한 후 배송사 목록에서 기본 배송사로 등록할 배송업체를 선택하고 [자주 사용하는 배송지 설정] 버튼을 클릭합니다.

06 쇼핑몰 결제 수단 이용하기

쇼핑몰 결제 수단은 체크·신용카드, 계좌이체, 휴대폰결제, 간편결제, 가상계좌, 에스크로 등이 있습니다. 특히 카카오페이, 페이코, 케이페이, 네이버페이 등 다양한 간편 결제 서비스가 생겨나고 있습니다. 쇼핑몰 운영자는 고객의 쇼핑 쇼핑 편리성을 고려하여 최대한 다양한 결제 수단을 제공해야 합니다.

단, 카페24나 메이크샵으로 쇼핑몰을 만들 경우 PG 통합결제 서비스를 신청해야 하지만, 스마트스토어는 신청할 필요가 없습니다. 그 이유는 네이버 스마트스토어 플랫폼에 기본적으로 장착돼 서비스되기 때문입니다. 이때에는 수수료만 지불하면 됩니다.

인터넷 쇼핑몰에서 고객이 결제 수단으로 신용카드, 휴대폰결제 등을 사용하려면 먼저 전자결제 지불 대행사(PG사)와 계약이 이뤄져야 합니다. 원칙적으로는 카드결제, 계좌이체, 휴대폰결제, 간편결제 등의 서비스와 개별적으로 계약을 체결해야 합니다. 하지만 카페24, 메이크샵의 통합 결제(PG) 서비스를 이용해 한 곳의 PG사와 계약이 이뤄지면 국내 모든 결제가 가능합니다.

다음은 솔루션업체에서 제공하는 PG 통합 결제 서비스 신청 절차입니다.

PG 통합 결제 서비스 신청 절차

대표적인 PG사에는 KG Allat, KG Inicis, LG U+, KSNET, KCP, alltheGate 등이 있습니다. PG사 계약 심사 과정에서 쇼핑몰 도메인 설정과 쇼핑몰의 오픈 상태 및 취급 상품을 확인하기 때문에 쇼핑몰 제작이 완료된 후 계약을 진행해야 합니다. 계약 시 준비 서류 및 과정을 알아두면 계약을 신속하게 진행할 수 있습니다.

인터넷 쇼핑몰을 자체 제작하는 경우라면 PG사를 일일이 알아보고 직접 계약해야 합니다. 하지만 인터넷 쇼핑몰 솔루션(카페24, 메이크샵 등)을 이용해 쇼핑몰을 제작하는 경우에는 대부분의 솔루션업체가 PG사와 제휴돼 있기 때문에 계약하기에 유리합니다.

직접 PG사와 계약하는 경우에는 회사마다 서비스 내역이 다르기 때문에 신중히 선택해야 합니다. 신용카드나 계좌이체의 수수료율, 가입비, 연관리비, 보증보험, 판매대금의 정산 주기 등을 꼼꼼히 살펴봅니다. 솔루션업체마다 PG사 추가 혜택 이벤트를 수시로 진행하기 때문에 관련 내용도 살펴본 후에 결정하는 것이 유리합니다.

PG사의 서비스 내역은 개별 PG사의 홈페이지나 솔루션업체에 링크돼 있는 PG사 홈페이지 주소에 접속합니다. 계약서를 작성한 후 2부를 출력해 날인하고, 다음의 구비 서류를 해당 PG사의 주소로 등기 발송합니다.

- **법인사업자:** 통합계약서 2부, 사업자등록증 2부, 법인 인감증명서 1부, 법인 등기부등본 1부, 결제계좌 사본 1부, 사용인감게 1부
- **개인사업자:** 통합계약서 2부, 사업자등록증 2부, 대표자 인감증명서 1부, 주민등록등본 1부, 결제계좌 사본 1부, 주민등록증 양면 복사본 1부

PG사 서비스 신청 비용 및 수수료는 다음과 같습니다. 단, 솔루션 업체와 서비스 시점에 따라 달라질 수 있습니다.

PG사 서비스 신청 비용 및 수수료

초기 가입비	200,000원(부가가치세 별도), 연관리비 무료
신용카드 수수료	3.5%(카드 수수료 포함, 부가가치세 별도)
계좌이체 수수료	가입비 무료, 거래 수수료 1.8% 최저 200원(부가가치세 별도)
가상계좌 수수료	가입비 무료, 거래 수수료 건별 300원(부가가치세 별도)
에스크로 수수료	가입비 무료, 수수료 없음.
현금영수증	가입비 무료, 수수료 없음.

TIP **에스크로 적용 의무화**

소비자보호법 제24조 2항에 따르면 온라인 쇼핑몰은 현금 결제 시, 금액에 상관없이 에스크로 안전 거래를 의무 적용해야 한다고 규정하고 있습니다. 이를 위반했을 때는 1,000만 원 이하의 과태료가 부과될 수 있으므로 PG 통합 결제 서비스를 이용해 에스크로를 반드시 적용해야 합니다. 즉, 무통장 입금 방식으로만 쇼핑몰을 운영하면 안 됩니다.

❶ 카페24에서 PG사 서비스 신청하기

카페24 솔루션은 관리자 페이지 메인 화면에서 [부가서비스]–[결제서비스]–[통합 결제 (PG)]–[서비스 신청]을 클릭합니다. PG사 목록 페이지에서 [자세히 보기] 버튼을 클릭해 서비스 내역을 비교합니다. 각 PG사 아이콘을 클릭하면 신청서 작성, 신청서 확인, 가입비 납부 등의 절차를 통해 계약을 진행할 수 있습니다.

카페24에서 PG사 서비스 신청

또는 다양한 결제 수단을 묶어 신청할 수 있는 통합 결제(PG) 결제 패키지 서비스를 신청할 수도 있습니다. [부가서비스]-[결제서비스]-[통합 결제(PG)]-[서비스 안내]를 클릭한 후 [신청하기] 버튼을 클릭합니다.

카페24에서 통합 결제(PG) 서비스 신청

❷ 메이크샵에서 PG사 서비스 신청하기

메이크샵 솔루션은 관리자 페이지 메인 화면에서 [쇼핑몰구축]-[쇼핑몰 결제서비스 설정]-[통합 결제(PG) 소개/신청]을 클릭합니다. PG사 목록 페이지에서 서비스 내역을 비교하고 원하는 PG사의 [신청하기] 버튼을 클릭해 신청할 수 있습니다. 메이크샵에서 다양한 결제 수단을 묶어 신청할 수 있는 통합 결제(PG) 결제 패키지 서비스를 신청할 수도 있습니다.

메이크샵에서 PG사 서비스 신청

07 사무실 구하기

창업을 하려면 사무실이 필요합니다. 하지만 사무실 임대비는 고정비로 매달 무조건 나가야
하는 비용이기 때문에 창업 초기에는 부담이 되는 것이 사실입니다.
창업 사무실로 사용한다면 오피스텔, 빌딩 및 상가, 소호 사무실(small office home office,
soho), 집 등을 생각해볼 수 있습니다.

❶ 집을 사무실로 사용하기

간이과세자라면 집에서도 사업자등록을 낼 수 있기 때문에 쇼핑몰 창업자는 집으로 사업자
등록을 하기도 합니다. 단, 제조업의 경우는 사업자등록 시 불가 판정을 받을 수도 있습니다.

❷ 소호 사무실

소호(soho) 사무실은 소규모 자영업자를 위한 사무실입니다. 사무실 보증비가 한 달 월세 정
도로 저렴하며, 책상, 집기와 미팅룸 등이 제공된다는 특징이 있습니다.
소호 사무실은 네이버에서 '소호 사무실'을 검색하면 많이 찾을 수 있습니다. 카페24의 경우
카페24 창업센터에서 지역별로 쇼핑몰에 특화된 소호 사무실을 운영하고 있습니다.
카페24 창업센터(https://soho.cafe24.com)는 쇼핑몰에 특화된 소호 사무실로 쇼핑몰을 운영
할 때 꼭 필요한 스튜디오, 택배, 포장 등을 제공합니다. 특히, 택배의 경우 대략 건별 1,600
원 정도에 보낼 수 있는 큰 장점도 있습니다.

카페24 창업센터 홈페이지

소호 사무실 서비스의 예를 나타낸 것입니다.

소호 사무실 서비스 업체 목록

소호 사무실	홈페이지	연락처
카페24 창업센터	https://soho.cafe24.com/	1688-3284
비즈온	http://www.thebizon.co.kr/	1661-7854
르호봇	http://www.ibusiness.co.kr/	1544-6154
패스트파이브	http://www.fastfive.co.kr/	02-3453-8280
오피스허브	http://www.officehub.co.kr/	02-445-8005

TIP 네이버 파트너스퀘어의 스튜디오 이용하기

네이버 파트너스퀘어는 스몰 비즈니스와 창작자에게 무료 교육, 네트워킹 공간, 스튜디오 대여 서비스를 제공합니다. 상품 촬영을 할 수 있는 스튜디오 공간도 무료로 사용할 수 있습니다. 스튜디오는 콘셉트에 따라 다양한 룸을 이용할 수 있습니다. 네이버 파트너스퀘어(https://partners.naver.com)에서 서울, 부산 지역의 [스튜디오 예약] 메뉴를 클릭하면 스튜디오 예약을 진행할 수 있습니다.

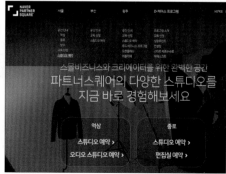

네이버 파트너스퀘어의 스튜디오

네이버 스마트스토어 운영자뿐 아니라 카페24, 메이크샵 쇼핑몰 운영자 모두 사용할 수 있습니다.

08 정부 창업지원제도 활용하기

첫 창업은 부족한 부분이 너무 많습니다. 창업 자금부터 교육, 멘토링 서비스 등에 이르기까지 필요한 사항을 지원받고 싶지만 어떻게 해야 하는지 막막할 것입니다. 창업을 지원하는 국내 대표 기관은 다음과 같습니다.

❶ K-Startup

K-Startup(http://www.k-startup.go.kr)은 정부에서 운영하는 국내 창업을 총괄하는 사이트입니다. 만약 창업을 준비 중이라면 반드시 확인해야 하는 정부 창업 지원 포털입니다. 창업 자금 지원부터 창업 지원 공고 큐레이싱 서비스, 창업 교육, 온라인 법인 설립 시스템, 1인 창조 기업 비즈니스센터, 구인, 구직 커뮤니티 등 현실적인 지원을 받을 수 있는 곳입니다.

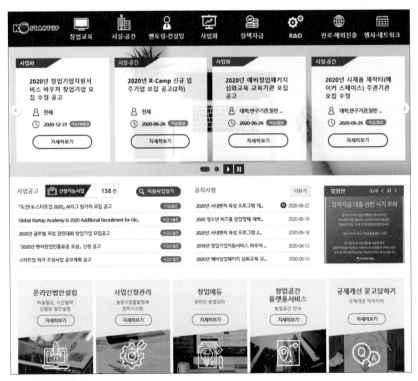

K-Startup 홈페이지

❷ 소상공인마당

소상공인마당(http://www.sbiz.or.kr)과 소상공인시장진흥공단(https://www.semas.or.kr)은 소상공인을 위한 지원 포털 사이트입니다. 오프라인 사업에 초점이 맞춰져 있으며, 상권 정보를 제공한다는 특징이 있습니다. 순수 온라인 쇼핑몰만 운영하는 경우에는 큰 의미가 없지만 공방, 빵집, 옷가게 등 로드숍을 병해하는 경우에는 많은 도움이 됩니다. 예를 들어 오프라인 의류 매장과 쇼핑몰을 함께 운영하는 분이라면 매장의 상권 분석으로 내가 원하는 지역에 나와 동일 업종의 상점이 몇 개 있는지 확인할 수 있습니다.

소상공인마당 홈페이지

소상공인시장진흥공단 홈페이지

❸ 서울특별시 창업스쿨

서울특별시 창업스쿨(http://academy.sba.kr)은 다양한 창업 양성 과정 교육을 진행하는 기관입니다. 쇼핑몰 창업, 온라인 마케팅, 상품 촬영 등 쇼핑몰 관련 강의가 제공됩니다.

SBA아카데미 홈페이지

❹ 서울산업진흥원

서울산업진흥원(http://www.sba.seoul.kr)은 서울시 창업 포털사이트입니다. 온라인 쇼핑몰보다 기술 관련 스타트업에 대한 지원이 많다는 점이 아쉽긴 하지만, 관련 분야 창업을 희망하시는 분은 적극 활용하는 것이 좋습니다.

서울산업진흥원 홈페이지

❺ 여성만을 위한 창업센터

다음은 여성 창업자를 위한 전문 센터입니다. 보육센터 지원이나 정책자금, 교육 등이 이곳
에서 이뤄지고 있으므로 잘 활용하는 것이 좋습니다.

• 여성기업종합지원센터(http://www.wesc.or.kr)

• 여성기업종합정보포털(http://www.wbiz.or.kr)

• (사)여성인력개발센터(http://www.vocation.or.kr)

• 서울우먼업(http://www.seoulwomanup.or.kr)

• 경기여성정보 꿈수레(http://www.womenpro.go.kr)

인터넷 쇼핑몰 만들기

Part 02에서는 쇼핑몰을 기획한 후 기획 내용을 바탕으로 스마트스토어, 카페24, 메이크샵을 이용한 세 가지 쇼핑몰을 만들고 각각의 쇼핑몰에 상품을 등록, 관리하는 방법을 알아봅니다.

04 쇼핑몰 벤치마킹하기

01 벤치마킹 대상 찾기

판매 대상과 아이템을 결정했다면 경쟁 대상자를 벤치마킹해야 합니다. 벤치마킹을 하는 이유는 경쟁 쇼핑몰과 똑같이 만들어 운영하려는 것이 아니라 경쟁 쇼핑몰의 성공 요소를 찾아내고, 그것을 좀 더 새롭게 내 쇼핑몰에 접목해 경쟁력을 갖추기 위해서입니다.

벤치마킹은 '단순 모방'이 아니라 '새로운 창조를 위한 분석'이어야 합니다. 창조적 모방은 경쟁 쇼핑몰의 모든 장점은 흡수하고 약점을 보완해 경쟁 쇼핑몰보다 경쟁력을 갖춘 쇼핑몰을 만들고 운영하는 것입니다. 쇼핑몰을 벤치마킹할 때는 반드시 산출물이 있어야 하고, '왜 이런 산출물이 나왔을까?'에 대한 해답을 얻을 수 있어야 합니다.

01 검색 포털 사이트에서 찾기

경쟁 쇼핑몰을 가장 손쉽게 검색하는 방법은 네이버, 다음 등과 같은 검색 포털 사이트에 접속한 후 판매할 아이템을 키워드로 검색하고 경쟁 쇼핑몰을 확인하는 것입니다. 가장 먼저 '파워링크' 광고 영역 아래의 [더보기]를 클릭합니다. 여기서는 '4면그늘막'이라는 키워드로 검색해보겠습니다.

광고 페이지에서 벤치마킹 대상 찾기

검색 광고 페이지가 나타납니다. 해당 키워드로 광고를 집행하는 전체 쇼핑몰 목록이 나열됩니다. 쇼핑몰 주소 바로 아래에 표시되는 '광고 집행 기간'은 해당 쇼핑몰이 광고를 진행한 기간을 나타냅니다. 광고 집행 기간이 길수록 안정된 쇼핑몰이라 유추할 수 있습니다. 광고 집행 기간이 '0~3개월'인 신생업체보다는 '61개월 이상' 운영된 쇼핑몰을 벤치마킹하는 것이 효과적입니다.

포털 사이트의 광고 집행 기간

02 네이버 쇼핑에서 찾기

네이버 쇼핑은 네이버에서 운영하는 쇼핑 플랫폼으로, 짧은 시간 안에 쇼핑 트렌드를 파악하고 고객의 니즈를 파악할 수 있기 때문에 벤치마킹할 때 많이 이용합니다. 네이버 쇼핑은 크게 '베스트 100'과 '카테고리'의 두 가지 방법으로 벤치마킹 업체를 찾는 것이 효과적입니다.

스마트스토어 쇼핑몰을 만들 계획이라면 네이버 쇼핑의 베스트 순위 내 쇼핑몰 중 스마트스 토어를 중심으로 벤치마킹합니다. 네이버 쇼핑 베스트 100 순위 내 쇼핑몰 중에는 G마켓, 11번가와 같은 오픈마켓, 롯데닷컴과 같은 백화점몰, 전문 쇼핑몰, 스마트스토어 중에서 스 마트스토어 마켓을 선정해야 효율적으로 벤치마킹할 수 있습니다.

- 카페24, 메이크샵으로 쇼핑몰을 만드는 경우 → 스마트스토어를 제외한 전체 쇼핑몰 벤치마킹
- 스마트스토어 쇼핑몰을 만드는 경우 → 순위 내 스마트스토어를 중심으로 벤치마킹

02-1 베스트 100에서 찾기

네이버 쇼핑 상단의 '베스트100'을 클릭하면 유사 아이템별, 고객층별 가장 인기 있는 상품을 확인할 수 있습니다. 이때 각 상품을 클릭하면 판매자가 운영하는 마켓을 확인할 수 있습니 다. 단, 네이버 쇼핑에는 스토어팜, 개인 쇼핑몰, 오프라인 매장 등이 모두 노출됩니다.

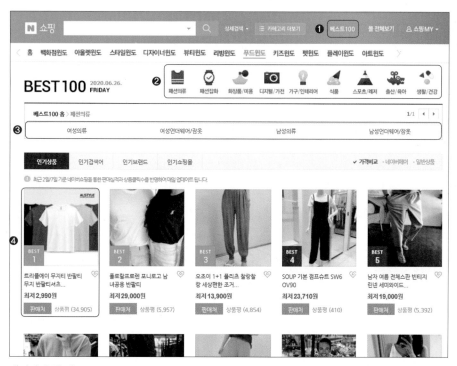

네이버 쇼핑 베스트 100

02-2 카테고리에서 찾기

네이버 쇼핑은 패션의류, 패션잡화, 화장품/미용, 디지털/가전 등 총 10개의 대분류로 구분되고, 다시 수많은 중분류와 소분류로 구분돼 관리됩니다.

네이버 쇼핑 내 카테고리의 판매자는 벤치마킹 대상이자 선의의 경쟁 업체이기 때문에 대분류보다는 중분류, 소분류의 판매자를 선정하는 것이 효과적입니다. 여기서는 대분류 – 패션의류, 중분류–여성 의류, 소분류–점퍼 순으로 선택해보겠습니다.

네이버 쇼핑의 대–중–소분류 사례

점퍼 카테고리에 등록된 전체 상품(❶) 목록이 나타납니다. 상품 목록 중 상단 5개(❷)까지는 광고주의 상품이 노출되는 광고 영역, 그 아래 영역(❸)부터는 비광고 상품 목록입니다. 광고 영역의 상품은 [광고(❹)] 아이콘이 표시됩니다. 비광고 상품 영역은 네이버쇼핑 랭킹 순, 상품평 많은 순, 낮은 가격 순, 높은 가격 순, 등록일 순 등에 따라 배열됩니다. 특히 네이버쇼핑 랭킹 순(❺)이 중요하며, 그 외 상품평 많은 순(❻)도 중요합니다.

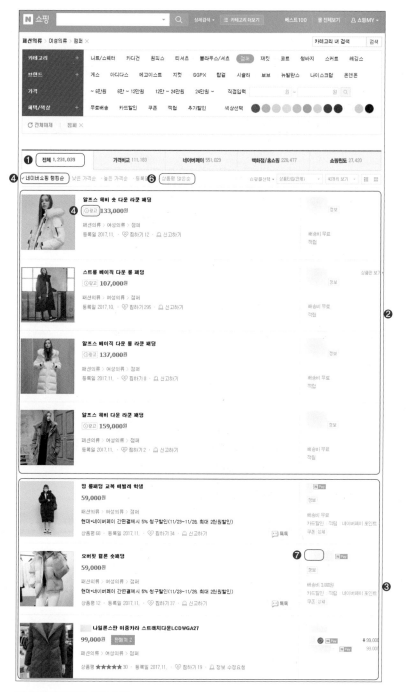

점퍼 카테고리의 상품 목록

TIP 네이버쇼핑 랭킹 순이란?

적합도 지수, 상품의 인기도·신뢰도 지수 등을 점수화해 정렬됩니다. 단, 광고 상품은 별도의 기준에 따라 상단
정렬됩니다.

03 오픈마켓에서 찾기

G마켓, 옥션, 11번가, 인터파크 등과 같은 오픈마켓에서는 '베스트 100' 코너를 운영하고 있습니다. 즉, 각 오픈마켓에서 품목별로 가장 많이 판매되는 판매자의 상품을 확인할 수 있습니다.

G마켓 베스트 100   옥션 베스트 100

11번가 베스트 100   인터파크 베스트 100

04 분석 전문 사이트에서 찾기

벤치마킹 쇼핑몰을 찾을 때는 순위 검색 사이트인 '랭키닷컴(www.rankey.com)'을 이용해 운영하려는 쇼핑몰과 유사한 카테고리에 속해 있는 쇼핑몰을 분석하는 것이 효과적입니다. 단, 랭키닷컴의 순위는 쇼핑몰의 매출 순위가 아니라 방문자 수, 클릭 수 등을 기준으로 정하기 때문에 쇼핑몰의 매출액, 판매율 등은 확인할 수 없습니다.

랭키닷컴의 메뉴 중 '순위 정보-대분류-중분류-소분류' 순으로 클릭한 후 사이트를 클릭합니다. 분류 검색 영역에서 '패션잡화'와 같은 해당 카테고리를 입력한 후 [검색] 버튼을 클릭합니다. 검색 결과 화면에서 '분류검색기-기타패션잡화쇼핑몰'을 클릭하면 사이트 순위 정보가 나타납니다. [사이트전체보기] 버튼을 클릭하면 전체 순위 정보를 확인할 수 있습니다. 단, 유료 회원으로 가입해야 확인할 수 있습니다.

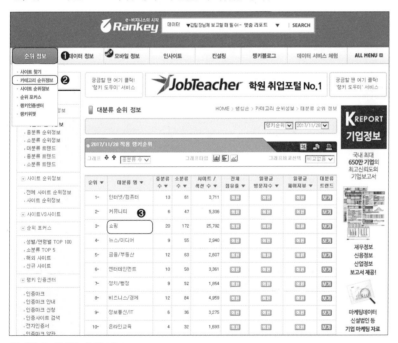

랭키닷컴 대분류 순위 정보

대분류는 '쇼핑', 중분류는 '의류 쇼핑몰', 소분류는 '여성 의류 쇼핑몰'을 각각 클릭하면 다음과 같이 소분류의 순위별로 나열됩니다. 사이트 이름을 클릭하면 해당 쇼핑몰로 바로 이동하고 우측 세부 정보의 [보기] 버튼을 클릭하면 쇼핑몰의 기업 정보, 등록일, 등록 정보, 분류 등을 확인할 수 있습니다. 특히 등록 정보(❷)를 통해 쇼핑몰의 주력 아이템과 핵심 키워드를 파악할 수 있습니다.

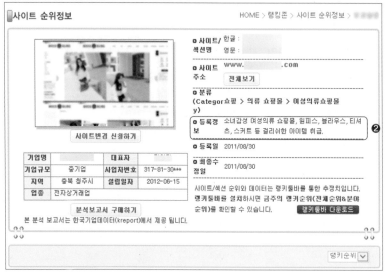

랭키닷컴 사이트 순위정보

05 벤치마킹 쇼핑몰 선정하기

지금까지 살펴본 여러 채널을 통해 파악한 카테고리 베스트 판매자와 쇼핑몰만 살펴봐도 온라인 쇼핑 트렌드를 파악할 수 있습니다. 검색한 여러 판매자 중 내 쇼핑몰의 콘셉트와 유사하거나 롤모델이 될 만한 대표적인 마켓을 집중적으로 벤치마킹합니다. 너무 많은 마켓을 롤모델로 삼으면 분석하는 데 많은 시간이 소요되고, 자칫 이곳저곳을 짜깁기해 내 쇼핑몰의 콘셉트를 잃어버릴 수도 있으므로 1차로 10여 곳을 벤치마킹한 후 그중에서 3~4곳을 최종 선정해 벤치마킹합니다.

02 쇼핑몰 벤치마킹하기

벤치마킹 쇼핑몰이 선정됐다면 이제 본격적으로 쇼핑몰을 분석합니다. 벤치마킹 쇼핑몰을 분석하는 요소에는 크게 핵심 고객층, 디자인, 상품, 콘텐츠, 운영 등으로 구분할 수 있습니다. 벤치마킹 대상 쇼핑몰에 접속한 후 다음 표의 벤치마킹 항목에 대한 분석 내용을 사례와 같이 작성합니다.

쇼핑몰 벤치마킹 항목과 사례 내용

	벤치마킹 항목	벤치마킹 사례 내용
핵심 고객층 & 슬로건	핵심 고객의 연령대는?	25~35세
	핵심 고객의 성별은?	여성
	핵심 고객의 직업군은?	경제활동을 하면서 자기 자신에게 투자를 아끼지 않는 오피스걸
	쇼핑몰 슬로건은?	트렌드를 이끌다, 오스피걸
	핵심 키워드는?	유니크, 모던, 심플, 트렌디, 캐주얼

	벤치마킹 항목	벤치마킹 사례 내용
디자인 콘셉트	레이아웃 구조는?	기본형
	쇼핑몰의 느낌은?	여성스러우면서 세련된 느낌
	메인 페이지의 핵심 구성은?	메인 상품(슬라이드 3개)/베스트셀러(2줄)/신상품(2줄)
	서브 페이지의 핵심 구성은?	제품 정보/관련 상품/상품 상세 페이지
	쇼핑몰 구성 요소와 콘텐츠의 서체는?	• 구성 요소: 고딕체 • 콘텐츠 내용: 손글씨체
	쇼핑몰의 메인 색상과 보조 색상은?	• 메인 색상: 연분홍 • 보조 색상: 회색

	벤치마킹 항목	벤치마킹 사례 내용
상품	주력 상품은?	• 오피스 정장, 블라우스
	메인 페이지와 카테고리별 평균 상품 판매 단가는?	• 메인 페이지에 노출된 상품의 평균 가격은? 12,000원 • 카테고리별 평균 가격은? 18,000원
	메인 페이지 신상품 업데이트 주기는?	• 4~5일

	벤치마킹 항목	벤치마킹 사례 내용
운영	유료 광고는?	키워드 광고(파워링크, 네이버쇼핑)
	홍보 채널은?	• 공식 채널: 인스타그램, 블로그, 페이스북 공식 채널 운영 • 제휴 채널: 블로그 체험단, 인스타그램 체험단
	경쟁 업체의 주요 광고 키워드는?	유니크, 모던, 심플, 트렌디, 캐주얼
	회원 가입한 고객에게 주는 혜택은?	신규 가입 시 5,000원 할인 쿠폰 지급
	구매 회원에게 주는 마일리지는?	등급별 적립금: 1~5%
	정기적으로 진행하는 이벤트는?	• 베스트 포토 리뷰: 적립금 최대 10만원 상품권 • 10시를 잡아라: 타임 세일 • 적립금 지급: 리뷰 적립금, 출석 체크 적립금 • 앱 설치: 쇼핑몰 앱 설치 시 5,000원 적립 • VVIP 전용 추가 혜택

벤치마킹의 목적은 맹목적인 차별화가 아니라 다른 쇼핑몰의 서비스를 비교, 분석함으로써 장점을 쇼핑몰 제작 과정과 운영 방향에 적절하게 적용해 차별화하는 것입니다.

05 쇼핑몰 기획하기

01 쇼핑몰 디자인 기획

쇼핑몰 구축 전에 가장 많이 고민되는 부분은 디자인일 것입니다. 쇼핑몰 디자인을 하기 전에 쇼핑몰의 콘셉트를 고려해 디자인 기획을 세워야 합니다. 쇼핑몰 디자인 기획 과정에서 결정해야 할 요소는 무엇이고, 어떻게 벤치마킹해야 하는지 살펴보겠습니다.

01 쇼핑몰 디자인 기획의 핵심 요소

쇼핑몰 마케터는 "상품이 아니라 콘셉트를 팔아라."라고 말합니다. 좋은 콘셉트는 어느 한 가지 측면을 위한 것이 아니라 다방면을 고려한 것이어야 합니다. 콘셉트를 표현해야 하는 구성 요소로는 레이아웃, 디자인, 이미지, 카테고리, 텍스트, 서체(font) 등이 있으며, 쇼핑몰 제작 시 이 요소가 잘 융합될 수 있도록 디자인 기획을 세워야 합니다.

쇼핑몰 디자인을 기획할 때는 구체적인 계획을 세워야 합니다. 구체적인 계획에는 쇼핑몰의 색감, 쇼핑몰의 레이아웃 등이 포함됩니다. 쇼핑몰의 메인 화면에서는 콘셉트가 무엇인지 한눈에 알 수 있습니다. 예를 들면 귀여운 옷을 파는 쇼핑몰, 섹시한 옷을 파는 쇼핑몰, 고급스러운 옷을 파는 쇼핑몰 등이 각 콘셉트에 맞게 의도적으로 연출돼 있습니다. 이러한 분위기를 연출하는 데 중요한 요소가 '색감'입니다. 색은 구매 심리를 자극하는 요소로, 쇼핑몰 디자인 기획에 매우 중요한 요소입니다.

설화 쇼핑몰 디자인은?
- 느낌: 여성스러우면서 달콤한 느낌
- 메인 색상: 흰색
- 보조 색상: 회색, 핑크
- 레이아웃: 기본형 레이아웃
- 서체: 고딕 계열과 손글씨체

쇼핑몰 디자인 기획 사례

쇼핑몰의 색상은 주 고객층을 고려해 선택해야 합니다. 만약 의류 쇼핑몰이라면, 옷을 구매하는 사람의 연령대, 성별, 목적 등과 같은 구매 특성 등을 고려해 선택해야 합니다. 여성스러우면서도 달콤한 느낌을 표현하고 싶다면 분홍색과 핑크색 계열이 적당합니다. 옷을 입었을 때 세련되게 느껴지는 사람이 있는 반면, 촌스럽게 느껴지는 사람이 있는 것은 옷의 디자인이나 재질의 문제도 있지만 원단의 색상이 매치되지 않기 때문일 수도 있습니다.

떡, 케이크 등과 같은 먹거리를 판매하는 경우라면 식욕을 돋우게 하고, 청결한 분위기를 전달하는 것이 중요합니다. 다음 동일한 백일 떡 사진입니다. 그림 1과 같이 쇼핑몰 배경을 흰색 디자인으로 한 것과 그림 2와 같이 검은색 디자인으로 한 것 중 어느 쪽이 식욕을 돋을 수 있는지 쉽게 판단할 수 있을 것입니다.

그림 1

그림 2

이처럼 먹거리를 판매하는 쇼핑몰의 메인 색상에 검은색을 사용하는 것은 잘못된 선택일 것입니다. 검은색은 도시적인 느낌을 연출하기에 적합하기 때문에 남성 정장 쇼핑몰에 적합합니다. 즉, 검은색은 먹거리 쇼핑몰에는 적합하지 않습니다.

> **TIP**
>
> 일관된 콘셉트의 구성 요소는?
> - 레이아웃
> - 쇼핑몰 메인 화면과 서브 화면 디자인
> - 이미지
> - 서체와 서체의 조화를 이루는 타이포그래피

02 연령별 선호 색상

다음은 연령별로 선호하는 색상입니다. 유아기는 자극적인 시각에 큰 반응을 보이는 시기이기 때문에 원색 계열 중 화사한 색, 특히 노란색에 큰 반응을 보입니다. 유년기는 자기 주장이나 개성을 강하게 표출하는 시기이기 때문에 난색 계열의 원색, 즉 여아는 분홍색, 남아는 파란색 등을 선호합니다. 청소년기에는 신체 변화와 심리 변화가 많은 시기이기 때문에 활발한 활동에 도움이 되는 빨간색, 노란색, 보라색 계열의 원색을 선호합니다. 청년기는 사회적 활동을 시작하는 시기로 남성은 파란색, 청록색, 녹색, 검은색, 오렌지색, 여성은 주황색, 보라색, 빨간색, 분홍색, 자주색 등을 선호합니다. 특히 원색 자체보다 혼합색을 선호하고, 20대 후반으로 갈수록 좀 더 부드럽고 은은한 색을 선호합니다. 중년기는 안정적인 것을 선호하는 시기로 고급스러운 스타일을 추구하면서도 부드럽고 은은한 색상을 선호합니다. 50대 이상의 장년기는 활동이 둔화되는 시기로 어두운 색보다는 빨간색, 녹색과 같은 원색을 선호합니다.

연령대별 선호 색상

연령대	선호하는 색상
유아기	노란색
유년기	여아는 분홍색, 남아는 파란색
청소년기	빨간색, 노란색, 보라색
청년기	남성은 파란색, 청록색, 녹색, 검은색, 오렌지색 여성은 주황색, 보라색, 빨간색, 분홍색, 자주색
중년기	원색보다는 혼합된 부드럽고 은은한 색
장년기	빨간색, 녹색과 같은 원색

02 쇼핑몰 색상 결정하기

쇼핑몰 디자인에는 메인 색상, 보조 및 포인트 색상을 사용합니다. 메인 색상은 쇼핑몰의 전체적인 느낌이 전달되는 색으로, 쇼핑몰의 성격을 가장 잘 나타내는 역할을 합니다. 보조 색상은 메인 색상을 도와주는 역할을 하는 색으로, 메인 색상과 어우러져 쇼핑몰 전체 또는 부분적인 이미지를 표현합니다. 포인트 색상은 쇼핑몰에서 강조하고 싶은 곳에 독특한 색상을 적절히 사용해 작은 면적에 강한 느낌을 전달하는 역할을 합니다.

쇼핑몰 디자인 과정에서 가장 빈번하게 일어나는 실수는 많은 상품을 노출하려다 보니 뭐가 뭔지 모르게 돼버리는 것입니다. 아는 방법을 총동원해 섞어버리기 때문입니다. 이러한 결과를 예방하기 위해서는 작업 초기에 전체적인 메인 색상과 보조 색상에 대한 계획을 수립할 필요가 있습니다.

다음은 메인 색상과 보조 색상을 블랙과 화이트 계열을 사용해 극과 극의 명도 대비를 나타낸 사례입니다. 블랙과 화이트 계열은 주목성과 도시적인 이미지가 강하기 때문에 모던함과 세련된 이미지를 표현하는 데 적합합니다. 또한 빨간색으로 포인트를 주어 생동감을 부여하는 한편, 블랙과 화이트를 더욱 돋보이게 해주는 역할을 합니다.

쇼핑몰 색상(메인, 보조, 포인트) 사례

Ⓐ 메인 색상　　□ R: 255, G: 255, B: 255
Ⓑ 보조 색상　　■ R: 116, G: 116, B: 116
　　　　　　　　□ R: 203, G: 201, B: 201
Ⓒ 포인트 색상　■ R: 246, G: 67, B: 67

01 쇼핑몰의 색상 값 알아내기

벤치마킹 쇼핑몰의 색상 값은 프린트스크린(Print Screen)과 포토샵의 스포이트 도구(🖊)를 이용하면 알 수 있습니다.

1 벤치마킹 쇼핑몰의 목록을 만든 후 한 곳씩 접속합니다. 키보드의 프린트스크린(Print Screen)을 누르면 현재 쇼핑몰 이미지가 클립보드에 저장됩니다.

🔼 포토샵을 실행한 후 [File]-[New]를 선택합니다. 새 도큐먼트에서 Ctrl + V 를 눌러 클립보드의 이미지를 붙여 넣습니다. 스포이트 도구(✏️)를 선택한 후 추출할 컬러 영역을 클릭합니다. [Color Picker] 대화상자에 선택한 부분의 색상 값이 표시됩니다. 여기서는 'R: 246, G: 67, B: 67(⬛)'이 선택됐습니다. 이와 같은 방법으로 벤치마킹 쇼핑몰의 메인 색상, 보조 색상, 포인트 색상을 확인할 수 있습니다.

쇼핑몰 레이아웃은 쇼핑몰의 얼굴이자, 쇼핑몰 판매 전략을 포함한 기획의 핵심적인 부분입니다. 아이템의 특징과 종류, 쇼핑몰의 판매 전략, 기획 의도에 따라 다양한 레이아웃을 만들 수 있습니다.

01 기본형 레이아웃

기본형 레이아웃은 상단은 로고와 맵, 중앙은 좌측 메뉴, 우측 메인 상품, 하단은 좌측 이벤트 관련, 우측은 상품 목록을 나열하는 디자인 구조입니다. 이 레이아웃 구조는 전문 쇼핑몰에서 가장 많이 사용하는 스킨입니다. 이 구조는 신상품, 베스트 상품 영역의 상품 배치 숫자(가로와 새로 배치 숫자)에 따라 소호 쇼핑몰부터 중형 쇼핑몰에 이르기까지 다양한 전략을 구사할 수 있고 의류, 화장품, 생활용품, 식품 등 다양한 분야의 쇼핑몰에서 사용할 수 있습니다.

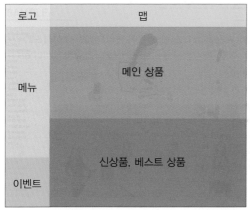

기본형 레이아웃 구조

기본형 레이아웃 쇼핑몰의 예

02 집중형 레이아웃

집중형 레이아웃은 상단에 로고, 맵, 메뉴를 위치시킨 후 중앙에 메인 상품만을 배치해 쇼핑몰의 콘셉트, 스타일을 강하게 어필하는 디자인 구조입니다. 품목 수가 많은 식품 쇼핑몰, 계절에 따라 주력 상품과 스타일을 연출해야 하는 의류 전문 쇼핑몰, 추가 구매율이 높은 유아 쇼핑몰에 적합한 구조입니다. 이 구조는 가짓수에 상관없이 메인 상품을 배치해 추가 구매를 유도하고 쇼핑몰 메인 상품의 콘셉트, 스타일 등을 강하게 어필할 수 있습니다.

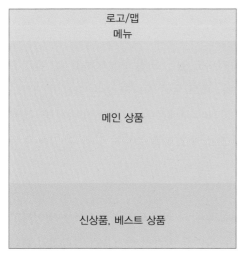

집중형 레이아웃 구조

집중형 레이아웃 쇼핑몰의 예

T I P **스마트스토어의 레이아웃**

스마트스토어는 기본형 레이아웃과 집중형 레이아웃이 모두 제공됩니다. 스마트스토어 관리자 페이지에서 [스토어 전시관리]-[스마트스토어(PC)]를 클릭한 후 상단의 [레이아웃 관리] 탭을 클릭하면 기본형과 집중형 레이아웃 중 한 가지 유형을 선택해 쇼핑몰 레이아웃을 만들 수 있습니다.

스마트스토어 기본형 레이아웃

스마트스토어 집중형 레이아웃

04 상품 페이지 레이아웃 디자인

상품 페이지는 구매 결정의 마지막 단계로 상품이 지니고 있는 특징을 분석하고, 그 특징을 고객에게 가장 효과적으로 전달할 수 있어야 합니다. 특히 옷이 지니고 있는 고유의 색감과 상품 페이지의 구성 요소, 색감 등을 조화롭게 매치해야 구매율을 높일 수 있습니다. 특히 고객의 시선을 고려한 공간의 효율적 활용, 그래픽 요소의 효과를 충분히 살릴 수 있어야 합니다.

좋은 상품 페이지 레이아웃은 정리 정돈이 잘된 서랍과 같이 일률적으로 정리하는 것이라고 정의할 수는 없습니다. 상품 상세 페이지는 고객으로 하여금 미적인 즐거움과 시각적인 편안함을 느낄 수 있게 해야 하고, 시선에 방해가 되지 않아야 합니다. 또한 전체적으로 통일감이 있어야 하고, 판매하려는 제품의 특징을 가장 명료하게 전달할 수 있어야 합니다.

고객의 호감도를 높일 수 있는 레이아웃은 제품에 대한 분석과 그 제품을 구매하는 고객층 분석 등을 이용해 기획해야 합니다. 즉, 제품의 어떤 부분을 강조할 것인지, 어떤 것에 중점을 둬야 구매 욕구를 일으킬 것인지 등을 고려해야 효율성을 높일 수 있습니다.

예를 들어 의류 쇼핑몰의 상품 페이지는 제품에 따라, 쇼핑몰의 스타일에 따라, 주 고객층의 취향에 따라 달라지겠지만, 레이아웃을 계획할 때는 기본적으로 큰 구성(제품 정보 영역, 제품 설명 영역, 교환, 배송 정보 영역)을 결정하고, 각 구성에 맞는 세부적인 디자인 작업을 진행하는 것이 좋습니다.

상품 상세 페이지 레이아웃

쇼핑몰 상품 상세 페이지의 큰 틀을 만들었다면 그다음에는 세부적인 레이아웃을 구상하고 상품의 특징 또는 스타일 등을 연출할 때 이용할 이미지 컷 등을 결정합니다. 레이아웃의 스타일과 구성 요소에는 정답이 없습니다. 따라서 내가 판매하고자 하는 상품의 콘셉트에 맞게 설계하고 꾸밀 수 있는 능력이 필요합니다.

상품 페이지의 레이아웃과 구성 요소를 결정할 때 매장의 점원을 연상하면 구체적이고 현실적으로 제작할 수 있습니다. 다음 그림의 오른쪽은 옷가게의 매장 상황, 왼쪽은 인터넷 의류 쇼핑몰의 상황입니다. 편의상 각 상황별로 동일한 번호를 지정했습니다.

"(지나가다 매장에 디스플레이 되어 있는 옷을 본 고객이 매장으로 다가온다)" **❶~❷**

"언니 이거 66사이즈 있어요?" **❹**

"고객님. 이건 사이즈가 조금 크게 나와서 고객님 체형이라면 55사이즈 입으셔도 될 것 같은데요." **❾**

"(작은 사이즈를 입어도 된다는 말에 살짝 기뻐한다.)아~그래요."

"고객님 이건 아주 편한 코튼 스커트이구요. 차르르 감기는 듯 핏이 아주 잘 나왔어요." **❺**

"언니 이 티셔츠 입어 봐도 되나요?"

"죄송한데요. 티셔츠라 입어보시는 건 좀…, 전면을 모두 개방할 수 있는 티셔츠 외에는 입어볼 수 없거든요."

"(거울에 옷을 살짝 걸쳐본다.) **❻**

"다른 색상은 없나요?"

"흰색과 노란색이 있습니다." **❼**

"가격은 얼마에요?"

"이건 지금 세일 상품이어서 25,800원이에요" **❸**

"세탁은 어떻게 해야 되나요?"

"그냥 물세탁하시면 됩니다." **❽**

"포장해 주세요."

"네. 고객님."

"고객님 이 상품은 세일 상품이라 환불·교환이 되지 않습니다." **❿**

"네."

세부 레이아웃 구성

TIP	쇼핑몰 레이아웃 변화의 필요성

쇼핑몰의 레이아웃에 변화를 줄 때는 고객에게 거부감을 주지 않아야 합니다. 쇼핑몰을 방문했는데 항상 있던 곳에 뭔가가 없어졌다면 불편함을 느낄 수 있는데, 이는 쇼핑몰을 떠나는 원인이 됨은 물론 재방문율도 급격히 떨어뜨립니다. 간혹 쇼핑몰을 차별화하기 위해 레이아웃을 완전히 바꾸는 경우가 있는데, 급격한 레이아웃의 변화는 새로운 고객 확보 및 쇼핑몰의 신선함과 생동감을 줄 수 있는 동시에 기존 고객이 떠나는 요인이 될 수도 있다는 점을 염두에 둬야 합니다. 스마트스토어에서는 여러 가지 스타일의 테마, 카페24, 메이크샵에서는 여러 스타일의 스킨을 만들어 시간별, 요일별, 계절별, 특정 기간별 등으로 설정할 수 있습니다.

05 쇼핑몰 솔루션 선택하기

인터넷 쇼핑몰을 만드는 데에는 크게 두 가지 방법이 있습니다.

- 방법 1. 쇼핑몰 솔루션으로 제작합니다.
- 방법 2. 직접 제작합니다.

G마켓, 옥션, 11번가, 스마트스토어에서는 입점 후 플랫폼을 사용하는 것이기 때문에 카페24나 메이크샵과는 차이가 있습니다.

01 쇼핑몰 솔루션으로 제작하기

쇼핑몰 솔루션은 크게 '독립형 솔루션'과 '임대형 솔루션'의 두 가지 유형으로 나뉩니다. 솔루션의 특성에 따라 판매 아이템의 특성이 반영되는 정도가 다릅니다. 만약 의류 쇼핑몰을 계획한다면 의류의 특성에 맞는 상품 노출 기능이나 필요한 옵션 기능이 있는지, 적합한 표현 기능과 판매 기술이 포함돼 있는지 따져봐야 합니다.

임대형 쇼핑몰 솔루션은 전문업체에서 미리 만든 쇼핑몰 제작 프로그램을 이용해 운영하는 것입니다. 임대형 쇼핑몰 솔루션을 서비스하는 업체에 따라 '무료 솔루션'과 '유료 솔루션'으로 구분할 수 있습니다. 대표적인 임대형 쇼핑몰 솔루션에는 카페24(http://echosting.cafe24.com), 메이크샵(http://www.makeshop.co.kr) 등이 있습니다. 임대형 쇼핑몰 솔루션은 HTML 정도만 숙지하면 수정 작업도 할 수 있기 때문에 초보자들도 쉽게 이용할 수 있습니다.

카페24 임대형 쇼핑몰 솔루션은 초기 설치비, 초기 세팅비, 월 사용료 등이 대부분 무료입니다. 카페24 솔루션을 이용해 만든 대표적인 쇼핑몰로는 스타일난다, 육육걸즈 등을 들 수 있습니다.

카페24 쇼핑몰 솔루션

메이크샵 임대형 솔루션의 초기 세팅비는 3만 3,000원, 월 사용료는 5만 5,000원입니다. 단, 28일간의 무료 테스트 기회를 제공합니다. 메이크샵 솔루션을 이용해 만든 대표적인 쇼핑몰으로는 딘트, 모코블링 등을 들 수 있습니다.

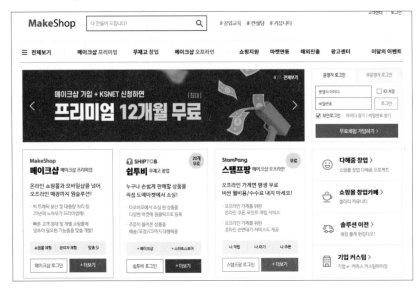

메이크샵 쇼핑몰 솔루션

카페24, 메이크샵 등과 같은 임대형 쇼핑몰 솔루션 업체는 상품 사진 촬영 공간, 공동 택배, 소호 사무실 등 쇼핑몰 창업에 필요한 다양한 서비스를 저렴하게 제공하고, 솔루션 기능을 주기적으로 업그레이드하기 때문에 독립형보다 임대형 쇼핑몰 솔루션을 선호합니다.

독립형 솔루션은 쇼핑몰 솔루션 제작업체에서 만든 프로그램을 일정 금액을 지불하고 소유권을 구매할 수 있는 방식입니다. 소유권이 본인에게 있기 때문에 소스를 자유롭게 수정해 독창적인 쇼핑몰을 만들 수 있습니다. 단, 본인이 직접 코딩부터 디자인까지 부분적으로 수정해야 하기 때문에 프로그래밍 지식을 갖추고 있어야 합니다. 대표적인 독립형 쇼핑몰 솔루션 업체로는 해피CGI(cgimall.co.kr), 랭크업(rankup.co.kr), 아사달(asadal.com) 등을 들 수 있습니다.

02 제작형 쇼핑몰로 제작하기

제작형 쇼핑몰은 정해진 틀 없이 자유롭게 제작하는 방식으로, 쇼핑몰 기획자와 디자이너의 역량에 따라 얼마든지 개성 있는 쇼핑몰을 제작할 수 있습니다. 제작형 쇼핑몰은 자신이 직접 만드는 방식과 외부에 의뢰하는 방식으로 나눌 수 있습니다. 직접 제작하는 경우에는 최소한 디자이너 1명, 프로그래머 1명이 필요하기 때문에 초기 비용뿐 아니라 인건비도 늘어납니다. 외부에 의뢰하는 경우 인건비 부담은 적지만, 초기 제작 비용이 많이 들어간다는 단점이 있습니다. 또한 본인이 직접 기획부터 코딩, 디자인 작업까지 해야 하기 때문에 디자인 능력과 프로그래밍 지식을 갖추고 있어야 합니다.

06 스마트스토어를 만든 후 상품 등록하고 관리하기

01 회원가입 및 쇼핑몰 테마별 미리보기

네이버 스마트 스토어는 2012년 3월 네이버 스토어팜으로 오픈했고, 2014년 6월 네이버 스마트스토어로 변경됐습니다. 11번가, G마켓, 옥션처럼 판매자만의 샵을 개설해 물건을 팔수 있는 플랫폼 서비스로, 판매자의 판매 수수료 인하와 비사업자도 자유롭게 판매할 수 있다는 장점 때문에 큰 인기를 끌고 있습니다. 스마트스토어의 회원 가입은 네이버아이디로 연동해 가입할 수 있고, 별도의 판매자 아이디를 만들어 회원 가입도 할 수 있습니다.

01 네이버 스마트 스토어 회원 가입하기

1 네이버에서 '스마트스토어'를 검색해 스마트스토어에 가입합니다. 네이버아이디로 연동해 가입할 수 있고 별도의 아이디를 만들어 가입할 수도 있습니다. 판매 아이디는 본인 명의로 1개만 개설할 수 있고, 탈퇴 후에는 1개월 후에 다시 개설할 수 있습니다. 기존 네이버 아이디로 연동해 로그인하고자 한다면 [로그인하기]를 클릭합니다.

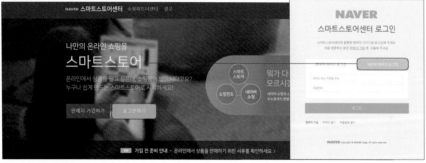

116 Part 02_인터넷 쇼핑몰 만들기

② 만일, 처음 방문이고 네이버 회원 가입을 해야 한다면 [회원가입]을 누르세요.

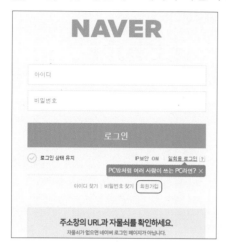

③ 약관 등에 동의하고, 회원 가입을 완료합니다.

④ 판매자로 가입하려면 [판매자 가입하기]를 클릭합니다. 개인, 사업자, 해외 사업자 유형 중에서 선택하면 해당 필수 서류가 하단에 나타납니다. 다운로드 링크를 참고해 준비하시면

됩니다. 일반 개인의 경우 별도의 서류는 필요 없습니다. 좀 더 궁금한 사항은 우측 상단의 도움말을 참고하세요. [다음]을 클릭해 판매자 가입을 완료합니다.

02 스마트스토어 테마(PC) 미리보기

스마트스토어는 디자인에 익숙하지 않은 초보 판매자도 쉽게 만들 수 있으며, 각각의 디자인 컴포넌트 영역에 지정된 사이즈의 내 아이템에 어울리는 이미지를 등록해 내가 원하는 쇼핑몰을 편리하게 구축할 수 있는 온라인 쇼핑몰 구축 솔루션입니다. 현재 제공되고 있는 네 가지 유형의 테마 중에서 판매자의 운영 목적에 따라 선택할 수 있습니다.

1 [스토어 전시관리]-[스마트스토어(PC)]-[테마 관리]를 클릭하면 네 가지 유형 중에서 한 가지 테마를 선택할 수 있습니다. 트렌디형을 선택한 후 하단의 [적용하기]를 클릭합니다.

❶ 트렌디형(신버전): 카테고리 메뉴를 상단, 좌측으로 설정할 수 있고, 스토어 정보가 상단에 노출되는 형태입니다. 다양한 기능을 모두 구현해볼 수 있고 상품 컬렉션 1, 2, 3을 이용해 모자이크형 또는 풀이미지형의 전시 상품을 게시할 수 있습니다. 가장 많이 선호하는 방식입니다.

❷ 스토리형(신버전): 카테고리 메뉴가 상단에 가로로 노출되고, 스토어 정보가 페이지 상단에 노출되는 형태입니다. 제품 설명을 목록 화면에 노출시킬 수 있으므로 개성 있는 작품을 판매하는 쇼핑몰에 적합합니다.

❸ 큐브형(구버전): 카테고리 메뉴가 상단에 가로로 노출되고, 스토어 정보가 카테고리의 상단에 노출되는 형태입니다. 제품 5개 미만일 때 기본으로 세팅됩니다.

❹ 심플형(구버전): 카테고리 메뉴가 세로로 노출되고, 스토어 정보가 카테고리의 하단에 노출되는 형태입니다. 메뉴를 이미지 롤오버로 개성 있게 만들 수 있습니다.

트렌디형(신버전)

스토리형(신버전)

큐브형

심플형

카테고리를 만드는 데는 상품 카테고리를 그대로 전시하는 방법과 전시 카테고리를 생성한 후 상품 카테고리를 연결하는 방법이 있습니다. 전자는 네이버 쇼핑 종합몰 메뉴의 카테고리를 그대로 가져오는 방식입니다. 예를 들어 남성 의류 100개를 등록할 경우 패션, 의류 1개의 카테고리만 등록됩니다. 후자는 내가 직접 꾸밀 수 있는 방법입니다. 만약 남성 의류 100개를 등록한다면 반팔티, 그래픽티, 무지티 등 여러 개의 카테고리로 분류해 제품을 등록할 수 있습니다. 여기서는 전시 카테고리를 생성한 후 상품 카테고리를 연결하는 방식으로 작업하겠습니다.

01 대분류 만들기

1 카테고리를 먼저 메모장이나 한글, 워드에 정리합니다.

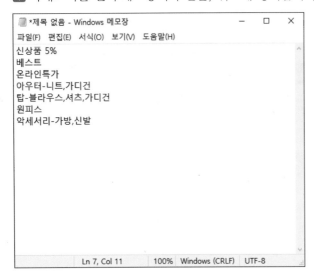

2 전시 카테고리를 선택한 후 [+ 카테고리 추가]를 클릭합니다. 우선 대분류만 등록합니다.
+를 클릭하면 입력 칸이 자동으로 늘어납니다. 대분류는 19개까지 추가할 수 있습니다.

02 중분류 만들기

---

1 중분류 만들려면 해당 대분류를 선택한 후 상단에 있는 [+ 카테고리 추가]를 클릭합니다.
아우터 아래에 니트, 카디건을 등록하려면, 아우터를 선택하고 위의 [+ 카테고리 추가]를
클릭합니다. 중분류는 15개까지 추가할 수 있습니다.

03 소분류 만들기

1 소분류 만들기를 하려면 해당 중분류를 선택한 후 상단에 있는 [+ 카테고리 추가]를 클릭합니다. 신발 아래에 소분류를 등록한다면, 신발을 선택한 후 위의 [+ 카테고리 추가]를 클릭합니다. 소분류는 15개까지 추가할 수 있습니다. 나머지 카테고리도 이와 같은 방법으로 등록합니다.

TIP **쇼핑몰 화면에 카테고리가 나오게 하려면?**

등록된 상품이 없으면 쇼핑몰 화면에도 카테고리가 보이지 않습니다. 상품을 1개 이상 등록해야 카테고리가 보입니다.

---

03 상품 등록, 수정, 삭제하기

가장 기본적인 상품 등록, 수정, 삭제를 알아보겠습니다. 상품을 등록하기 전에 먼저 엑셀이나 메모장에 상품 이름과 가격을 기록하고 이미지도 폴더별로 정리해 놓으면 작업을 훨씬 빠르게 진행할 수 있습니다. 그리고 아이템에 따라, 제품의 개수에 따라 어떻게 진열할 것인지도 미리 생각해 놓는 것이 좋습니다. 제품의 등록 수 또한 미리 정해 놓는 것이 좋습니다. 예를 들어 판매하는 제품이 현재 고구마와 옥수수라면 고구마 1Kg, 옥수수 1Kg, 고구마 1Kg + 옥수수 1Kg, 고구마 2Kg, 옥수수 2Kg, 고구마 2Kg + 옥수수 2Kg, 세트 상품, 기획 상품, 1+1 상품 등 여러 가지 구성으로 올리는 것도 좋은 방법입니다.

01 상품 등록하기 및 간편하게 복사등록하기

1 노출 서비스 관리 연동을 점검합니다. 먼저 상품을 등록하기 전에 [노출관리]-[노출 서비스 관리]를 눌러 네이버 쇼핑과 사이트 검색 등록에 녹색불이 켜져 있는지 확인하시기 바랍니다. 네이버 스마트스토어에 상품을 등록한 후 네이버 쇼핑과 사이트 검색 등록에 녹색불이 켜져 있다면 네이버 쇼핑 영역과 네이버 포털에서도 검색할 수 있다는 의미이므로 등록 후에 바로 구매로 이어질 수도 있습니다. 만일 테스트 중인 경우 구매가 이뤄졌는데, 배송이 불가하다면 판매자의 귀책 사유로 '판매 관리 패널티'가 부과될 수 있기 때문에 주의해야 합니다. 만약 녹색불이 켜져 있는데도 해제하지 못했다면 '상품 등록 시 상품은 전시하고 판매 안 함(품절)' 상태에서 테스트하는 방법도 있습니다.

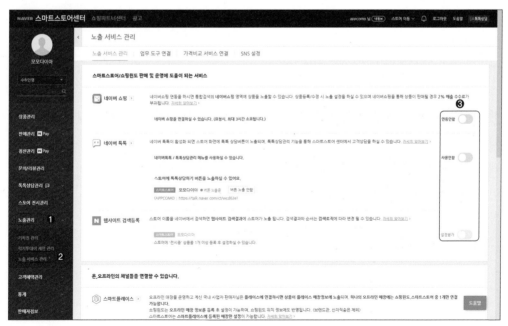

2 미리 작성한 엑셀 예제(productlist.xlsx)를 다운로드합니다.

제품번호	직접분류	네이버 분류	분류추가	상품명	수량	가격	연관키워드
M001	아우터	패션의류> 여성의류> 점퍼	신상품5% 베스트 온라인특가	허리라인 숏패딩	1	99,000 89,000(DC)	리스트 패딩 수지 리스트 롱패딩 에고이스트 3S다운 널디 패딩 여자겨울패딩 nerdy 롱패딩 수지
M002	원피스	패션의류> 여성의류> 원피스	신상품5% 베스트 온라인특가	여름 스판 롱 원피스	1	129,000 100,000(DC)	
M003	악세서리	패션잡화> 선글라스/안경테> 선글라스	신상품5% 베스트 온라인특가	뷰티 Daily 썬그라스	1	59,900	
M004	블라우스	패션의류> 여성의류> 블라우스/셔츠	신상품5% 베스트 온라인특가	깔끔라인 워크홀릭 블라우스	1	49,900	
M005	아우터	패션의류> 여성의류> 재킷	신상품5% 베스트 온라인특가	여름 샤 청자켓	1	39,900	
M006	원피스	패션의류> 여성의류> 원피스	신상품5% 베스트 온라인특가	딥그레이 롱레이어드 원피스	1	69,900	
M007	가디건	패션의류> 여성의류> 카디건	신상품5% 베스트 온라인특가	베이직가디건 n카우보이 플레이 청원피스 세트	1	59,900	
M008	원피스	패션의류> 여성의류> 원피스	신상품5% 베스트 온라인특가	하늘 여름 로브 롱 원피스	1	49,900	
M009	원피스	패션의류> 여성의류> 원피스	신상품5% 베스트 온라인특가	라틴모자 n 롱셔츠 원피스 세트	1	12,900	
M010	원피스	패션의류> 여성의류> 원피스	신상품5% 베스트 온라인특가	무드 셔링 쿨 민소매 그린 원피스	1	49,900	
M011	원피스	패션의류> 여성의류> 원피스	신상품5% 베스트 온라인특가	화이트 주크 탑 원피스	1	49,900	
M012	셔츠	패션의류> 여성의류> 블라우스/셔츠	신상품5% 베스트 온라인특가	풀무늬 셔츠 n 슬라브 레드 스커트 세트	1	29,900	

productlist.xlsx

3 네이버 스마트스토어 목록용 이미지를 편집합니다. 상품 등록 시 대표 이미지 및 추가 이미지의 권장 사이즈는 1,000×1,000이며 jpg, jpeg, gif, png, bmp 형식의 정지 이미지만 등록할 수 있습니다(용량은 20MB를 초과할 수 없습니다). 이미지는 픽사베이(pixabay)를 참고했습니다. 이미지를 다운로드한 후 포토샵에서 사진을 정사각형 모양으로 미리 편집해 놓습니다. 포토샵CC 2020에서 편집할 이미지를 불러온 후 도구 상자에서 [크롭] 툴(🔲)을 선택합니다. 상단 옵션 막대에서 1:1을 선택하면 영역이 잡힙니다. 원하는 영역이 잡히면 영역 안을 더블클릭하고 저장합니다.

m001   m002   m003   m004   m005   m006

m007   m008   m009   m0010   m0011   m0012

④ 카테고리 이름을 입력합니다. 카테고리 이름을 입력하는 데는 '카테고리 이름 검색'과 '카테고리 이름 선택'의 두 가지 방법이 있습니다. 먼저 '카테고리 이름 검색'으로 카테고리를 찾으려고 할 경우, 카테고리 이름 입력 칸에 '아우터'를 입력하면 관련 카테고리가 아래에 자동으로 나타납니다. 해당 카테고리를 선택하면 해당 카테고리가 KC 인증 면제 대상일 경우 안전 기준 준수 대상 카테고리라는 안내 창이 나타납니다. [확인] 버튼을 누른 후 등록 작업을 계속합니다.

[카테고리 이름 선택] 탭을 클릭하면 네이버쇼핑의 모든 카테고리가 나타납니다. 내가 등록하고자 하는 적당한 카테고리를 대분류부터 차례대로 선택합니다. 상품과 맞지 않는 카테고리에 등록하면 강제 이동되거나 판매 중지, 판매 금지될 수 있습니다.

가장 좋은 방법은 네이버 쇼핑에서 내가 등록하고자 하는 아이템을 검색해 참고하는 것입니다.

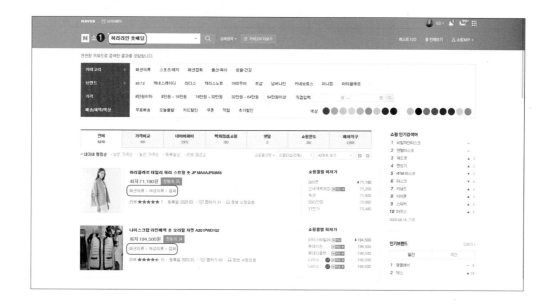

5 상품 이름을 입력한 후 [상품명 검색품질 체크] 버튼을 클릭합니다

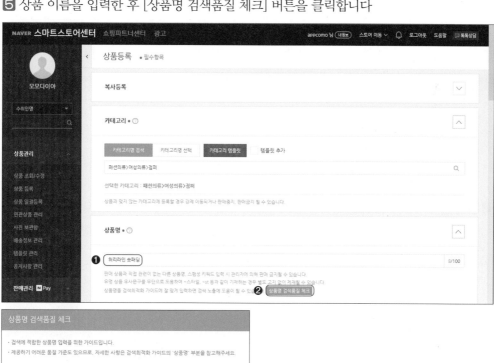

⑥ 판매가를 등록합니다. '99,000'을 입력한 후 할인을 '설정함'으로 하고, 전체 할인에 '10,000'을 입력합니다. 할인가가 자동으로 '89,000'으로 나타납니다.

⑦ 재고 수량을 등록합니다. '10'을 입력합니다(1 이상 입력합니다. 0을 입력하면 품절이라고 나타납니다). 옵션 재고 수량을 사용하면 옵션의 재고 수량이 적용돼 자동 입력됩니다.

⑧ 옵션을 등록합니다. 옵션 영역을 클릭하면 확대됩니다.

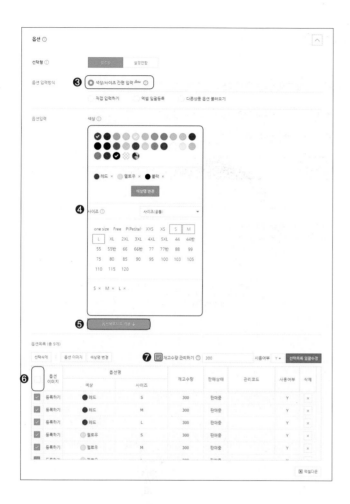

9 상품 이미지를 등록합니다.
[+]를 클릭한 후 이미지를 업
로드합니다. 추가 이미지가 있
으면 [+]를 클릭하고 이미지를
업로드합니다. 최대 9개까지
등록할 수 있습니다.

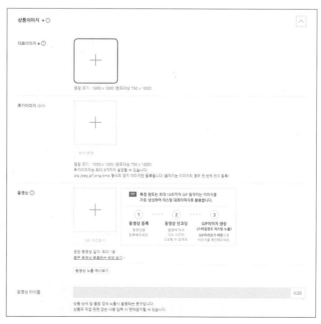

🔟 상세 설명을 등록합니다. [SmartEditore One으로 작성]을 클릭합니다. 작성 방법은 네이버 블로그와 동일합니다.

상단은 도구 상자, 하단은 작업 창입니다. 우측 상단에는 총 11가지의 [템플릿] 버튼이 있습니다. 첫 번째 패션을 선택하면 해당 템플릿이 나타납니다. 이미지를 선택한 후 상단의 도구 상자에 있는 [교체] 버튼을 클릭하면 컴퓨터에 있는 이미지로 교체할 수 있습니다.

T I P　네이버 스마트스토어의 11가지 템플릿 스타일과 나만의 템플릿 활용하기

판매자의 운영 목적에 따라 상품 상세 페이지를 네이버 스마트스토어에서 제공하는 11가지 템플릿 스타일과 스마트에디어의 원에디터를 이용해 다양한 스타일로 디자인할 수 있습니다. 또한 다음과 같은 템플릿 중 마음에 드는 요소를 두세 가지 합쳐 나만의 템플릿으로 저장한 후 상품을 등록할 때마다 사용할 수도 있습니다.

패션　　잡화　　뷰티　　리빙　　푸드　　키즈　　스타윈도　스타윈도　백화점　애완　　명품
　　　　　　　　　　　　　　　　　　　　　　　의류　　잡화　　윈도
　　　　　　　　　　　　　　　　　　　　　　　　　　　　　　패션

사진을 교체했다면 사진을 선택한 후 해당 사진 위에 나타난 아이콘에 두 번째 사진 편집 아이콘을 사용해 다시 편집할 수 있습니다.

좌측 도구 상자를 이용하면 편집할 수 있습니다. 우측 하단에 있는 [확인] 버튼을 누른 후 우측 상단에 있는 [완료] 버튼을 클릭합니다.

상세 설명 등록을 완료했다면 우측 상단에 있는 [등록]을 클릭해 상세 설명 등록을 마칩니다.

상품 상세 등록 창이 자동으로 닫힙니다. '작성된 내용이 있습니다.'라는 팝업 창이 나타납니다. [SmartEditore One으로 작성] 버튼이 [SmartEditore One으로 수정] 버튼으로 변경됐습니다. 버튼을 누르면 언제든지 수정할 수 있습니다.

11 상품 주요 정보(필수 입력사항)을 등록합니다. 동종업계를 참고하면 도움이 됩니다.

12 상품 정보 제공 고시(필수 입력사항)을 등록합니다. 상품 상세 참조로 전체 입력을 체크할 수도 있습니다. 동종업계를 참고하면 도움이 됩니다.

13 배송(필수 입력사항)을 등록합니다. 제일 처음 상품을 등록한다면 [배송]을 클릭한 후 [배송비 템플릿] 버튼을 클릭하고 배송 정보를 입력합니다. 그런 다음, '템플릿 추가'에 체크하고 배송속성, 배송법, 묶음배송 등을 설정하면 템플릿이 추가됩니다. 템플릿은 여러 개 추가할 수 있고, 기본으로 설정한 템플릿은 다음 상품 등록 시 기본 배송 정보로 나타납니다.

14 반품/교환(필수 입력사항)을 입력합니다.

15 A/S 특이사항(필수 입력사항)을 입력합니다.

16 추가 상품, 구매 혜택 조건은 필수 입력사항이 아니라 선택사항입니다. 필요에 따라 입력하면 됩니다.

17 '검색 설정'을 입력합니다. [검색 설정] 탭을 눌러 태그를 선택합니다. 매출 향상에 도움이 되는 부분이므로 10개를 모두 활용하기 바랍니다.

18 '검색 품질 체크' 버튼을 클릭합니다. 마지막으로 쇼핑 상품 정보 검색 품질을 체크해봅니다. 검색 인기도에 영향을 미치는 주요 상품 정보를 가이드에 맞게 잘 입력하면 네이버쇼핑

검색 노출 기회가 늘어납니다. 입력한 정보를 저장하기 전에 주요 항목을 한 번 더 체크해보세요. 점검할 필요가 없으면 잘 등록됐다는 뜻입니다.

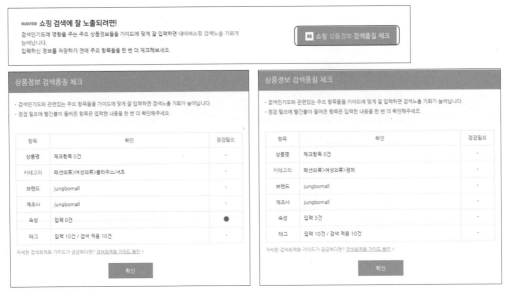

점검 필요   **점검할 필요 없음**

19 [저장하기]를 누른 후 [스마트스토어 상품 보기]를 클릭합니다. [상품 관리]-[상품 조회/수정]에서 다시 확인할 수 있습니다.

20 복사등록합니다. 3번 카테고리 이름 입력부터 18번 저장까지 상품 1개를 잘 등록했다면 나머지 11개의 상품은 [상품 관리]-[상품 조회/수정]에서 [복사] 버튼을 클릭해 간편하게 등록할 수 있습니다.

대부분의 정보가 같다면 두 번째 등록부터는 등록 시간이 짧아집니다.

❶ 카테고리 이름 입력 ➡ ❷ 상품 이름 입력 ➡ ❸ 판매 가격 입력 ➡ ❹ 옵션 입력 ➡ ❺ 상품 이미지 입력 ➡ ❻ 상세 설명 입력 ➡ ❼ [저장하기]를 누르면 등록됩니다.

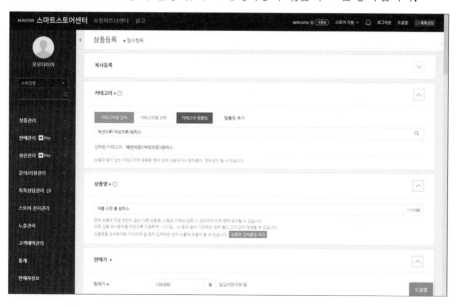

02 상품 수정, 삭제하기

스마트스토어 상품을 수정, 삭제해 보겠습니다.

1 상품을 수정하려는 경우 [상품 관리]-[상품 조회/수정]-[상품 목록]에서 수정할 상품 앞에 체크 표시를 한 후 [수정] 버튼을 클릭합니다.

2 상품을 수정할 때 카테고리의 수정 범위는 해당 제품이 속해 있는 범위 안에서만 가능합니다. 새로운 카테고리로 변경하려면 새 상품으로 등록해야 합니다.

3 수정이 완료됐으면 하단에 있는 [저장하기] 버튼을 클릭합니다.

[4] 상품을 삭제하려면 [상품 관리]–[상품 조회/수정]–[상품 목록]에서 해당 상품 앞에 체크 표시를 한 후 바로 위에 있는 [선택 삭제] 버튼을 클릭합니다. '1개 상품을 삭제하시겠습니까?'라는 팝업 창이 나타나면 [확인] 버튼을 클릭합니다.

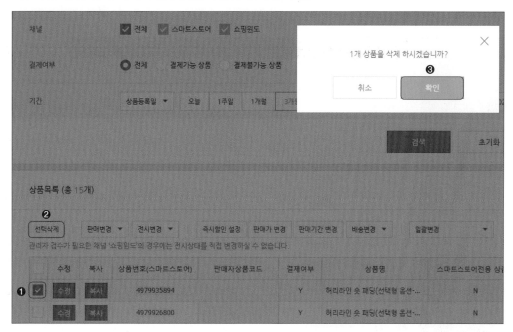

옵션은 등록 상품의 사이즈, 색상 등 구매의 상세 조건을 설정할 수 있는 기능으로, '선택형'
과 '직접 입력형'이 있습니다. 선택형 옵션은 판매자가 미리 설정해둔 옵션 리스트 중 구매자
가 선택하는 방식으로, '단독형'과 '조합형'이 있습니다.
단독형은 옵션별로 추가 옵션가와 재고 수량이 동일한 경우에 사용하고(**예** 판매가는 같고 단
순하게 색상만 선택하는 경우), 조합형은 옵션별 옵션가가 다르거나 재고 수량이 다른 경우
에 사용합니다(**예** 사이즈별로 추가 금액이 있는 경우). 직접 입력형 옵션은 주문 시 구매자가
선택사항을 직접 텍스트로 입력하는 방식입니다(간판 제작, 반지에 이니셜을 기재하는 경우
등).

01 선택형 옵션(단독형)

1 [상품 관리]–[상품 등록]을 클릭합니다. 상단의 복사등록을 확장하면 등록했던 상품 정보
를 불러올 수 있습니다. '허리라인 숏 패딩'을 선택합니다. 결과 화면을 비교하기 위해 상품
이름 끝에 '(선택형옵션–단독형)'을 입력합니다.

2 스크롤을 내려 옵션 영역을 확장합니다. 기존에 등록한 정보가 있다면 [직접 입력하기]-[단독형]으로 다시 선택합니다. 그런 다음, 옵션 이름의 개수, 옵션 입력(옵션 이름, 옵션 값)을 하고 [옵션 목록으로 적용↓] 버튼을 클릭합니다.

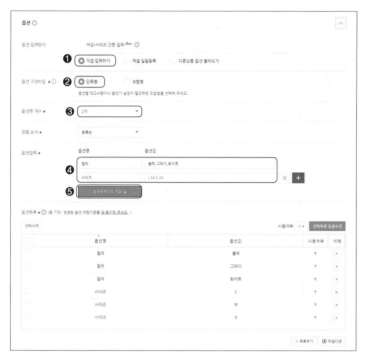

3 선택형 옵션(단독형)을 반영한 결과 화면은 다음과 같습니다.

02 선택형 옵션(조합형)

1 [상품 관리]−[상품 등록]을 클릭합니다. 상단에 있는 복사등록을 확장하면 등록했던 상품 정보를 불러올 수 있습니다. '허리라인 숏 패딩'을 선택합니다. 결과 화면을 비교하기 위해 상품 이름 끝에 '(선택형 옵션−조합형)'을 입력합니다.

2 스크롤을 내려 옵션 영역을 확장합니다. 기존에 등록한 정보가 있다면 [직접 입력하기]−[단독형]을 다시 선택합니다. 그리고 옵션 이름 개수, 옵션 입력(옵션 이름, 옵션 값)을 한 후 [옵션 목록으로 적용↓] 버튼을 클릭합니다.

③ 선택형 옵션(조합형)을 반영한 결과 화면은 다음과 같습니다.

03 직접 입력형 옵션

1 [상품 관리]−[상품 등록]을 클릭합니다. 상단에 있는 복사등록을 확장하면 등록했던 상품 정보를 불러올 수 있습니다. '허리라인 숏 패딩'을 선택합니다. 결과 화면을 비교하기 위해 상품 이름 끝에 '직접 입력형 옵션'을 입력합니다.

2 스크롤을 내려 옵션 영역을 확장합니다. '선택형'에 기존에 등록한 정보가 있다면 [설정 안함]을 선택한 후 '직적입력형'에 [설정함]을 선택합니다. 옵션 이름의 개수는 5개까지 선택할 수 있습니다. 1개로 두고 다음 옵션 이름에 '이니셜(선택사항)'을 입력합니다.

3 직접 입력형 옵션을 반영한 결과 화면은 다음과 같습니다.

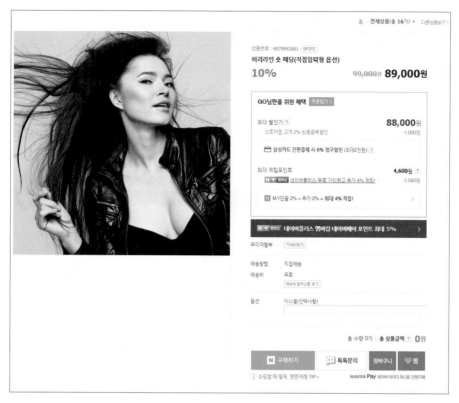

05 메인 상품 및 분류 상품 진열하기

스마트스토어의 [스토어 전시관리]-[카테고리 관리]에서 전시 카테고리를 생성한 후 상품 카테고리 연결로 생성했을 경우에는 상품을 등록하더라도 자동으로 화면에 노출되지 않습니다. 상품을 수동으로 연결해야 합니다.

01 분류(대분류, 중분류, 소분류) 상품 진열하기

1 엑셀 예제(productlist.xlsx 참고)에 해당 분류가 나타나 있습니다. 12개의 상품을 해당 카테고리에 연결하기 위해 [스토어 전시관리]−[카테고리 관리]를 클릭합니다. 엑셀 예제와 같이 12개의 상품 모두 신상품 5%, 베스트, 온라인 특가에 진열해보겠습니다.

2 좌측 '전시 카테고리 관리' 영역에서 '신상품 5%' 분류 이름을 선택한 후 '개별 상품 단위로 연결'에 체크 표시를 하고, 우측 끝에 있는 [상품찾기] 버튼을 클릭합니다.

3 모든 상품을 선택하려면 체크 박스의 맨 위에 있는 체크 박스를 선택하면 되는데, 옵션을 비교하기 위해 선택했던 상품은 체크 해제하고 엑셀 예제의 12개의 상품에만 체크 표시를 한 후 [등록 완료] 버튼을 누르면 됩니다. 버튼이 잘 보이지 않으면 우측 상단에 있는 중간 아이콘을 클릭해 창을 최대화합니다.

④ 정렬 순서는 인기도순, 누적 판매순, 낮은 가격순, 최신 등록순, 리뷰 많은순, 평점 높은 순으로 설정할 수 있습니다.

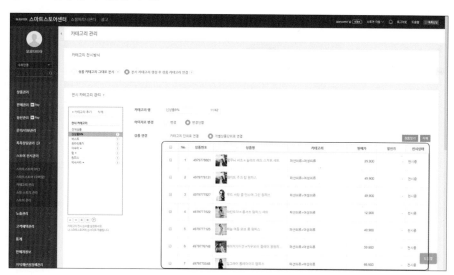

5 기본으로 인기도순이 체크돼 있습니다. 전시 타입은 기본으로 큰 이미지형(4단 배열)이 체크돼 있습니다. 이미지형(5단 배열), 리스트형(1단 배열), 갤러리형(2단 배열)로 변경할 수 있습니다. 위에 예시를 클릭하면 샘플을 미리보기 화면으로 볼 수 있습니다.

6 [등록 완료] 버튼을 누르면 '상품 연결' 목록 리스트에서 '상품찾기'를 했던 상품이 올라옵니다. 다시 하단에 있는 [적용 완료] 버튼을 클릭합니다. 이와 같은 방법으로 베스트 카테고리와 온라인 특가 카테고리에 12개의 상품을 진열합니다. 다른 카테고리는 엑셀 예제를 참고해 상품 진열을 완료합니다.

상품을 중분류에 진열하면 대분류에 자동으로 중분류의 상품이 보입니다. 예를 들어 원피스라는 대분류 아래에
베이직 원피스와 꽃무늬 원피스라는 중분류가 있고 중분류에 각각 2개, 1개의 상품이 등록돼 있다면 원피스 대분
류에 직접 등록된 상품이 없더라도 중분류의 상품을 모두 합해 3개의 상품이 보입니다.

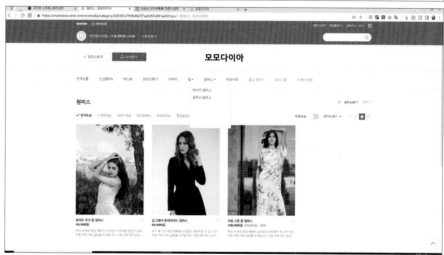

02 메인 상품 진열하기

1 [스토어 전시관리]-[스마트스토어(PC)]-[레이아웃 관리]-[전체상품(관리)]을 클릭하면 자동으로 [컴포넌트] 메뉴의 [전체상품 관리] 화면으로 이동합니다.

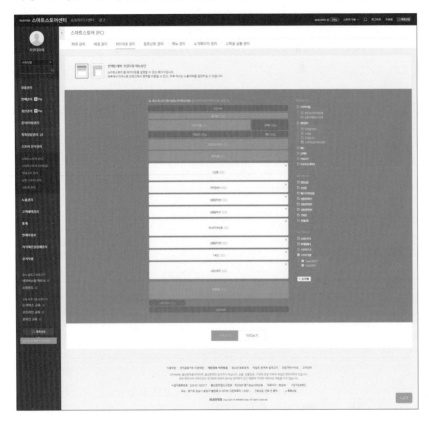

2 전시 타입과 행 노출을 선택합니다. 전시 타입의 샘플 화면은 예시를 선택하면 볼 수 있습니다.

③ 우측에 있는 [상품 추가] 버튼을 클릭한 후 메인에 진열할 상품을 선택합니다. 5단 배열로 노출하므로 10개를 선택하는 것이 좋습니다.

④ 결과 화면은 다음과 같습니다.

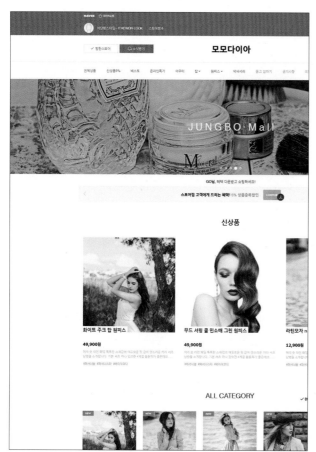

06 상품 상세 페이지에 쇼핑찜 쿠폰 다운로드 표시하기

고객을 재방문할 수 있게 만들 수 있는 쇼핑찜 쿠폰을 만든 후 상품 상세 페이지에 쿠폰 다운로드를 표시하는 방법을 알아보겠습니다.

▋ [고객 혜택 관리]–[혜택 등록]을 클릭한 후 혜택 이름에 '쇼핑찜 쿠폰'이라고 입력합니다. 지금부터 설정하는 것은 예시로 설정하는 부분이므로 본인의 쇼핑몰에 맞게 설정하시기 바랍니다. 다음 타깃팅 대상으로 '스토어찜'을 선택한 후 혜택 종류는 쿠폰을 선택합니다. 쿠폰 종류, 발급 방법, 발급 건수 제한은 그대로 둡니다.

할인 설정은 5% 최대 1,000원으로 설정합니다. 5%로 설정하는 것은 럭키투데이 진행 시 최소 진행 할인율이 5%이기 때문입니다.

최소 주문 금액은 1만 원으로 설정하겠습니다. 혜택 기간은 그대로 둔 채 쿠폰 유효 기간은 [발급일 기준으로 설정]에 체크 표시하고 30일간 유효로 설정해 한 달 내에 쇼핑몰을 재방문해 쿠폰을 사용할 수 있도록 설정하겠습니다.

옷에 관심 있는 분을 대상으로 설문조사를 한 결과, '여성은 보통 한 달에 한 번 정도, 남성은 두 달에 한 번 정도 옷을 구매한다.'라는 전제하에 여성을 주 타깃층으로 하고 있다면 쿠폰 사용 기간을 약 한 달, 남성을 주 타깃층으로 하고 있다면 약 두 달로 설정합니다.

2 상품 상세 노출 영역에 '상품 상세의 상세 정보 상단에 쿠폰 전시하기'의 체크 표시를 확인한 후 하단에 있는 [확인] 버튼을 클릭합니다. 다시 한번 스토어찜 고객 혜택 확인에 대한 전체 요약 내용이 팝업 창으로 나타납니다. 내용을 확인한 후 [저장] 버튼을 클릭합니다.

3 내 스마트스토어의 아무 상품이나 클릭해 확인해보면 쇼핑찜 쿠폰을 확인할 수 있습니다. 쇼핑찜 쿠폰은 메인 화면에도 나타납니다.

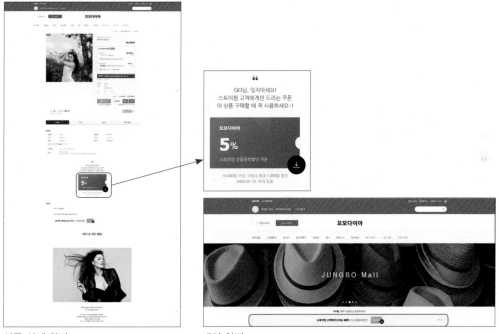

상품 상세 화면   메인 화면

07 카페24로 쇼핑몰 만든 후 상품 등록하고 관리하기

01 회원가입 및 쇼핑몰 미리보기

카페24 쇼핑몰 솔루션은 무료 서비스로, 회원 가입만 해도 손쉽게 쇼핑몰을 만들 수 있습니다. 또한 상품 등록 수 무제한, 상품 설명용 이미지를 위한 FTP 용량 무제한, 쇼핑몰 트래픽 및 쇼핑몰 디자인 무료 등 대부분의 서비스가 무료로 제공됩니다. 카페24 쇼핑몰센터에 회원 가입 후 쇼핑몰을 무료로 만들어보겠습니다.

1 카페24 쇼핑몰센터(http://echosting.cafe24.com)에 접속한 후 [무료 시작] 버튼을 클릭합니다. 회원 가입한 분은 [쇼핑몰 관리자 로그인] 버튼을 클릭해 로그인합니다.

2 cafe24 회원 가입/로그인 안내 페이지에서 [회원 가입] 버튼을 클릭합니다. 다음과 같은 회원 가입 시작 안내 페이지가 나타납니다. 여기서 회원 가입 유형을 선택합니다. 카페24는 일반회원, 개인사업자, 법인회원 등 총 다섯 가지 유형이 제공됩니다. 여기서는 [일반회원]

버튼을 클릭합니다. 만약 사업자등록증이 있다면 개인사업자 또는 법인사업자 중 한 가지를
선택합니다.

❸ 약관 동의 화면에서 카페24 회원 약관, 개인정보 수집 및 이용, 카페24 EC호스팅 이용 약
관, 샵카페24 이용 약관에 동의한 후 [휴대폰 인증] 버튼을 클릭합니다. 휴대폰 본인 확인 서
비스를 이용해 인증 절차를 거치면 회원 가입이 완료됩니다.

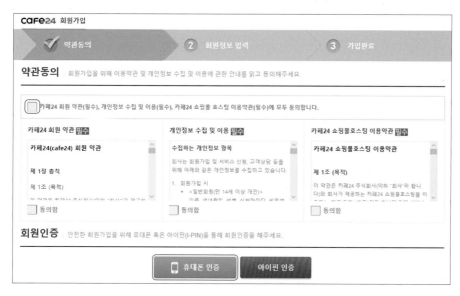

4 아이디, 비밀번호 등을 입력하고 약관 동의의 체크 항목을 모두 선택한 후 [다음단계로 〉] 버튼을 클릭합니다. 대표 아이디(부아이디)는 항상 고정이고, 첫 번째 입력하는 아이디를 자 아이디라고 부르며 이것이 쇼핑몰의 주소가 됩니다(**예** http://id.cafe24.com).

5 쇼핑몰 만들기가 완료됐습니다. [관리자 바로가기] 버튼을 클릭하면 쇼핑몰 관리자 페이 지에 접속할 수 있고, [쇼핑몰 바로가기] 버튼을 클릭하면 내 쇼핑몰 메인 화면에 접속할 수 있습니다. [즐겨찾기 추가] 버튼을 클릭해 관리자 주소와 쇼핑몰 주소를 즐겨찾기해두면 좀 더 편리하게 접속할 수 있습니다. 쇼핑몰의 생성 시간은 약 5~10분 정도입니다.

6 인터넷 브라우저에서 내 쇼핑몰 주소(http://쇼핑몰아이디.cafe24.com)를 직접 입력합니다. 카페24 기본 디자인으로 만들어진 내 쇼핑몰 메인 화면에 접속하는 것을 확인할 수 있습니다(쇼핑몰의 아이디는 상점의 아이디와 같습니다).

카페24의 기본 디자인으로 만든 쇼핑몰

02 쇼핑몰 관리자 페이지 접속하기

관리자 페이지(Admin)는 쇼핑몰 꾸미기, 상품 등록, 주문 및 배송 관리 등 쇼핑몰 제작 및 운영 전반을 관리할 수 있는 페이지입니다. 카페24 쇼핑몰 관리자 페이지의 접속 방법과 화면 구성을 알아보겠습니다.

◩ 카페24 쇼핑몰 관리자 페이지(http://eclogin.cafe24.com/Shop/)에 접속한 후 상점 아이디와 비밀번호를 입력하고 [로그인] 버튼을 클릭합니다.

◪ 카페24 쇼핑몰 관리자 페이지에 접속하면 다음과 같은 화면이 나타납니다. [시작하기] 버튼을 클릭합니다.

◳ 카페24에 새로 생긴 기능으로, 스마트모드와 프로모드에 대한 설명입니다. 기존에 사용했던 방식이 프로모드라면 새롭게 생긴 스마트모드 기능에서는 핵심 기능만으로 쇼핑몰에 빠르게 익숙해질 수 있습니다. 필수 메뉴로 적은 수의 상품만 취급하는 분에게 추천해드리는 방법을 안내하고 있습니다. [다음] 버튼을 클릭합니다.

4 쇼핑몰의 하단에 표시되는 기본적인 내용입니다. '필수'라고 적힌 부분은 반드시 입력해야 하므로 쇼핑몰 이름, 대표자 이름, 대표전화, 대표 이메일을 적고 [저장 후 다음]을 클릭합니다. 나머지는 언제든지 등록하거나 변경할 수 있습니다.

5 [다음]을 클릭합니다. [설정] – [배송 설정]에서 언제든지 변경할 수 있습니다.

6 [다음]을 클릭합니다. [설정] – [배송설정]에서 언제든지 변경할 수 있습니다.

7 [건너뛰기]를 클릭합니다. [설정] – [결제 관리]에서 언제든지 등록할 수 있습니다.

8 [건너뛰기]를 클릭합니다. 바로오픈PG 이외에 다양한 일반 패키지 PG를 [설정] – [통합결제]에서 신청할 수 있습니다.

9 쇼핑몰 초기 설정이 완료됐습니다. [완료] 버튼을 클릭합니다.

10 우측 상단의 [×] 버튼을 클릭합니다.

아래에서 일곱 번째에 있는 UNO 템플릿을 선택한 후 [+ 디자인추가] 버튼을 클릭합니다.

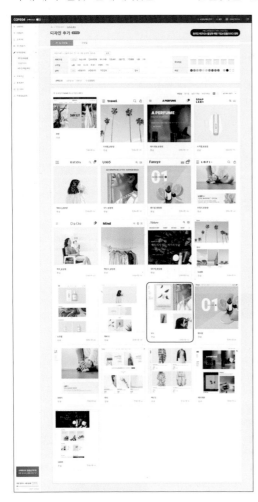

다음과 같은 팝업 창이 나타나면 [대표디자인으로 설정] 버튼을 클릭해 쇼핑몰 화면에 적용
합니다.

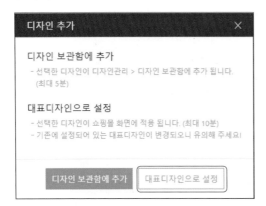

이 책에서는 UNO 템플릿을 대표 디자인으로 설정해 실습하겠습니다. PC 쇼핑몰과 모바일 쇼핑몰 주소는 다음을 참고하세요.

- PC 쇼핑몰: http://ecudemo126354.cafe24.com
- 모바일 쇼핑몰: http://m.ecudemo126354.cafe24.com

11 좌측 상단에 있는 카페24 로고를 클릭해 쇼핑몰 관리자 페이지에 접속하면 스마트모드의 메인 화면(Dashboard)이 나타납니다. 스마트모드의 [설정] 버튼을 누르면 스마트모드의 핵심 기능만 모아 놓은 화면으로 이동합니다.

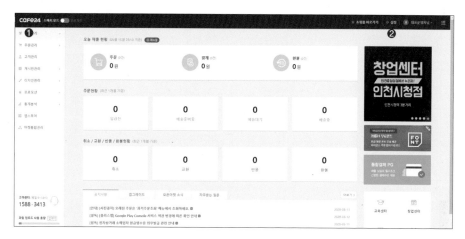

12 설정 화면입니다. 관리자에 처음 로그인했을 때 등록하지 못한 부분이나 변경할 곳이 있으면 이곳에서 추가할 수 있습니다.

13 프로모드로 변경하려면 우측 상단에 있는 CAFE24 로고 옆의 파란 버튼 안에 있는 흰색 원 버튼(Ⓐ)을 클릭해야 합니다. 프로모드의 메인 화면으로 변경됐습니다. 메인 화면은 크게 네 가지로 구분돼 있습니다. 이 책에 나와 있는 카페24의 예제 내용은 프로모드를 기준으로 구성했습니다.

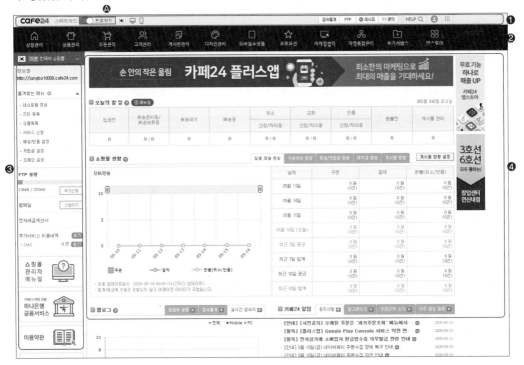

❶ 최상단 메뉴: 스마트모드와 프로모드로 전환할 수 있습니다.

❷ 상단 메뉴: 카페24의 주요 기능을 묶어 12개 메뉴로 분류돼 있습니다.

❸ 좌측 메뉴: 쇼핑몰의 기본 항목과 상단 메뉴에 대한 세부 메뉴가 표시됩니다.

❹ 화면 중앙: 쇼핑몰의 주요 기능들을 한눈에 살펴볼 수 있도록 표시됩니다.

스마트모드와 프로모드의 메뉴 차이를 확인한 후 나에게 맞는 모드로 운영해보세요.

* 스마트모드 메뉴 기준으로 주요 특성 기재
* 모드와 상관없이 설정된 데이터는 스마트모드/프로모드 모두 동일하게 적용

구분	기능	스마트모드	프로모드
상품 관리	간단한 상품 등록	저장된 템플릿 활용 간편 등록	상세 설정 및 간편 등록 가능 프로모드 〉 상품 관리 〉 상품 등록 〉 간단 등록
	다양한 상품 품목 등록	일반 상품만 제공	세트 상품/엑셀 대량 등록 가능
주문 관리	현금영수증 관리	X 미제공	○ 발행 내역 관리
	세금계산서 관리	X 미제공	○ 발행 통계/발행 내역 관리
고객 관리	조회 방식	회원 정보 조회	주문 조회별/구매액 상위 회원별 조회
	회원 등급 탈퇴 휴면 관리	X 미제공	등급 설정 및 회원 가입 관련 설정 변경
	재입고 알림 설정	X 미제공	○ 제공
프로모션	쿠폰 등록	○ 카페24 운영자가 많이 사용하는 쿠폰 템플릿 제공	X 상세 조건 직접 입력
	시리얼 쿠폰 추천인	X 미제공	○ 시리얼 쿠폰 추천인 리워드 관리
통계 분석	통계 조회 부문	기간별 매출 통계 및 주요 판매 통계 제공	결제 수단별, 요일 시간별 고객 분석 조회 관련 메뉴: 프로모드 〉 주문 관리 〉 통계 관리 탭
설정	운영 방식 설정	카페24 운영자가 많이 사용하는 운영 방식 설정	쇼핑몰에 표기되는 항목 설정 관련 메뉴: 프로모드 〉 상점 관리 〉 운영 관리 〉 운영 방식 설정
	멀티몰 생성/관리	X 국내 기본 몰만 제공	○ 언어별 멀티몰 생성/관리 제공 관련 메뉴: 프로모드 〉 상점 관리 〉 멀티몰 관리
그 외	부가 서비스 신청	카페24 운영자가 많이 신청한 부가 서비스 모음 관련 메뉴: 스마트모드 〉 설정 〉 부가 서비스	다양한 부가 서비스 제공 관련 메뉴: 프로모드 〉 부가 서비스
	모바일 쇼핑몰 설정	X	○ 관련 메뉴: 프로모드 〉 모바일 쇼핑몰

03 쇼핑몰 카테고리 만들기

쇼핑몰 카테고리는 고객이 손쉽고 빠르게 원하는 상품에 접근할 수 있도록 분류해야 합니다. 카테고리를 너무 세부적으로 나누면 오히려 고객의 쇼핑 동선에 방해가 될 수 있기 때문에 상품의 특성에 맞게 적당한 개수로 분류해야 합니다. 카페24에서는 카테고리를 대분류, 중분류, 소분류, 상세 분류로 분류할 수 있습니다. 각각의 분류는 분류 관리를 이용해 쉽고 빠르게 등록하거나 편집할 수 있으며, 분류의 위치를 드래그 방식으로 손쉽게 변경할 수 있습니다.

01 대분류 만들기

쇼핑몰의 카테고리 설정 방법을 알아보겠습니다. 카테고리 분류는 '대분류 〉 중분류 〉 소분류 〉 상세 분류' 순으로 만들어야 합니다. 가장 먼저 대분류를 만들어보겠습니다.

1 관리자 모드(http://eclogin.cafe24.com/Shop)에 접속해 로그인한 후 메인 화면에서 [상품관리] 메뉴를 클릭합니다.

2 [상품 분류 관리]–[분류 관리]를 클릭합니다. 카페24는 기본적으로 5개의 분류와 1개의 미진열 카테고리가 제공됩니다. 6개 분류를 각각 선택한 후 [삭제] 버튼을 클릭합니다. "○ ○ ○을(를) 삭제하면, 하위 분류도 함께 삭제됩니다. 삭제하시겠습니까?"라는 창이 나타나면 [확인] 버튼을 클릭합니다.

3 위와 같은 방식으로 기본적으로 제공되는 모든 카테고리를 삭제합니다. 이제 새로운 대분류를 생성해보겠습니다. [대분류추가] 버튼을 클릭한 후 'OUTER'를 입력하고 Enter 를 누릅니다. 우측의 분류 정보란에서 표시 상태와 메인 분류 표시 상태의 [표시함] 라디오 버튼을 클릭합니다. 쇼핑몰 메인 화면에 카테고리가 노출됩니다.

카테고리는 텍스트뿐 아니라 직접 만든 이미지로 꾸밀 수 있습니다. 포토샵 등에서 미리 카테고리로 사용할 이미지를 만듭니다. 여기서는 부록으로 제공되는 이미지를 사용해보겠습니다. 분류 꾸미기 영역의 메뉴 이미지에서 [이미지 직접등록] 라디오 버튼을 선택한 후 [+ 등록] 버튼을 클릭합니다. [열기] 창이 나타나면 기본 이미지와 오버 이미지 파일을 다음과 같이 각각 선택해 설정한 후 [확인] 버튼을 클릭합니다.

- 기본 이미지: `OUTER`   outer-1.gif
- 오버 이미지: `아우터`   outer-2.gif

카테고리를 드래그 앤 드롭하면 상하 위치를 변경할 수 있습니다. 위치를 변경한 후 [분류이동저장] 버튼을 클릭해 저장해야 변경된 위치가 반영됩니다.

02 중·소분류 만들기

대분류 아래에 중분류와 소분류 그리고 상세 분류를 만들어보겠습니다. OUTER 대분류 아래에 'Jacket'이라는 중분류를 만든 후 캐주얼 재킷 소분류와 스프라이트 상세 분류는 한글로 만들어보겠습니다.

1 중분류를 만들고자 하는 대분류를 선택한 후 [+] 버튼을 클릭합니다. 중분류 생성 박스가 나타나면 중분류 이름을 입력한 후 Enter 를 누릅니다. 여기서는 'Jacket'이라고 입력하겠습니다. 분류 정보란에서 표시 상태는 [표시함], 메인 분류 표시 상태는 [표시안함]을 선택하고 가장 아랫부분의 [저장] 버튼을 클릭해 중분류를 저장합니다.

2 위와 같은 방법으로 최대 4단계까지 분류를 추가할 수 있습니다. 분류 정보란의 표시 상태를 [표시함]으로 선택해야 분류가 쇼핑몰에 표시됩니다. 분류 정보란에서 분류 이름, 분류 설명, 표시 상태, 상품 진열 등을 수정할 수 있습니다.

❸ 관리자 페이지 상단의 [내 상점]을 클릭해 카테고리가 제대로 만들어졌는지 확인합니다. OUTER 대분류에 마우스 커서를 올려놓으면 다음 그림과 같이 Jacket 중분류, 중분류를 선택하면 캐주얼 재킷 소분류, 캐주얼 재킷 소분류를 선택하면 스프라이트 상세 분류가 나타납니다.

❹ 위와 같은 방법으로 다음 표와 같은 카테고리를 만들어봅니다.

구분	대분류명	중분류명	소분류명	상세 분류
1	BEST	–	–	–
2	New 5%	–	–	–
3	OUTER	Jacket	캐주얼 재킷	스프라이트
4	TOP	Tee	베이직 티	–
		Knit	프린트 티	
5	BOTTOM	Pants	–	–
		Skirts		
6	SHOES	–	–	–
7	BAG	–	–	–
8	ACC	–	–	–

카테고리 분류 리스트 표시 설정과 팝업 메뉴 표시하기

❶ 카테고리 분류 리스트 표시 설정하기

[상품 관리]–[상품 표시 관리]–[편의 기능 설정]을 선택한 후 '편의 기능 설정' 페이지에서 '분류 리스트 표시'에서 '사용함'을 선택하고 '현재 분류에 속한 모든 분류 표시'를 선택하면 위와 같이 아우터를 클릭했을 때 중분류 및 소분류가 모두 화면에 표시됩니다.

❷ 카테고리 팝업 메뉴 감추거나 나타내게 하기

만들어진 중분류 카테고리는 팝업 메뉴가 나타나게 하거나 나타나지 않게 설정할 수 있습니다. [상품 관리]–[상품 표시 관리]–[편의기능 설정]을 선택한 후 '편의 기능 설정' 페이지에서 팝업 메뉴의 [사용함] 라디오 버튼을 선택하면 예제와 같이 팝업 메뉴가 보이고, [사용안함] 라디오 버튼을 선택하면 중분류 팝업 메뉴가 나타나지 않습니다.

상품 등록 방법에는 간단 등록, 상품 등록, 세트 상품 등록, 엑셀 등록이 있습니다. 등록한 상품을 수정하거나 삭제하는 방법을 알아보겠습니다.

01 상품 신규 등록하기

01-1 간단 등록

간단 등록은 쇼핑몰에 상품을 진열하는 데 필요한 기본 정보를 입력해 상품을 등록하는 방법입니다. 상품 진열에 필요한 기본 정보만 입력하기 때문에 상품을 쉽고 빠르게 등록할 수 있다는 장점이 있습니다. 만약 간단 등록 방법으로 상품을 등록했다면 상세한 상품 정보 입력은 [상품 수정] 메뉴를 이용해 정보를 추가할 수 있습니다.

1 카페24 관리자 페이지에서 [상품 관리]–[상품 등록]–[간단 등록]을 클릭합니다.

2 상품 이름, 판매가, 상품 옵션 설정, 상품 이미지 등록, 상품 요약 설명, 상품 분류 선택, 표시 상태(진열 상태와 판매 상태) 설정을 입력한 후 [상품 등록] 버튼을 클릭하면 상품 등록이 완료됩니다. 상품을 등록하는 데는 두 가지 방법이 있습니다. 에디봇으로 작성하기 방법은 'Part 06의 Chapter 21. 상품 상세 페이지 만들기'를 참고하세요. [직접 작성] 탭에는 이미지 등록 기능(+등록)을 이용해 준비한 상품 이미지를 선택하고 상품 등록을 합니다.

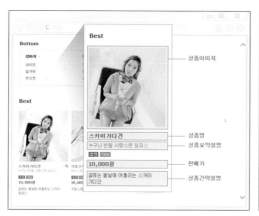

상품 목록 화면 미리보기   상품 상세 화면 미리보기

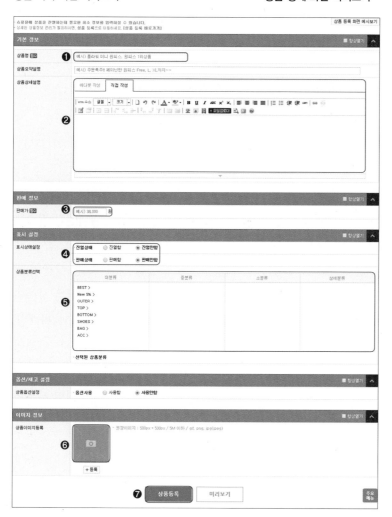

01-2 상품 등록

상품 등록은 상품의 판매와 관리에 필요한 상세 정보를 포함해 상품을 등록하는 방법으로, 가장 일반적인 상품 등록 방법입니다. 표시 설정, 기본 정보, 판매 정보, 옵션/재고 설정, 이미지 정보, 제작 정보, 상세 이용 안내, 아이콘 설정, 배송 정보, 추가 구성 상품, 관련 상품, 검색엔진 최적화(SEO), 메모 등 13가지로 분류된 상품의 속성을 입력할 수 있습니다.

1 카페24 관리자 페이지에서 [상품 관리]–[상품 등록]–[상품 등록]을 클릭합니다.

2 상품 등록 페이지는 표시 설정, 기본 정보, 판매 정보, 옵션/재고 설정, 이미지 정보, 제작 정보, 상세 이용 안내, 아이콘 설정, 배송 정보, 추가 구성 상품, 관련 상품, 검색엔진 최적화(SEO), 메모 영역으로 구성돼 있습니다. 그중에서 표시 설정, 기본 정보, 판매 정보, 옵션/재고 설정, 이미지 정보는 기본적으로 열려 있는 영역입니다. 표시 설정 영역에서는 상품의 진열 상태, 판매 상태를 지정하고, 상품 분류를 선택할 수 있으며, 메인 진열란에서는 상품의 진열 위치를 지정할 수 있습니다. 여기서는 진열 상태와 판매 상태를 각각 '진열함'과 '판매함'으로 설정한 후 DRESS 대분류를 선택하고 반드시 [추가] 버튼을 클릭해야 합니다. 아래의 상품 분류에서 선택한 상품 분류가 추가된 것을 확인할 수 있습니다. 추가된 상품 분류에 아무것도 없으면 상품이 화면에 노출되지 않으므로 주의해야 합니다. 그리고 메인 진열 부분의 신상품에 '진열함'을 체크해보겠습니다.

❸ 기본 정보 영역에는 상품 이름, 상품 상세 설명, 검색어 등을 설정합니다. 만약 모바일 상품 상세 설명을 다르게 설정하는 경우, 모바일 상품 상세 설명의 '직접 등록'을 선택한 후 편집해 사용할 수 있습니다. 만약 '상품 상세 설명 동일'을 설정할 경우 상품 상세 설명에서 설정된 사이즈로 상품 이미지를 리사이징해 자동으로 생성합니다.

4 판매 정보 영역은 상품의 공급가, 판매가, 적립금, 할인 혜택 등을 설정합니다.

5 옵션/재고 설정 영역에서는 색상, 사이즈 등과 같은 옵션을 지정할 수 있습니다. 만약 옵션이 있는 상품을 등록할 경우에는 옵션 사용의 [사용함] 라디오 버튼을 선택해 상품 옵션을 설정합니다.

⑥ 이미지 정보 영역에서 상품 이미지를 등록합니다. 이미지 등록 항목 중 [대표이미지등록] 라디오 버튼을 선택하면 상세 이미지, 목록 이미지, 작은 목록 이미지, 축소 이미지가 자동으로 리사이징돼 등록되며, [개별이미지등록] 라디오 버튼을 선택하면 각각 다른 이미지를 등록할 수 있습니다. 상품의 세부 모습을 노출해야 하는 경우 [개별이미지등록] 라디오 버튼을 선택한 후 디테일 사진을 등록합니다. 대표 이미지 등록을 하기 전에 [이미지 사이즈 변경] 버튼을 눌러 '모든 크기를 1,000으로 변경하기'를 권장합니다. 카페24의 마켓 통합 관리 기능의 사용을 고려한다면 대부분의 오픈마켓 대표 이미지 권장 사이즈가 1,000×1,000px이므로 미리 변경해 놓아야 전송 실패할 확률이 낮아집니다. 카페24 쇼핑몰 솔루션만 운영하다가 마켓 통합 관리를 이용하기 위해 추후에 이미지 사이즈를 변경한다면 자동으로 1,000×1,000px로 변경되는 것이 아니므로 재등록해야 합니다.

마켓 통합 관리를 위한 이미지 사이즈 변경

1 대표 이미지를 등록하기 전에 [이미지 사이즈 변경] 버튼을 클릭합니다.

2 '이미지 사이즈 변경' 팝업 창이 나타납니다.

3 상세, 목록, 작은 목록, 축소, 확대 이미지 값을 모두 '1000'으로 변경한 후 [저장]을 클릭합니다.

4 대표 이미지 등록 아래에 있는 [+ 등록] 버튼 위의 값이 모두 권장 사이즈(1,000 x 1,000px)로 변경됐습니다.

5 [+ 등록] 버튼을 눌러 상품 이미지를 등록합니다.

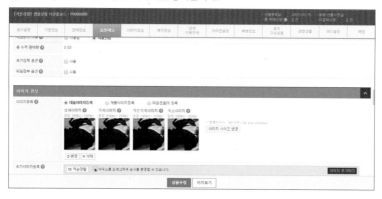

TIP | **상품을 빠르게 등록하기**

첫 번째 상품 등록을 마친 후 두 번째 상품을 등록할 때 표시 설정 영역 우측 상단의 [기존 상품 정보 불러오기]
버튼을 클릭하면 기본 정보가 설정된 상태로 제공되기 때문에 상품을 빠르게 등록할 수 있습니다.

7 확장 버튼(∨)을 클릭하면 제작 정보, 상세 이용 안내 등 나머지 항목의 내용을 등록 설정할 수 있습니다. 상품 등록 내용을 모두 설정한 후 [미리보기] 버튼을 클릭하면 등록 상태를 미리 확인해볼 수 있고, [상품 등록] 버튼을 클릭하면 '상품이 정상적으로 등록됐습니다.' 라는 팝업 창이 나타납니다.

01-3 엑셀 등록

상품 정보를 엑셀 양식에 맞게 입력한 후 업로드하면 상품을 대량으로 등록하거나 수정할 수 있습니다.

1 [상품 관리]-[상품 등록]-[엑셀 등록]을 클릭합니다. 대량의 신상품을 등록하려면 엑셀 등록 페이지에서 [양식 다운로드] 버튼을 클릭해 엑셀 양식 파일을 다운로드합니다.

2 엑셀 양식 파일은 다음과 같은 항목으로 구성돼 있습니다. 각 항목의 상품 정보를 입력한 후 저장합니다. 입력하지 않아도 무관한 항목은 공란으로 비워둡니다. 단, 필수 입력 항목은 반드시 입력해야 상품이 등록됩니다. 상품 이름, 판매가, 공급가 등 필수 입력 항목은 항목 이름에 '*'이 표시돼 있습니다.

TIP 신상품으로 등록하기

상품 코드를 공란으로 비워둔 상태로 저장한 후에 등록하면 해당 상품이 신상품으로 등록됩니다.

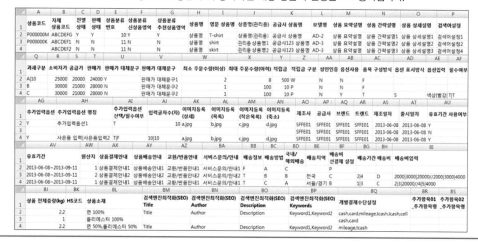

3 엑셀 업로드 영역의 [찾아보기] 버튼을 클릭한 후 앞에서 저장한 엑셀 파일을 선택합니다. [엑셀 업로드] 버튼을 클릭하면 엑셀에 지정된 상품 목록이 업로드됩니다.

02 상품 정보 수정하기

등록된 상품 정보를 수정할 수 있습니다.

1 관리자 페이지에서 [상품 관리] 메뉴를 클릭한 후 [상품 목록 바로가기] 버튼을 클릭합니다.

2 상품 목록 페이지에서 검색 분류의 검색 창에 수정할 상품 이름, 상품 번호 등을 입력한 후 상품 분류와 상품 등록일 및 진열/판매 상태 조건을 설정하고 [검색] 버튼을 클릭합니다. 설정한 조건과 일치하는 상품 목록이 나열됩니다. 검색 결과에서 수정하고 싶은 상품의 이름을 클릭합니다.

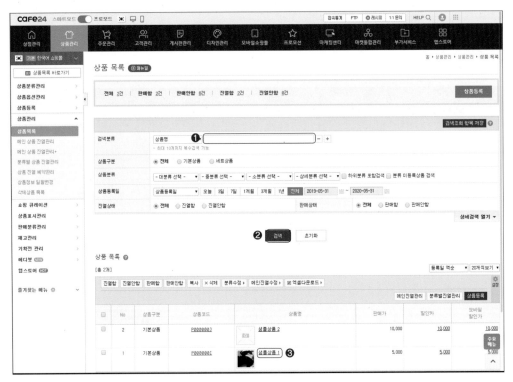

3 상품 수정 페이지가 나타납니다. 상단의 [바로가기] 탭을 클릭하면 수정할 항목에 빠르게
접근할 수 있습니다. 예를 들어 판매가를 변경하고 싶을 경우 [판매정보] 탭을 클릭하면 판매
정보를 수정할 수 있는 페이지로 이동합니다. 정보를 수정한 후 [상품수정] 버튼을 클릭하면
수정한 내용이 상품 정보에 반영됩니다. 기본적으로 진열 상태는 [진열함], 판매 상태는 [판
매함]으로 선택돼 있고, 상품 분류가 1개 이상 선택돼 있어야 수정한 내용이 자신의 쇼핑몰
화면에 제대로 반영됩니다.

여러 상품의 상품 정보를 한 번에 변경할 수 있습니다. 카페24 관리자 페이지에서 [상품 관리]–[상품정보 일괄변경]을 클릭합니다. 상품 목록 페이지에서 일괄 변경할 상품을 선택한 후 변경 항목을 선택하고 [일괄변경] 버튼을 클릭합니다.

03 상품 삭제 및 복구하기

등록한 상품을 삭제하는 방법입니다. 상품 목록에서 삭제한 후 삭제 상품 목록에서 복구하거나 완전 삭제할 수 있습니다. 단, 완전 삭제된 상품은 복구할 수 없습니다.

1 [상품 관리]–[상품 관리]–[상품 목록]을 클릭한 후 상품을 검색합니다. 검색 결과에서 삭제할 상품의 체크 박스를 선택한 후 [삭제] 버튼을 클릭합니다. '선택하신 상품을 삭제하시겠습니까?'라는 팝업 창이 나타나면 [확인] 버튼을 클릭하고, '선택하신 상품을 삭제했습니다.'라는 팝업 창이 나타나면 다시 한번 [확인] 버튼을 클릭합니다.

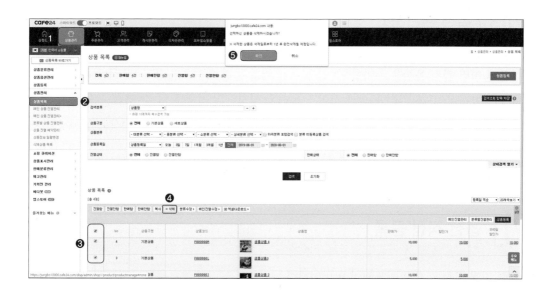

2 삭제한 상품을 확인하기 위해 [상품 관리]-[삭제 상품 목록]을 클릭합니다. 하단에 삭제된
상품 목록이 나타납니다. 상품을 선택한 후 [상품복구] 버튼을 클릭하면 삭제된 상품이 복구
되고, [완전 삭제] 버튼을 클릭하면 완전히 삭제됩니다.

상품에 여러 가지 옵션을 추가할 수 있습니다. 예를 들면 티셔츠 상품 구매 시 컬러와 사이즈를 선택할 수 있도록 컬러 옵션과 사이즈 옵션을 설정하는 경우를 들 수 있습니다. 특히 여러 상품에 공통으로 사용되는 옵션이 있을 경우, 옵션 관리에 등록해 놓으면 상품을 등록할 때마다 옵션을 설정하지 않아도 됩니다.

01 옵션 직접 등록

옵션 직접 등록은 가장 기본적인 방법입니다.

1 [상품 관리] 메뉴를 클릭한 후 [상품목록 바로가기] 버튼을 클릭합니다.

2 상품 목록에서 옵션으로 등록할 상품의 이름을 클릭합니다.

	No	상품구분	상품코드	상품명
☐	4	기본상품	P000000M	화이트 셔츠 마가렛 미니

> **TIP**
>
> 옵션 값에 'red'를 입력한 후 Enter 를 누르면 다음 옵션 값을 자동으로 입력할 수 있습니다.

3 상품 수정 페이지가 나타나면 [옵션/재고] 탭을 클릭합니다. [옵션사용] 선택 항목의 [사용함] 라디오 버튼을 선택한 후 옵션 설정의 [직접 입력하기] 라디오 버튼을 선택합니다. 옵션 이름에 '색상'을 입력하고, 옵션 값에 'black', 'white', 'red'를 입력합니다. [−], [+] 버튼을 클릭하면 옵션 입력 창을 추가하거나 삭제할 수 있습니다. 더 추가할 옵션이 없으면 두 번째 줄의 옵션을 [−]를 클릭해 삭제하고, [모든 옵션 품목추가] 버튼을 클릭해 옵션을 추가합니다.

4 다음과 같은 옵션 리스트가 나타납니다. 만약 옵션 값에 따라 추가 금액이 발생하면 추가 금액 입력란에 값을 입력합니다. [미리보기] 버튼을 클릭하면 상품 상세 페이지에 색상 옵션 이 추가된 것을 확인할 수 있습니다. [상품수정] 버튼을 클릭하면 '상품이 수정됐습니다.'라는 팝업 창이 나타나고, [확인] 버튼을 클릭하면 옵션 설정이 완료됩니다.

02 옵션 세트 활용하기

옵션을 반복적으로 사용하는 경우 옵션 세트를 활용하면 옵션을 좀 더 편리하게 등록할 수 있습니다. 옵션 관리를 이용해 원하는 옵션을 생성한 후 옵션 세트를 만듭니다. 예를 들어 [옵션 관리] 항목에 색상(블랙, 화이트), 사이즈(S, M, L), 벨트 액세서리(포함, 미포함)가 있다면 색상(블랙, 화이트, 레드), 사이즈(S, M, L), 벨트 액세서리(포함, 미포함) 옵션을 등록한 후 옵션 세트로 묶습니다. 옵션 세트는 품목 생성형 옵션과 상품 연동형 옵션으로 만들 수 있습니다.

02-1 상품 연동형 옵션

상품 관리의 상품 옵션 저장소 메뉴와 기능이 동일합니다. 단, 상품 연동형 옵션은 옵션별 재고 관리가 되지 않습니다. 옵션 조합이 1,000개 이상일 때만 사용하는 것이 효과적입니다. 커플링, 귀금속 등 옵션이 많은 상품에 적합합니다.

02-2 품목 생성형 옵션

가장 일반적으로 사용하는 옵션 타입으로, 옵션 조합을 이용한 모든 옵션별 재고 관리가 가능합니다. 옵션별 재고 관리가 필요할 때 사용하면 효과적입니다. 단, 옵션 조합은 1,000개까지만 가능합니다. 의류, 장난감, 식품 등 옵션이 많지 않은 상품에 적합합니다.

조합 일체 선택형　　　　조합 분리 선택형

1 [상품 관리]-[상품 옵션 관리]-[품목 생성형 옵션]-[옵션 관리]를 클릭합니다. 기본적으로 색상과 사이즈 옵션 그룹이 등록돼 있습니다. [색상]을 클릭합니다.

2 옵션 스타일은 기본적으로 셀렉트 박스로 선택돼 있습니다. 색상 그룹의 옵션에는 블랙, 화이트가 기본 옵션으로 등록돼 있습니다.

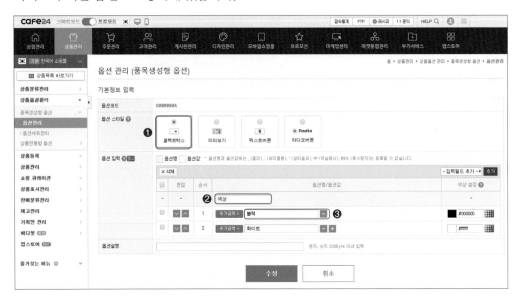

3 [+] 버튼을 눌러 빨강을 추가합니다. 컬러 피커를 클릭한 후 빨간색을 선택하고 [선택] 버튼을 클릭합니다. [수정] 버튼을 클릭하면 완료됩니다.

4 다음과 같이 옵션 그룹에 빨강이 추가됐습니다.

TIP **옵션 스타일 변경하기**

옵션 스타일을 원하는 모양으로 선택할 수 있습니다. 품목이 많은 상품은 기본 옵션 스타일인 셀렉트 박스를 권장합니다. 다음은 옵션 스타일을 모두 적용했을 때의 미리보기 화면입니다.

5 [상품 관리]-[상품 옵션 관리]-[품목 생성형 옵션]-[옵션 관리]를 클릭한 후 옵션 목록 우측의 [옵션 등록] 버튼을 클릭합니다. 옵션 스타일은 [라디오 스타일]을 선택합니다. 옵션 이름에 '액세서리'를 입력합니다. 옵션 값에 '포함'을 입력한 후 [+] 버튼을 클릭하고 '미포함'을 입력합니다. [등록] 버튼을 클릭하면 옵션 등록이 완료됩니다.

6 품목 생성형 옵션의 옵션 세트를 관리하기 위해 [옵션 세트 관리]를 클릭합니다. 기본으로 [색상/사이즈] 옵션 세트 그룹이 등록돼 있습니다. S000000A(옵션 세트 코드)나 색상/사이즈(옵션 세트 이름)를 클릭합니다.

7 옵션 세트 이름의 입력란에 액세서리를 추가합니다. 옵션 선택 영역에 액세서리 옵션 그룹을 선택한 후 [추가] 버튼(>)을 클릭해 사용할 옵션 영역에 추가합니다.

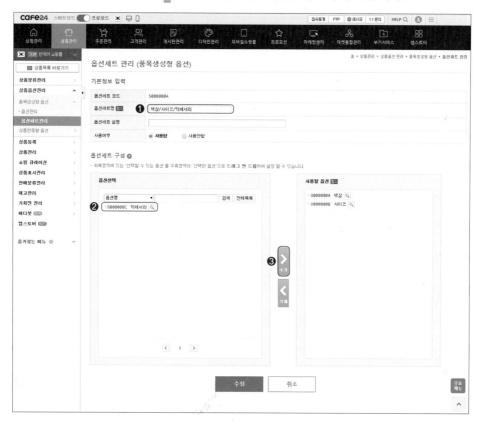

8 다음과 같이 선택한 옵션이 사용할 옵션 영역으로 이동합니다. 옵션 세트를 처음 등록할 때는 [등록] 버튼, 그다음부터는 [수정] 버튼으로 보입니다. 이와 같은 방법으로 나머지 옵션들도 사용할 옵션으로 추가한 후 [등록] 또는 [수정] 버튼을 클릭합니다.

옵션 세트 최초 등록 시 [등록] 버튼

옵션 세트 두 번째 등록 시 [수정] 버튼

옵션 상하 순서 조절

사용할 옵션은 드래그 앤 드롭으로 상하 순서를 조절할 수 있습니다.

옵션 세트 목록에 다음과 같은 [색상/사이즈/액세서리] 옵션 세트가 등록된 것을 확인할 수 있습니다.

결과 화면

🔟 상품 목록에서 옵션을 설정할 상품을 선택합니다. 상품 수정 페이지에서 [옵션/재고] 탭을 클릭한 후 옵션 사용을 '사용함', 옵션 구성 방식을 '조합 일체선택형'으로 선택한 후 [옵션 세트 불러오기]에서 옵션 세트의 이름을 입력합니다. 여기서는 바로 전에 만든 '색상/사이즈/액세서리'를 선택하겠습니다. 순서는 ∨ ∧ 화살표를 이용해 조절할 수 있습니다. 그런 다음 [모든 옵션 품목추가] 버튼을 클릭합니다.

11 항목을 선택한 후 [미리보기] 버튼을 클릭하면 상품 상세 페이지 미리보기 화면에 조합 일체 선택형 옵션이 적용된 것을 확인할 수 있습니다. [상품수정] 버튼을 클릭해야 적용됩니다.

12 이번에는 조합 분리 선택형 옵션을 적용해 보겠습니다. [옵션/재고] 설정에서 옵션 구성 방식을 [조합 분리 선택형]으로 선택하고 [옵션 세트 불러오기]에서 [색상/사이즈/액세서리] 선택합니다. [모든 옵션 품목추가] 버튼을 클릭합니다. 여기서는 전체 옵션을 선택하겠습니다. [미리보기] 버튼을 클릭하면 상품 상세 페이지에 옵션 세트가 적용된 것을 확인할 수 있습니다.

13 조합 분리 선택형의 결과 화면은 다음과 같습니다.

TIP   필요한 옵션만 추가로 지정하기

사용된 옵션 항목 중 필요한 옵션만 선택한 후 옵션 품목을 추가로 지정할 수 있습니다. 예를 들어 옵션 관리 등록의 색상 등록 시 빨, 주, 노, 초, 파, 남, 보라고 등록한 후 필요한 색상만 선택해 지정할 수 있습니다.

06 메인 상품 진열하기

쇼핑몰 메인 화면에 진열할 상품을 관리하는 기능입니다. 쇼핑몰 메인 화면에 노출할 상품의 종류와 노출 순서를 설정할 수 있습니다.

1 [상품 관리]–[상품 관리]–[메인 상품 진열 관리]를 클릭합니다. [메인분류별 진열] 영역의 [메인분류] 항목에서 드롭다운 버튼을 클릭한 후 노출할 위치를 선택합니다. 추천 상품, 신상품, 추가 카테고리 1, 추가 카테고리 2가 기본값으로 세팅돼 있으며 [메인 분류 관리] 버튼을 클릭해 분류 이름을 수정하거나 추가할 수 있습니다. 여기서는 '추천 상품'을 선택하겠습니다. 선택한 '추천 상품' 메인 분류에 상품을 추가하기 위해 [상품 추가] 버튼을 클릭합니다.

2 [상품 추가] 창이 나타나면 상품 목록 중 메인 분류에 노출시킬 상품을 선택한 후 [선택] 버튼을 클릭하고 [닫기] 버튼을 클릭합니다.

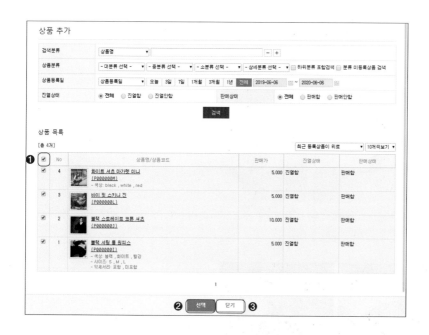

❸ 선택한 상품이 상품 진열 목록에 나타난 것을 확인할 수 있습니다. 상품을 선택한 후 목록 좌측 상단의 화살표를 클릭해 순서를 변경하거나 [진열안함] 버튼을 클릭해 삭제할 수 있습니다. 화면 아래의 [확인] 버튼을 클릭합니다. 관리자 페이지 상단의 '모니터' 모양을 클릭해 선택한 상품이 쇼핑몰 메인 화면에 제대로 노출되는지 확인합니다.

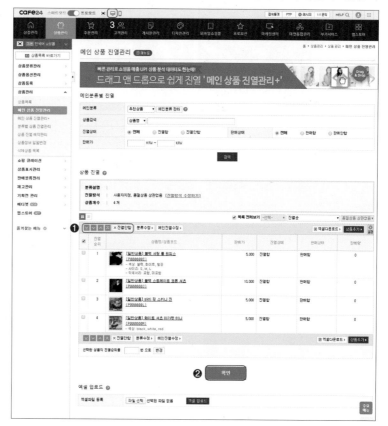

4 쇼핑몰 메인 화면의 추천 상품 영역에 상품이 진열된 것을 확인할 수 있습니다.

08 메이크샵으로 쇼핑몰 만든 후 상품 등록하고 관리하기

01 회원 가입 및 쇼핑몰 페이지 미리보기

쇼핑몰을 메이크샵 쇼핑몰 솔루션으로 구축하기 위해서는 먼저 회원 가입을 해야 합니다. 메이크샵 쇼핑몰 솔루션은 무료로 쇼핑몰을 운영할 수 있는 '프리2(www.free2.co.kr)' 서비스와 유료로 사용할 수 있는 '프리미엄(www.makeshop.co.kr/)' 서비스가 있습니다. 프리2 서비스는 무료이지만 기본 기능만 이용할 수 있고, 프리미엄 서비스는 모든 기능을 이용할 수 있으며 상품 등록 수에 제한이 없습니다. 프리미엄 서비스는 쇼핑몰 초기 세팅비와 월 사용료를 지불해야 하며, 28일간 무료로 이용할 수 있습니다. 단, 무료 체험 기간은 회원 가입 시점에 따라 달라질 수 있습니다. 여기서는 프리미엄 서비스를 이용해 쇼핑몰을 만들어보겠습니다.

1 메이크샵 홈페이지(http://www.makeshop.co.kr/)에 접속한 후 [회원 가입]을 클릭합니다.

2 일반회원(개인 및 개인사업자), 법인회원(법인사업자 및 기타 단체), 외국인 회원(외국인) 중 회원 가입 유형을 선택한 후 [가입하기] 버튼을 클릭합니다.

3 본인 인증/정보 입력 화면에서 실명 인증을 한 후 필수 정보를 입력하고 [동의하고 가입 완료] 버튼을 클릭합니다.

4 [회원 가입 완료] 페이지가 나타납니다. [로그인] 버튼 아래에 무료 체험 기간이 표시됩니다. 이 기간 동안은 무료로 사용할 수 있습니다. 가입한 아이디와 비밀번호를 입력한 후 [로그인] 버튼을 클릭합니다.

5 쇼핑몰 관리자 페이지 우측 상단의 [내 쇼핑몰]을 클릭하면 고객들에게 보이는 쇼핑몰 메인 화면을 미리볼 수 있습니다.

※ 28일 무료 체험 기간 중 [사용 기간 연장] 버튼을 클릭하면 유료 서비스 결제를 할 수 있습니다.

[6] 쇼핑몰 미리보기 화면이 나타납니다. 메이크샵에서 기본으로 제공하는 무료 디자인 중 랜덤으로 설정돼 표시됩니다.

쇼핑몰 미리보기 화면

TIP 바로가기 아이콘 설치하기

윈도우 바탕화면에 [쇼핑몰 바로가기] 아이콘을 설치하면 쇼핑몰로 빠르게 이동할 수 있습니다. 인터넷 익스플로러에서만 지원합니다.

[1] 관리자 페이지 메인 화면 우측 상단에 있는 [검색] 버튼(🔍)을 클릭한 후 입력 창에 '바로가기'라고 입력하면 나타나는 메뉴 중 [쇼핑몰 바로가기 아이콘]을 클릭합니다.

2 아이콘 확장자의 파일을 등록합니다.

3 [노출함]의 라디오 버튼을 선택한 후 바로가기 설치 배너 디자인을 선택합니다.

4 이름과 아이콘 연결 주소를 입력한 후 [설정] 버튼을 클릭합니다.

5 좌측 메뉴의 [디자인 스킨 관리]–[디자인 스킨 관리]–[디자인 편집하기]를 클릭합니다.

⑥ [상단]-[기본 상단]을 클릭합니다. 우측 상단에 있는 [가상태그 팝업열기]를 클릭한 후 그 아래에 있는 입력 창에 '바로가기'를 입력한 후 [검색]을 클릭합니다. 바탕화면 바로가기 만들기 배너의 참조 태그는 〈!--/banner_ desktop_icon/--〉입니다. 중앙에 있는 [디자인 편집] 탭의 아홉 번째 줄 다음에 다음과 같이 입력합니다.

`<li><!--/banner_desktop_icon/--></li>`

⑦ 결과 화면은 다음과 같습니다.

TIP 아이콘 만들기

http://tools.dynamicdrive.com/favicon/에서 아이콘을 만들 수 있습니다.

① 포토샵이나 일러스트레이터로 아이콘을 만든 후 위 링크에 접속해 이미지를 넣습니다. 이미지의 확장자는 gif, jpg, png, bmp여야 하고 150KB 이내여야 합니다.

Image to create icon from:
파일 선택 │ 선택된 파일 없음

② 권장 사이즈인 32 X 32px이 필요하므로 체크 박스에 체크하세요.
③ [Create Icon]을 클릭한 후 [Download FavIcon]을 클릭하면 'Favicon.ico' 파일을 다운로드할 수 있습니다.

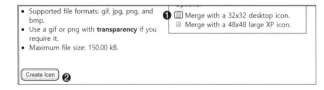

02 쇼핑몰 디자인 변경하기

메이크샵에 회원 가입을 하면 기본적으로 제공되는 쇼핑몰 디자인을 새로운 디자인으로 변경하는 방법을 알아보겠습니다.

1 [개별 디자인]-[디자인 스킨 관리]-[디자인 스킨 선택]을 클릭합니다. '추천 디자인 스킨' 영역에서 원하는 디자인을 선택한 후 [+ 추가하기] 버튼을 클릭하고 적용 메시지 창에서 [확인] 버튼을 클릭하면 쇼핑몰 디자인이 변경됩니다. 여기서는 'AMOR FATI' 디자인을 선택했습니다.

샘플: http://d2017012.makestore.kr/preview/?dgnset_id=24707

2 [개별 디자인]-[디자인 스킨 관리]-[디자인 스킨 관리]에 디자인이 추가된 것을 확인할 수 있습니다. 디자인 스킨 뱅크에는 내 쇼핑몰에 적용할 수 있는 디자인 스킨을 10개까지 만들 수 있습니다. [쇼핑몰 적용하기] 버튼을 클릭한 후 '스킨을 쇼핑몰에 적용하시겠습니까?'라는 팝업 창에서 [확인] 버튼을 클릭합니다. '내 쇼핑몰 스킨으로 적용이 완료됐습니다.'라는 팝업 창이 나타나면 [확인] 버튼을 클릭합니다.

③ 상단의 [내 쇼핑몰]-[PC 쇼핑몰]을 클릭하면 변경된 화면을 확인할 수 있습니다.

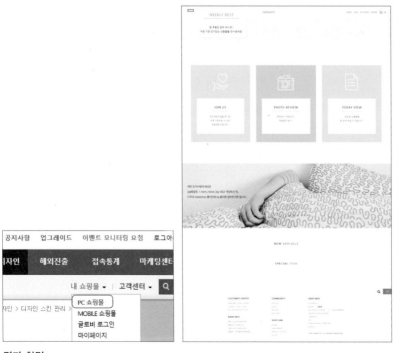

결과 화면

메이크샵은 대분류, 중분류, 소분류의 3차 카테고리까지 생성할 수 있습니다. 메이크샵에서 쇼핑몰 카테고리를 만들 때는 사전에 만들고자 하는 쇼핑몰에 중분류를 설정할 것인지 여부를 미리 결정한 후에 생성해야 합니다. 중분류, 소분류 등 하위 카테고리 여부는 최초 선택한 이후에는 변경할 수 없기 때문입니다.

01 대분류, 중분류, 소분류 설정하기

한 번 설정된 타입은 나중에 변경할 수 없기 때문에 어떤 형태의 카테고리로 나눠 관리할 것인지 신중하게 생각한 후에 진행해야 합니다. 만약 제작하려는 쇼핑몰 카테고리에 중분류, 소분류 등의 하위 분류가 있을 때는 처음 제작 과정부터 하위 분류를 사용해야 합니다.

분류 타입 기본 대분류는 보편적인 대분류 타입, 해당 대분류에 실질적으로 상품을 등록 및 수정 관리하는 분류 방식이고, 분류 타입 가상 대분류는 해당 대분류에 상품을 배정하지 않고 다른 대분류(카테고리)에 있는 상품을 링크해 가상 대분류에 상품이 있는 것처럼 보이는 분류 방식입니다. 가상 대분류(카테고리)는 상시적인 대분류(카테고리)가 아닌 이벤트 및 기획전 등 한시적으로 여러 다른 대분류의 상품을 가상 대분류로 묶어 판매하는 경우에 자주 이용하는 기능입니다.

예 발렌타인데이 선물 기획전인 경우 '발렌타인데이'라는 가상 대분류를 만들어 놓고, 다른 대분류 상품을 '발렌타인데이' 대분류로 링크해 판매할 수 있습니다.

1 카테고리를 어떻게 만들 깃인지를 종이나 워드 등의 문서 작성 프로그램을 이용해 정리해 둡니다. 여기서는 다음과 같이 대분류와 중분류를 만들어보겠습니다.

대분류	중분류
Top&Tee	Top Tee
Outer	X
Skirt	X
Dress	X
Accessory	X

② 대분류를 만들기 위해 [상품 관리]−[판매 상품 기본관리]−[상품 분류 등록/수정/삭제]를 클릭합니다. 하위 분류의 [사용함] 라디오 버튼을 선택한 후 분류 타입의 [기본 대분류] 라디오 버튼을 선택하고 [대분류 만들기] 버튼을 클릭합니다. 대분류 이름 입력 박스에 'Top & Tee'를 입력하고 [추가] 버튼을 클릭합니다.

③ 하위 분류의 [사용함] 라디오 버튼을 선택해 대분류를 만들면 다음과 같이 중분류 입력 박스가 자동으로 나타납니다. 중분류 이름에 'Top'을 입력한 후 [추가] 버튼을 클릭합니다.

④ 소분류 입력 박스가 자동으로 나타납니다. 소분류는 만들지 않을 것이기 때문에 빈 공백 상태로 놔두고 두 번째 중분류 'Tee'를 입력하기 위해 대분류 'Top & Tee'를 클릭합니다. 중분류 이름 입력 박스에 'Tee'를 입력한 후 [추가] 버튼을 클릭합니다.

⑤ 이번에는 'Outer' 대분류를 추가로 만들어보겠습니다. 'Outer' 대분류는 하위 분류가 없기 때문에 하위 분류의 [사용안함] 라디오 버튼을 선택한 후 분류 타입의 [기본대분류] 라디오 버튼을 선택하고 [대분류 만들기] 버튼을 클릭합니다.

6 하위 분류를 '사용안함'으로 설정했기 때문에 대분류만 등록되는 것을 확인할 수 있습니다. 나머지 대분류도 'Outer'를 만드는 방법과 동일합니다.

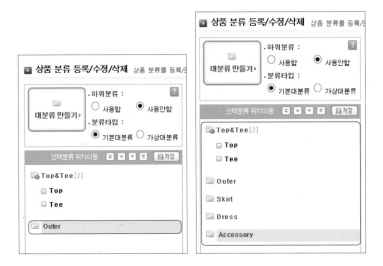

7 완성된 카테고리의 위아래 순서를 변경할 수 있습니다. 가장 아래에 생성된 'Accessory' 카테고리를 바로 위쪽 카테고리로 드래그해 위치시키면 순서가 다음과 같이 변경됩니다. [저장] 버튼을 클릭해 생성한 카테고리를 저장합니다.

8 상단의 '내 쇼핑몰 바로가기'를 클릭하면 다음과 같이 변경된 것을 확인할 수 있습니다.

9 다음은 지금까지 만든 카테고리가 반영된 쇼핑몰 화면입니다.

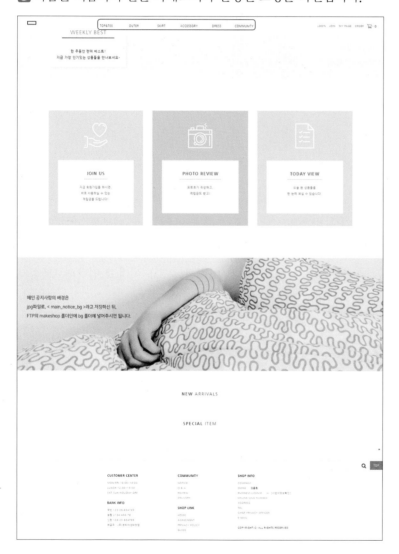

02 가상 대분류 설정하기

가상 대분류로 설정돼 있는 분류는 기존에 등록돼 있는 상품을 복사한 후 여러 분류에 동시에 노출시키거나 공통 내용으로 하나의 브랜드, 기획전 분류로 만들 때 사용하는 기능입니다. 예를 들어 스포츠 용품을 판매하는 쇼핑몰의 경우, 운동화, 운동복, 모자와 같은 여러 상품군을 하나의 브랜드로 만들어 가상 대분류로 상품을 복사하면 됩니다.

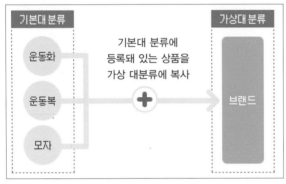

가상 대분류 설정 절차

1 하위 분류는 [사용안함] 라디오 버튼을 선택한 후 분류 타입은 [가상 대분류] 라디오 버튼을 선택하고 [대분류 만들기] 버튼을 클릭합니다. 카테고리 목록에서 입력란에 추가할 가상 대분류 명칭을 입력한 후 [추가] 버튼을 클릭합니다. 여기서는 'Sale'이라고 입력해보겠습니다. 가상 대분류는 명칭 옆에 [가상]이라는 아이콘이 표시됩니다.

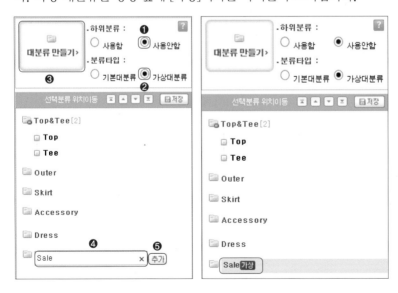

TIP 카테고리 삭제하기

만들어진 분류 중 삭제할 분류를 선택한 후 우측 상세 페이지 아래에 있는 [선택 분류 삭제] 버튼을 클릭합니다. 선택된 분류 및 분류에 포함된 하위 분류와 모든 상품이 삭제된다는 경고 메시지 창이 나타나면 [확인] 버튼을 클릭합니다. 카테고리 삭제 시 카테고리에 등록된 해당 상품도 모두 삭제되므로 신중하게 선택해야 합니다.

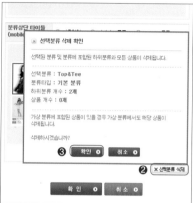

04 상품 등록, 수정, 삭제하기

상품 등록, 수정, 삭제 방법을 알아보겠습니다. [판매상품 신규등록] 메뉴를 선택한 후 상품을 등록하고, [등록상품 수정/삭제] 메뉴를 선택하면 상품을 수정하거나 삭제할 수 있습니다.

01 상품 신규 등록하기

상품의 기본 정보에 상품에 대한 정보와 가격, 상품 이미지를 등록한 후 페이지 하단의 [상품 등록] 버튼을 클릭하면 상품 등록이 완료됩니다. 상품 등록 시 작은 이미지, 중간 이미지, 큰 이미지를 등록할 수 있고, 한 번에 올릴 수 있는 파일 용량은 300KB로 제한돼 있습니다.

1 [상품 관리]-[판매상품 기본관리]-[판매상품 신규등록]을 클릭한 후 상품 기본 정보를 입력하고 페이지 아래의 [상품 등록] 버튼을 클릭합니다. 상품 기본 정보 입력 항목 중 별(*)이 표시된 필수 항목은 반드시 기입해야 합니다.

2 상품 노출 설정에서는 [등록할 분류 선택창] 버튼을 클릭하고 상품이 등록될 기본 분류를 선택합니다. 만약 등록하지 않은 상태에서 상품을 등록하면 '분류 미지정 상품'으로 지정되고, 쇼핑몰에 노출되지 않습니다.

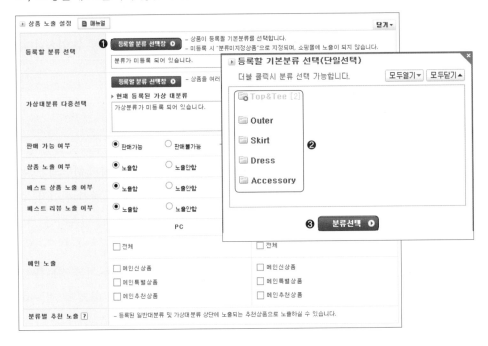

❸ 등록할 상품에 사이즈, 색상 등 옵션이 있는 경우에 사용합니다. 옵션이 있는 상품이라면 [옵션등록/수정] 버튼을 클릭해 사이즈, 색상 등과 같은 옵션을 만듭니다. 만약 옵션이나 사이즈가 필요 없는 상품이라면 [사용안함] 라디오 버튼을 선택합니다.

❹ 피팅 모델 이름 사용 여부의 [사용함] 라디오 버튼을 클릭한 후 [피팅 모델 이름 등록/관리] 버튼을 클릭하면 피팅 모델을 등록할 수 있습니다. 피팅 모델 이름을 사용하면 모델별 매출 분석을 확인할 수 있습니다.

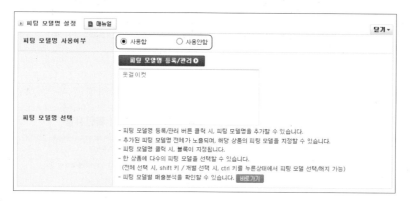

5 [찾아보기] 버튼을 클릭한 후 확대 이미지, 상세 이미지, 리스트/메인 이미지, 모바일샵 전용 이미지를 등록합니다. 단, 확대 이미지의 '확대 이미지로 상세, 리스트이미지 자동생성'에 체크 표시를 한 후에 등록하면 나머지 이미지는 자동으로 축소돼 등록됩니다.

6 다중 이미지를 활용하면 쇼핑몰 상품 상세 페이지에서 여러 개의 이미지를 상품 중간 이미지로 대체해 보여줄 수 있습니다.

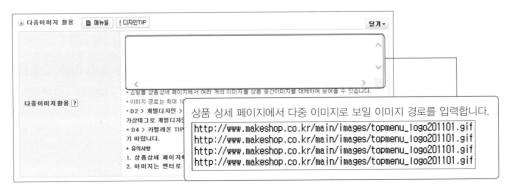

7 상품 상세 정보 입력 창에 상품 정보를 입력합니다. 상품 사진을 등록하려면 우선 '개별 디자인'에 사진을 업로드해야 합니다. 이미지를 업로드하기 위해 [이미지] 아이콘을 클릭합니다. 단, 인터넷 익스플로러에서 등록해야 합니다.

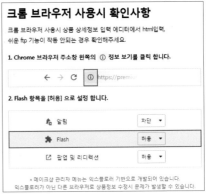

※ 메이크샵 관리자 메뉴는 인터넷 익스플로러 기반으로 개발돼 있습니다.
※ 인터넷 익스플로러가 아닌 다른 브라우저로 상품 정보를 수정하면 문제가 발생할 수 있습니다.

인터넷 익스플로러 브라우저에서 등록하는 화면   크롬 브라우저에서 등록하는 화면

8 이미지를 등록하려면 먼저 [쉬운FTP]에 업로드해야 하는데, 처음에는 [신이미지뱅크 열기] 버튼을 클릭하고 신청해야 합니다.

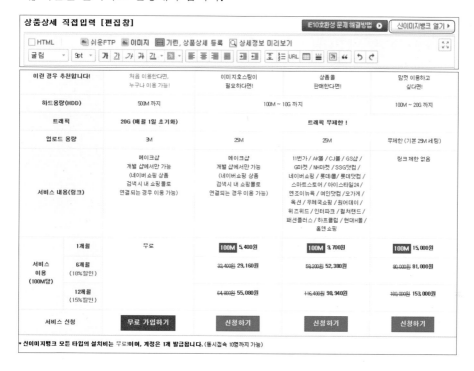

9 [비밀번호 수정]을 클릭한 후 비밀번호를 설정합니다.

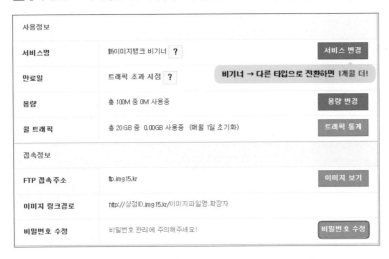

10 상품 상세 직접 입력 창에서 [쉬운FTP]를 클릭한 후 Bee FTP를 다운로드해 설치하면 바탕화면에 바로가기 아이콘이 생깁니다.

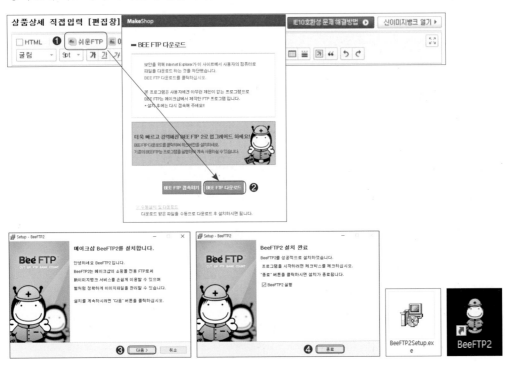

11 더블클릭한 후 계정 정보를 입력하고 상품 상세 직접 입력 창에 넣을 이미지를 업로드합니다. 좌측이 내컴퓨터 화면, 우측이 서버 화면입니다. 내컴퓨터에 있는 파일을 더블클릭하거나 드래그하면 파일이 서버로 이동합니다.

❶ 사이트 이름: jungbomall

❷ FTP 주소: ftp.img15.kr

❸ 아이디: jungbo1000

❹ 비밀번호: FTP서비스를 신청했을 때 설정했던 비밀번호 입력

❺ [연결] 버튼 클릭

12 [이미지]–[新이미지뱅크]를 클릭한 후 [입력] 버튼을 클릭하고 [이미지 삽입] 버튼을 클릭합니다. 업로드한 사진이 상품 상세 정보 입력 창 안에 삽입됩니다.

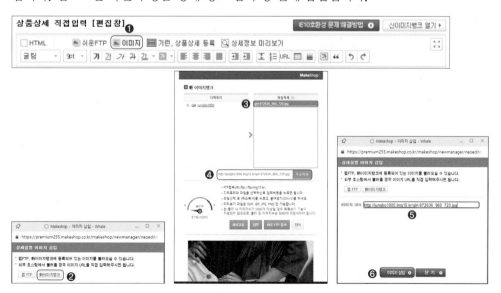

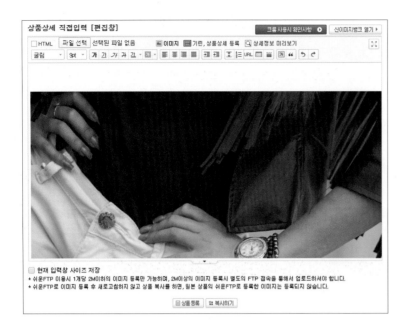

13 상품을 돋보이게 할 수 있는 다양한 아이콘을 설정합니다. 사용할 아이콘에 체크 표시한 후 노출 기간을 설정하고 [내 아이콘 등록/수정] 버튼을 클릭합니다.

14 사입/도매업체를 선택합니다. [바로가기] 버튼을 클릭해 사입/도매업체를 신규로 등록하거나 수정할 수 있습니다.

사입/도매업체 선택 🗐 메뉴설명		닫기 ▾
사입/도매업체 선택	**도매/공급업체 등록 ◑** 상품관리>상품관리 부가기능>상품 사입/도매업체 관리에서 등록후 선택 [바로가기] ▶ 간단입력 : [　　　] 업체 등록 없이 간단한 정보만 사용할 경우 입력 (한글 8자)	
사입/도매업체 상품명 ? (0 / 200byte)	[　　　　　　　　　　] * 사입처에서 사용하는 상품명을 입력하세요.	

15 구매 이벤트, 그룹 할인, 조르기 설정 등과 같은 상품 이벤트 제한을 설정합니다.

상품 이벤트/제한 설정 🗐 메뉴설명		닫기 ▾
상품 부가세 설정 ?	◉ 부가세 상품　　　◉ 면세 상품 (부가세가 적용되지 않습니다.) 쇼핑몰 구축 > 쇼핑몰 운영기능 설정 > 쇼핑몰 결제관련조건에서 설정 후 이용가능합니다. [바로가기]	
도서/공연비 소득공제 설정 ?	○ 소득공제 적용 상품　　　◉ 소득공제 미적용 상품 쇼핑몰구축 > 쇼핑몰 운영기능 설정 > 쇼핑몰 결제관련 조건에서 설정 후 이용 가능합니다. [바로가기]	
구매 이벤트/제한 ?	☐ 현금전용 결제　　☐ 현금 결제시 할인/적립 제외　　☐ 카드전용결제 ☐ 적립금 사용 결제 불가　　☐ 적립금전용 결제　　☐ 쿠폰 사용 결제 불가 ? ☐ 사은품 구매금액에 미포함　　☐ 회원전용 결제 (+ ☐ 성인 전용)　　☐ 비쿠폰 할인/적립 제외 ☐ 쿠폰 적용 예외 [⊞ 쿠폰선택] ?　☐ 파워앱 할인/적립 제외 * 네이버 페이 이용 시, '현금전용 결제' 상품에 대하여 네이버 페이 주문 시, 일반상품으로 취급됩니다. 따라서 '현금전용 결제'를 선택하신 후, 반드시 네이버 페이 설정페이지에서 상품예외처리를 통해 현금전용 결제 상품을 예외 처리해주시기 바랍니다. (네이버 페이 예외처리 상품 설정: 광고/마케팅 > 포털광고 > 네이버 페이 > 네이버 페이 설정) * [적립금전용 결제 설정 시 주의사항] - 적립금 사용불가로 설정한 경우에는 적립금전용 상품을 구매할 수 없습니다. - 기본 배송료 사용여부 설정에 따라 배송비도 포함하여 적립금으로 결제할 수 있습니다. - 적립금 사용기준 및 사용제한에 따라 사용가능 여부와 사용 가능한 최대 적립금이 제한됩니다. - 출석체크 적립금을 사용불가능으로 설정시 전체적립금에서 출석체크 적립금을 제외한 금액만 사용 가능합니다. * 사용가능한 전체적립금이 출석체크 적립금보다 작을 경우 일반적립금도 사용할 수 없으니 주의하시기 바랍니다.	
그룹 할인 제외 ?	☐ 회원그룹 중복 할인 제외 설정 * 도매그룹 생성 시 기간 할인 중복 설정 안함으로 되어 있으면 그 설정을 따라 가며, 중복 설정을 할 경우 위의 기간할인예택제외 부분에서 도매그룹별로 체크를 하게 되면 기간할인 혜택이 제외됩니다. * 추가 적립 혜택이 % 단위로 설정 되어 있을 경우 추가 적립 혜택도 제외 설정됩니다.	
일시품절 ?	◉ 사용안함　　○ 일시품절　　○ 일시품절 + 상품 재입고 알림 기능	
조르기 설정 ?	◉ 사용안함　　○ 사용함 프로모션 > 상품 조르기 설정에 설정 후 이용가능합니다. [바로가기] * 모바일은 해당 서비스를 지원하지 않습니다.	
청약철회 소비자 동의 ?	◉ 사용안함　　○ 사용함 쇼핑몰 구축 > 쇼핑몰 기본정보 설정 > 상품 철약철회 관련방침에 설정 후 이용가능합니다. [바로가기]	
아이디 당 주문 제한 ?	◉ 제한없음　　○ 한아이디 당 [　] 개로 주문을 제한합니다. * 주문 개수는 주문 완료 기준으로 판단됩니다. (결제/입금 완료 여부는 체크하지 않습니다.) * 주문 개수는 상품을 기준으로 체크하며, 상품 옵션에 따른 주문 개수 제한은 불가능합니다. * 주문 개수 수정 시, 기존 구매 개수까지 포함되어 체크됩니다. * 주문 제한 설정은 쇼핑몰에서 회원이 주문을 하는 시점에 해당 회원의 이전 주문 현황을 확인하여 주문 가능 개수를 체크하고 있으며, 이미 주문이 진행되고 있는 상품을 교환(맞교환) 처리 하거나 관리자에서 수기로 상 품을 추가 (주문서 수기 생성 포함)시에는 체크가 불가능합니다. * 통합 옵션의 경우, 개별 옵션 상품은 주문 제한 설정 영향을 받지 않습니다. (본 상품에 대해서만 주문 제한이 가능합니다.) ◉ 기간제한없음	

16 상품 배송비를 설정한 후 해외 배송 여부와 해외 배송비를 설정합니다.

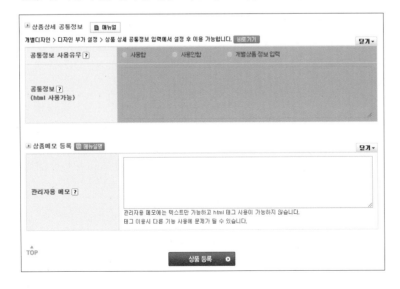

17 배송/AS/환불 등 상품 설명의 하단에 공통으로 들어갈 수 있는 내용을 설정할 수 있습니다. 상품의 공통 정보는 텍스트 또는 이미지 파일로 등록할 수 있습니다. 상품 개별 배송비설정, 상품 해외 배송 설정, 상품 상세 공통 정보, 상품 메모 등록을 설정한 후 [상품 등록] 버튼을 클릭합니다. 입력한 상품 기본 정보 내용은 언제든지 수정할 수 있습니다.

18 관리자 페이지 우측 상단의 '내 쇼핑몰 가기'를 클릭해 상품이 쇼핑몰에 제대로 등록됐는지 확인합니다. 등록된 상품을 클릭해 상세 페이지가 제대로 등록됐는지도 확인해봅니다.

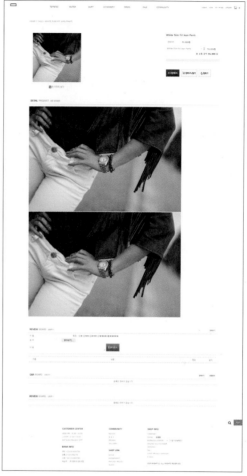

쇼핑몰 미리보기 화면   상품 상세 페이지

02 상품 수정 및 삭제하기

등록한 상품을 수정하거나 삭제하는 방법은 다음과 같습니다.

1 [상품 관리]-[판매상품 기본관리]-[등록상품 수정/삭제]를 클릭합니다. 분류를 선택한 후 수정하고 싶은 상품의 우측에 있는 [수정] 버튼을 클릭합니다.

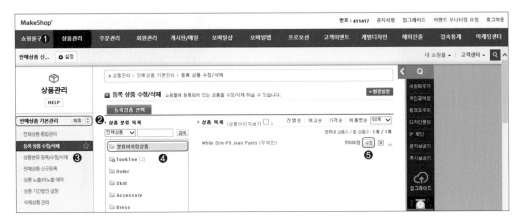

2 상품 기본 정보 페이지가 나타나면 수정할 부분의 내용을 입력한 후 [수정하기] 버튼을 클릭합니다. 만약, 상품을 삭제하려면 페이지 아래의 [상품 삭제] 버튼을 클릭하면 됩니다.

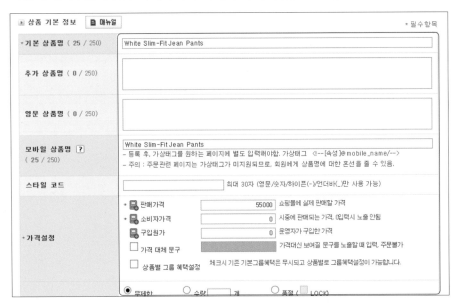

05 옵션 관리하기

상품 옵션을 추가할 수 있습니다. 예를 들면 티셔츠의 컬러와 사이즈를 선택할 수 있도록 컬러 옵션과 사이즈 옵션을 설정하는 경우입니다.

01 옵션 등록 및 수정하기

등록한 상품의 옵션을 등록하거나 수정하는 방법입니다.

1 [상품 관리]–[판매상품 기본관리]–[등록상품 수정/삭제]를 클릭한 후 분류를 선택하고 수정하고 싶은 상품의 우측에 있는 [수정] 버튼을 클릭합니다.

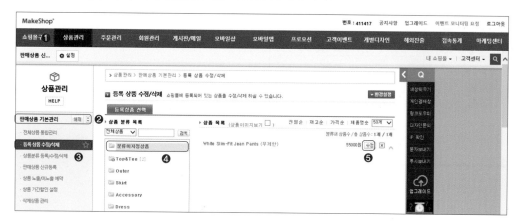

2 개별 옵션 사용 여부는 [사용함] 라디오 버튼을 선택한 후 [옵션등록/수정] 버튼을 클릭합니다.

3 개별 옵션 설정 영역 우측 끝의 [+] 버튼을 클릭합니다.

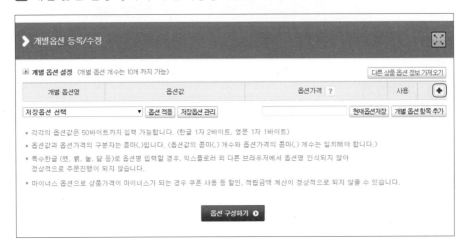

4 옵션 이름에 색상을 입력한 후 각 입력 칸에 블루, 화이트, 핑크, 블랙을 입력하고 [설정하기] 버튼을 클릭합니다.

5 [옵션 구성하기] 버튼을 클릭합니다.

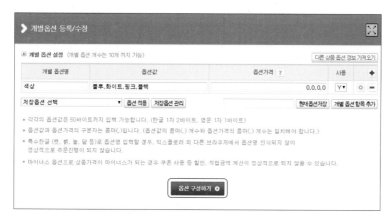

6 아래의 옵션 조합 확인 및 관리에 리스트가 만들어집니다.

7 일괄 처리에서 [재고 수량]을 선택한 후 '100'을 입력합니다. 그런 다음, 전체에 체크 표시를 하고 [적용]과 [저장] 버튼을 클릭합니다.

8 쇼핑몰의 상품 상세 페이지에서 지정한 색상 옵션을 확인할 수 있습니다.

---

06 메인 상품 진열하기

쇼핑몰 메인 화면에서 추천 상품 또는 신규 상품을 진열하는 방법을 알아보겠습니다.

01 쇼핑몰 메인 화면에 상품 진열하기

1 [상품 관리]-[상품 진열 관리]-[메인 화면 상품 진열]을 클릭합니다. [상품 진열] 창이 나타납니다.

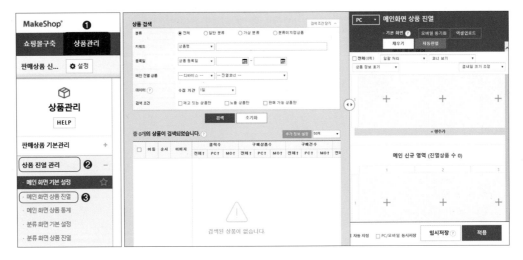

2 진열 방법은 다음과 같습니다. 메인 화면에 진열할 상품을 검색합니다.

3 아래의 드롭다운 메뉴 중에서 진열 코너를 선택한 후 [진열] 버튼을 클릭합니다.

4 우측 화면의 진열 코너에 진열된 것을 확인할 수 있습니다. 진열된 상품은 드래그해 두 번째나 세 번째 위치로 이동할 수 있습니다. [적용] 버튼을 클릭합니다.

쇼핑몰
관리와 운영

Part 03에서는 스마트스토어, 카페24, 메이크샵으로 만든 쇼핑몰의 디자인, 메인 이미지, 로고 등록, 각종 쿠폰 활용 방법은 물론 PG사, 에스크로 신청 및 설정 등 운영 관리 방법에 대해 자세히 알아봅니다.

09 스마트스토어에서 쇼핑몰 운영 관리하기

01 스마트스토어(PC) 전시 관리하기

스마트스토어에서 커스터마이징할 수 있는 컴포넌트 이미지를 만들었다면 이를 적용해야 합니다. 스마트스토어센터의 관리자 페이지를 이용하면 이미지를 등록하거나 관리할 수 있습니다.

1 [스토어 전시관리]-[스마트스토어(PC)]-[컴포넌트 관리]-[전체 상품]을 클릭하면 메인 상품을 진열할 수 있습니다.

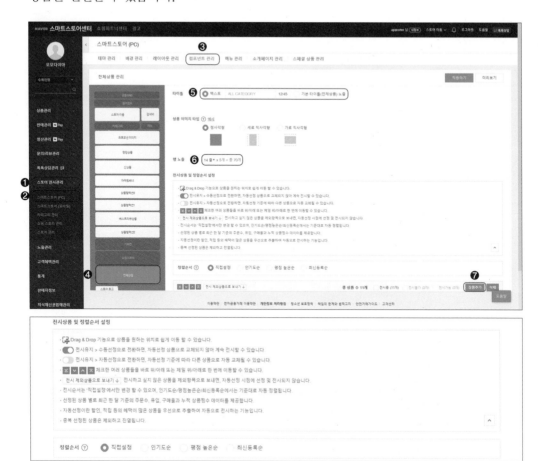

2 2019년 10월 이전에는 숫자로만 전시 순서를 변경할 수 있었지만, 2020년 6월 현재 드래그 방식으로도 쉽게 변경할 수 있고, 버튼으로도 쉽게 온·오프할 수 있게 됐습니다. 전체 상품은 5단 배열 고정이고, 총 14줄 70개의 상품을 진열할 수 있습니다. 전시 순서는 '직접 설정'에서만 변경할 수 있고, 인기도 순/평점 높은 순/최신 등록 순에서는 기준대로 자동 정렬됩니다. 선정된 상품별로 최근 한 달 기준의 주문 수, 유입, 구매율과 누적 상품찜 수 데이터를 제공합니다.

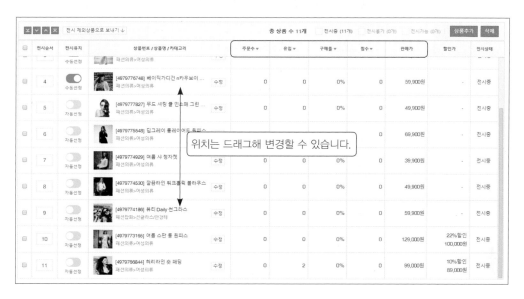

전시하고 싶지 않은 상품을 제외 항목으로 보내면, 자동 선정 시점에 선정되거나 전시되지 않습니다.

02 스마트스토어(모바일) 전시 관리하기

1 [스토어 전시관리]-[스마트스토어(모바일)]-[모바일 컴포넌트 관리]-[전체 상품] 클릭하면 메인 상품을 진열할 수 있습니다. 자동으로 [스마트스토어(PC)]-[컴포넌트 관리]-[전체 상품]으로 이동합니다. 스마트스토어(PC)에 진열된 상품은 모바일에도 동시에 진열됩니다.

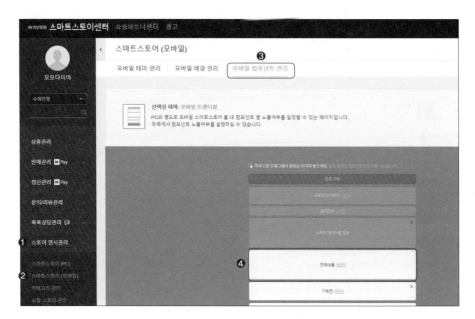

2 결과 화면은 다음과 같습니다.

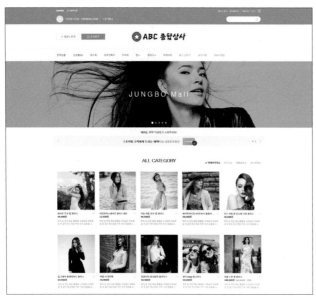

PC 테마: 트렌디형, 스토리형, 큐브형, 심플형   모바일 테마: 트렌디형, 스토리형

01 스마트스토어 메인 이미지(프로모션) 등록하기

쇼핑몰에 머무는 시간은 길수록 좋습니다. 따라서 네이버 스마트스토어의 첫인상은 곧 메인 프로모션 이미지라고도 할 수 있습니다. 이 기능을 잘 활용하면 고객의 눈길을 사로잡아 매출로 이어지게 할 수 있습니다.

메인 프로모션 이미지는 현재 유행하는 블로그형 스타일 레이아웃 구조의 최신 트렌디형 테마에 알맞게 100% 확장된 영역에 메인 이미지를 2장 이상 넣으면 자동으로 롤링되는 기능이 생겨 슬라이딩 방식으로 보여주는데, 이미지에 역동적인 느낌을 줄 수 있을 뿐 아니라 아이템을 개성 있게 만들 수 있습니다. 최대 5개까지 등록할 수 있고, 이미지를 등록하면 멋진 쇼핑몰을 꾸밀 수 있습니다. 네이버 스마트스토어에 메인 이미지(프로모션)를 등록해보겠습니다.

1 [스토어 전시관리]–[스마트스토어(PC)]–[레이아웃 관리]–[프로모션 이미지(관리)]를 클릭합니다.

2 1개당 타이틀, 이미지 등록(PC, 모바일), 링크 연결을 입력해야 합니다. 타이틀은 노출되지 않도록 할 수 있습니다. 프로모션 이미지는 최대 5개까지 등록할 수 있습니다.

TIP **텍스트를 이용한 꾸미기**

한글 자음을 누른 후 한자 를 누르고 Tab 을 눌러보세요. 자음 속에 특수 모양 키가 숨어 있습니다. 이처럼 텍스트를 이용하면 개성 있게 꾸밀 수 있습니다.

❸ PC형 이미지의 사이즈는 1,920×400(1,000KB)이고 모바일 이미지 사이즈는 750×600(1,000KB)입니다. 확장자는 jpg, png입니다. 이 이미지는 사이즈를 꼭 맞춰 자르지 않아도 [이미지 등록] 버튼을 누르면 스마트스토어 화면상에서 편집할 수 있습니다. 링크 연결의 [링크없음]에 체크 표시를 합니다.

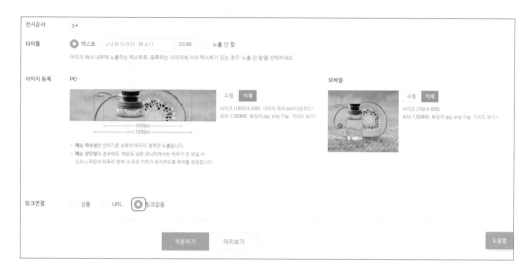

❹ 다음은 적용 결과 화면입니다.

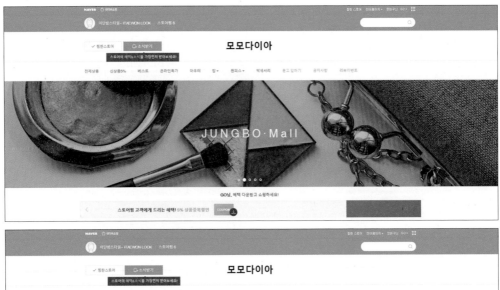

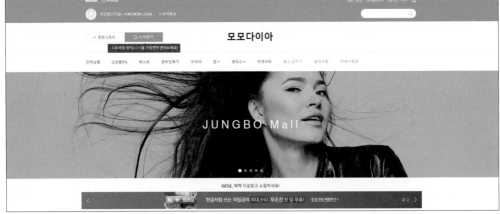

02 스마트스토어 로고 등록하기

스마트스토어에서는 최신형 트렌디형과 최신형 스토리형의 로고를 이미지형으로 변경할 수 있습니다. 심플형과 큐브형은 텍스트만 가능합니다. 만약 상호가 '모모다이아'인데, 나중에 상호가 'ABC 종합상사'라고 변경됐다면 (기존 심플형과 큐브형 테마에서는 불가능했지만) 최신 트렌디형과 스토리형 테마에서 상호를 이미지 문구로 변경해 등록하면 ABC 종합상사를 찾은 고객이 방문해도 헷갈리지 않도록 로고를 변경할 수 있습니다.

400-110-LOGO.PNG

1 [스토어 전시 관리]-[스마트스토어(PC)]-[레이아웃 관리]-[스토어 이름]을 클릭합니다.

2 [이미지로 등록하기]에 체크 표시를 하고 포함돼 있는 예제 이미지 '400-110-LOGO. PNG' 또는 가로 400×세로 110px의 로고 이미지를 만들어 PC와 모바일에 각각 업로드한 후 [적용하기] 버튼을 클릭합니다.

3 적용 결과 화면은 다음과 같습니다.

이야기 속에 내 제품을 광고하는 방법은 고객에게 자연스럽게 다가가는 방법 중 하나입니다. 예전에는 파워블로거라는 제도가 있었지만, 현재는 블로그, 카페, 포스트 글이 유료 광고로 전환됐습니다.

스마트스토어의 쇼핑 스토리는 내 제품을 홍보하는 데 드는 비용이 전혀 없고, 꾸준히 발행할 수 있다는 장점이 있습니다. 또한 인스타그램의 쇼핑 태그처럼 사진에 쇼핑 태그를 연동한 후 사진마다 최대 5개의 제품 태그를 걸어 쇼핑 스토리를 만들거나 제품을 홍보해 매출을 높이는 데 도움을 줍니다. 쇼핑 스토리 제작 방법을 알아보겠습니다.

1 [스마트스토어 관리]–[쇼핑 스토리관리]–[새 쇼핑 스토리 등록]을 클릭합니다.

2 제목을 입력한 후 [스마트에디터원] 버튼을 클릭합니다. 제목에 '데일리 원피스! 이렇게 코디해보세요'를 입력하겠습니다.

내 아이템에 맞는 주제를 정한 후 벤치마킹 사이트를 참고해 쇼핑 스토리를 만들어봅니다.

TIP　쇼핑 스토리 참고 사이트

❶ 코디 추천: 대박남(http://smartstore.naver.com/dbnam/shoppingstory/content/2000376402)
❷ 레시피 공유: 미래원 샐러드몰(http://smartstore.naver.com/miraewon/shoppingstory/content/2000379030)
❸ 인테리어 소개: 이소품(http://smartstore.naver.com/esp/shoppingstory/content/2000396027)
❹ 사용법 소개: 코욤팜(http://smartstore.naver.com/coyomfarm/shoppingstory/content/2000433856)
❺ 협찬 홍보: decoroom(http://smartstore.naver.com/decoroom/shoppingstory/content/2000435146)

---

❸ 위 참고 사이트를 참고해 내용을 정리해봅니다(**예** 오늘은 뭘 입을까? 가장 심플하게~ 이 건 어떨까요? 그리고 좋은 일에도, 바쁜 일에도, 집안일을 할 때도 입을 일이 참~ 많은 입기 간편한 원피스! 어떻게 코디하느냐에 따라 색다른 매력을 줄 수 있어요.)

❹ 스마트 에디터 편집 창을 연 후 오른쪽 컴포넌트 창에 준비한 사진을 불러옵니다.

사진을 입력한 후 제품 태킹 기능을 이용해 상품을 등록합니다. 쇼핑 스토리에만 있는 기능을 활용해보세요. 사진은 1개당 5개까지, 제품은 1개당 사진 3개까지 등록할 수 있습니다.

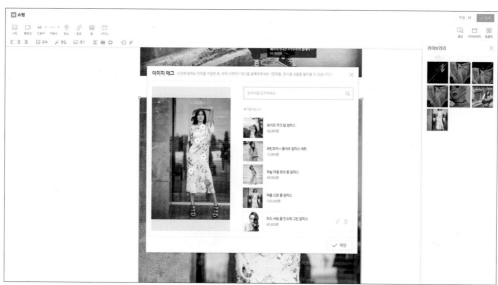

5 [관련 상품 설정]을 클릭한 후 관련 상품을 클릭합니다. 그런 다음 전시 기간을 설정하고 [쇼핑 스토리 등록] 버튼을 클릭합니다.

6 등록 결과 화면은 다음과 같습니다.

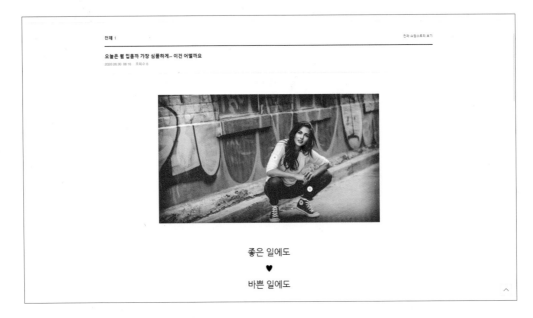

05 스토어 대표 이미지, 소개, 전화번호 수정하기

내 스토어의 이름, 대표 이미지, 간략한 소개 글, 전화번호를 등록할 수 있습니다. 단, 스토어의 이름은 1회에 한해 수정할 수 있습니다. 또한 스토어의 PC와 모바일 URL을 스마트스토어 기본 주소와 개인 도메인 중 원하는 유형으로 설정할 수 있습니다.

1 [스토어 전시관리]−[스토어 관리]에서 내 스토어의 이름, 대표 이미지, 간략한 소개 글, 전화번호 등을 수정한 후 [저장] 버튼을 클릭합니다.

내 스토어의 상품을 할인해주는 행사를 하고, 단골 고객도 늘리고 싶을 때는 기획전을 활용하는 것이 좋습니다. 전 상품 할인 행사, 단골 고객 모집, 단골 고객 프로모션 행사 등과 같은 콘셉트에 따라 다양한 형태로 운영할 수 있을 뿐 아니라 네이버 쇼핑에서 다양한 형태로 노출할 수도 있습니다. 기획전의 상품 구성은 최소 50개여야 합니다. 카테고리(섹션)를 여러 개로 나누는 경우에는 한 카테고리당 상품이 11개 이상이어야 합니다. 네이버 쇼핑의 노출 기간은 최소 3일, 최대 14일입니다. 기획전은 자체 스마트스토어에서만 노출할 수 있는데, 이 경우에는 기간 제한이 없습니다. 가장 중요한 점은 50개의 상품을 진열할 경우 대표 이미지는 첫 번째 또는 두 번째 진열하는 상품의 이미지여야 한다는 것입니다.

• 기획전의 다양한 노출 예시

네이버 모바일(메인) 노출

네이버 쇼핑_핫딜(홈)   네이버 쇼핑 홈(PC)

- 기획전 바로가기: https://shopping.naver.com/plan2/p/index.nhn

1 [노출관리]–[기획전관리]에서 등록할 수 있습니다.

2 기획전 타입: 스토어찜 쿠폰

3 카테고리: 패션 〉 여성 의류

4 기획전 제목: 취향 저격! 겨울 데일리룩

5 태그 이름: 데일리룩, 오피스룩, 핸드메이드 코트, 롱패딩, 원피스, 패딩, 니트 원피스, 겨울 니트

6 기간: 14일

7 상단 배너: 640×640(1000KB)

8 모바일: 320×180(1000KB)

9 핫딜 배너: 640×250(40KB)

10 상단 배너 타이틀: 취향 저격! 겨울 데일리룩

11 섹션 이름: 전체 상품

12 전시 유형: 기본형

13 섹션별 태그 유형: 데일리룩, 오피스룩, 핸드메이드 코트, 롱패딩, 원피스, 패딩, 니트 원피스, 겨울 니트

14 [섹션추가] 버튼을 클릭하면 [상품 관리] 버튼이 생깁니다.

⓯ [상품 관리] 버튼을 클릭한 후 한 섹션당 상품 11개 이상 추가하고 최대 50개까지 추가합
니다.

⓰ [저장하기] 버튼을 클릭합니다.

07 럭키투데이 관리 및 네이버 쇼핑 영역 진출하기

'럭키투데이'는 고객에게 특가로 제공하는 서비스로, 상품 선정부터 등록까지 판매자가 판매 활동의 전반에 직접 참여할 수 있는 오픈 플랫폼 형태입니다. 스마트스토어 상품에 한해 최소 3일에서 최대 14일까지 진행할 수 있고, 동일 기간 내 단 1개의 상품만 진행할 수 있습니다. 옵션을 많이 붙여 판매하는 것이 일반적인 형태입니다. 옵션의 경우에는 정가의 70% 이상이어야 합니다.

할인율이 0%이거나 전체 연령 구매 대상이 아니면 판매할 수 없습니다. 브랜드 관련은 정품 관련 서류 첨부가 필수이고 동일 상품이 있는 경우에는 그중 최저가여야 합니다.

모바일 상세 보기가 가능해야 하고, 대표 이미지와 상세 페이지가 다른 경우에는 진행할 수 없습니다.

또한 PC와 모바일 제안가가 동일해야 하고, 재고 수량이 충분해야 합니다. 럭키투데이를 제안했는데 반려됐다면 반려 사유를 파악해 수정한 후 재요청할 수 있습니다. 대표 이미지를 제작할 때 유의해야 할 점은 2분할 컷 이상이면 안 된다는 것입니다.

O   X

• 럭키투데이 노출 예시

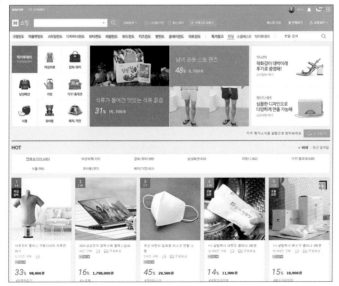

• 럭키투데이 바로가기: https://shopping.naver.com/hotdeal/p/luckto/best.nhn?tr=

1 [노출관리]−[럭키투데이 제안 관리]에서 등록할 수 있습니다.

2 제안 등록: [스마트스토어 상품 찾기]]

3 노출 영역: 모두

4 럭키투데이 이미지(PC) 등록: 244×244px(100KB)

5 럭키투데이 이미지(모바일) 등록: 640×350px(130KB)

6 럭키투데이 상품 이름을 등록합니다.

7 진행 기간을 등록합니다. 검수 기간은 약 1일입니다(영업일 기준).

8 [저장] 버튼을 클릭합니다.

⑨ 심사 결과 승인이 나면 럭키투데이 영역에 다음과 같이 나타납니다.

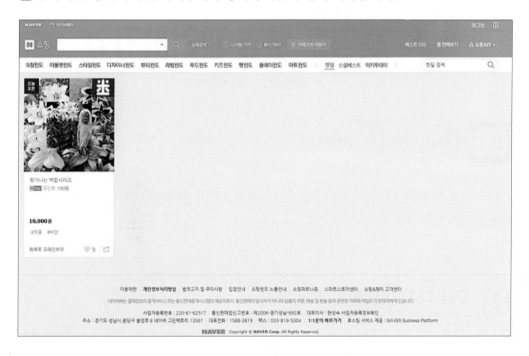

TIP **럭키투데이 재심사 요청하기**

럭키투데이 참여가 반려되는 경우, 관리자의 코멘트에 따라 수정한 후 재요청할 수 있습니다.

CHAPTER 10 카페24에서 쇼핑몰 운영 관리하기

01 디자인 관리 및 예약하기

카페24에서 제공하는 무료 디자인 템플릿을 이용해 이벤트 디자인을 만들거나 설정하는 방법을 알아보겠습니다.

01 무료 디자인 템플릿 적용하기

카페24에서 제공하는 무료 디자인 템플릿을 추가한 후 원하는 기간 또는 날짜에 내 쇼핑몰의 디자인을 적용해보겠습니다.

1 [디자인 관리]−[디자인 관리]−[디자인 추가]를 클릭한 후 [무료 디자인] 탭을 클릭합니다. 카페24에서 제공하는 무료 디자인 목록이 나타납니다. 자신의 쇼핑몰 콘셉트를 잘 표현할 수 있는 디자인 샘플을 클릭합니다. [디자인 상세 보기] 팝업 창이 나타나면 디자인을 확인한 후 [디자인 추가] 버튼을 클릭합니다. 추가된 디자인은 디자인 보관함에 저장됩니다.

2 [디자인 관리]–[디자인 관리]–[디자인 보관함]을 클릭하면 추가한 디자인을 확인할 수 있습니다.

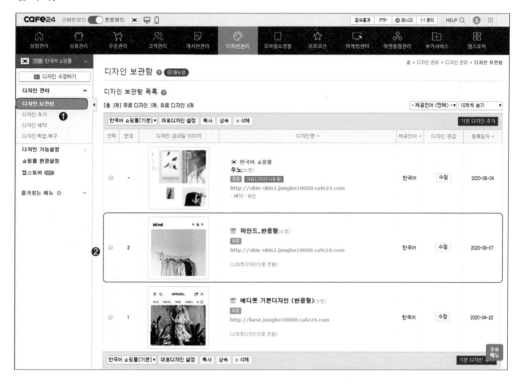

02 이벤트 디자인 적용하기

크리스마스, 계절별 시즌 이벤트, 발렌타인데이 등과 같은 특별한 날에 이벤트 디자인을 만든 후 원하는 날짜 또는 기간을 예약하면 회원 등급별로 평상시와 다른 맞춤형 쇼핑몰 디자인을 설정할 수 있습니다.

1 [디자인 관리]-[디자인 관리]-[디자인 보관함]을 클릭한 후 원본 디자인을 선택하고 [복사] 버튼을 클릭합니다. '디자인 복사' 창이 나타나면 복사 디자인 이름 입력 박스에 디자인 콘셉트에 맞는 이름을 입력한 후 [저장] 버튼을 클릭합니다. 그런 다음 '예약디자인'이라고 입력합니다.

2 쇼핑몰 디자인을 편집할 수 있는 [스마트디자인] 편집 창이 나타납니다. [스마트디자인] 편집 창의 작업 영역은 기본적으로 '화면보기'와 'HTML'로 분할돼 있습니다. 상단 '화면보기' 영역에서 로고에 마우스 커서를 올려놓은 후 로고를 편집할 수 있는 [편집] 버튼을 클릭합니다. [편집] 버튼 아래에 있는 이미지 영역의 사이즈를 참고해 이미지를 제작합니다.

로고 이미지 파일 이름: top_logo.png　　변경 로고 이미지 파일 이름: logogif.gif

3 최상단의 [FTP] 메뉴를 클릭한 후 좌측에 있는 [파일업로더]를 클릭합니다.

4 web 폴더 앞의 화살표를 클릭해 하위 폴더를 확장한 후 upload 폴더 앞에 있는 화살표를 클릭해 하위 폴더를 확장합니다. 이미지 파일의 경우 /web/upload 폴더 아래에 폴더를 생성해 파일을 업로드하는 것이 좋습니다.

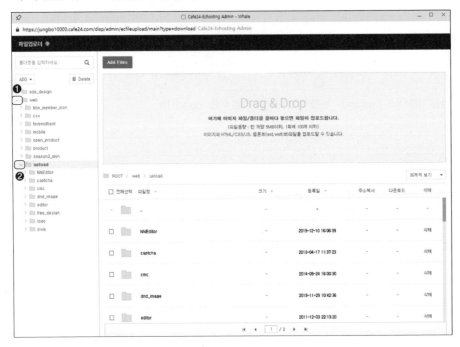

5 좌측 상단에 있는 [ADD] 드롭다운 메뉴를 클릭해 [하위폴더]를 선택하면 upload 폴더 아래에 폴더가 생성됩니다. 폴더의 이름은 'img'라고 정합니다.

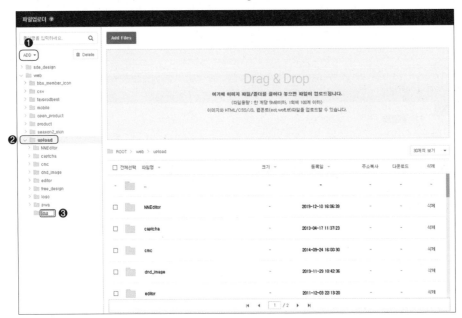

6 [Add Files]를 이용해 미리 제작해둔 이미지 파일을 업로드하거나 이 책에 포함돼 있는 예제 소스 파일인 logogif.gif 파일을 다운로드해 업로드합니다. [Add Files] 버튼 아래의 회색 네모 영역으로 드래그 앤 드롭해도 업로드됩니다. 주소 복사 필드에서 [복사]를 클릭하면 주소가 복사됩니다.

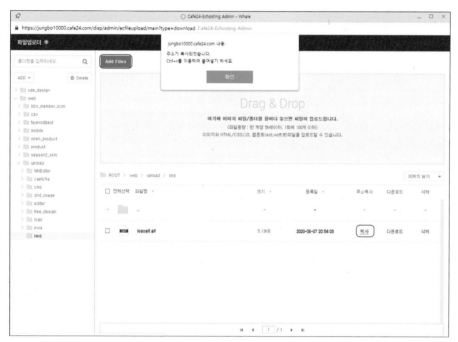

7 스마트디자인 관리자에서 해당 기존 로고 파일 경로를 지운 후 붙여 넣습니다. 그런 다음, [적용] 버튼을 클릭합니다.

```
<div class="side_top_logo" module="custom_moduleedit_1"><a href="/"><img src="/
images/top_logo.png"></a></div>
```
변경 전

```
<div class="side_top_logo" module="custom_moduleedit_1"><a href="/"><img
src="https://jungbo10000.cafe24.com/web/upload/img/logogif.gif"></a></div>
```
변경 후

변경 후의 소스는 다음과 같은 소스로 변경해도 결과는 같습니다.

```
<div class="side_top_logo" module="custom_moduleedit_1"><a href="/"><img src="/
web/upload/img/logogif.gif"></a></div>
```
변경 후

❽ [공통 레이아웃] 탭이 주황색 글자로 변경됐습니다. 이는 '수정 중'이라는 뜻입니다. [저
장] 버튼을 눌러야 최종 반영됩니다. [저장] 버튼을 클릭합니다.

9 카페24 관리자 페이지로 돌아와 [디자인 관리]-[디자인 예약]을 클릭합니다. 쇼핑몰 디자인 선택의 '예약할 디자인' 영역에서 바로 전에 만든 '예약디자인'을 선택합니다.

10 예약 설정 영역에서 예약 제목, 예약 회원등급, 예약 기간을 설정한 후 [저장] 버튼을 클릭합니다.

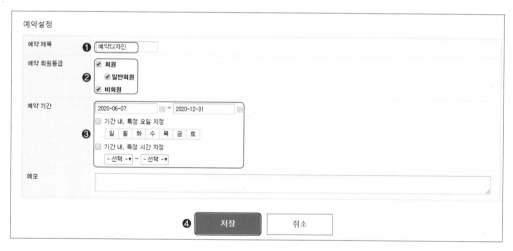

11 디자인 예약 관리 목록에 '예약디자인'이 추가됐습니다.

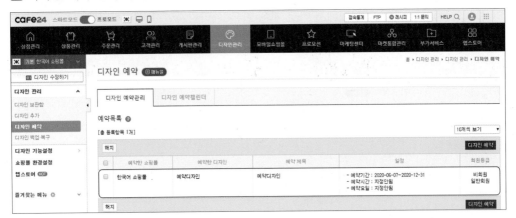

12 예약 설정한 2020년 6월 7일부터 예약 디자인으로 보입니다.

평상 시 쇼핑몰 디자인   예약 설정한 예약 디자인

로고가 움직이는 것을 알 수 있습니다.

02 카페24 관리자 페이지의 기본 정보 설정하기

쇼핑몰 기본 정보, 도메인 설정, 배송 업체 설정, 도메인 설정, 배송비 설정 등 쇼핑몰의 기본
정보 설정 방법을 알아보겠습니다.

01 쇼핑몰 기본 정보 입력하기

내 쇼핑몰의 기본 정보 페이지는 '기본 정보 설정', '쇼핑몰 사업자/통신판매신고 정보 설정', '회사 소개 및 약도 정보', '개인정보보호 책임자 안내 설정', '서비스 문의 안내 설정' 영역으로 구성돼 있습니다.

'기본 정보 설정' 영역은 쇼핑몰 이름, 관리자 이름, 관리자 이메일, 관리자 휴대전화, 상점 대표 등을 설정할 수 있고, '쇼핑몰 사업자/통신판매신고 정보 설정' 영역은 쇼핑몰 화면에 노출되는 쇼핑몰 사업자 정보 및 대표 연락처 사업장 주소, 쇼핑몰 주소 등을 설정할 수 있으며, 그 외 '회사 소개 및 약도 정보', '개인정보보호 책임자 안내 설정', '서비스 문의 안내 설정' 등도 설정할 수 있습니다. 각 항목에서 **필수**라고 표시된 부분은 반드시 기입해야 합니다.

1 [상점관리]-[기본정보관리]-[내쇼핑몰 정보]를 클릭합니다. 내 쇼핑몰 정보 페이지는 '기본 정보 설정' 영역, '쇼핑몰 사업자/통신판매신고 정보 설정' 영역, '회사 소개 설정' 영역 등으로 구성돼 있습니다. 각각의 항목을 작성한 후 [저장] 버튼을 클릭하면 설정한 내용이 내 쇼핑몰에 반영됩니다. '기본 정보 설정' 영역은 쇼핑몰 이름, 관리자 이름, 관리자 이메일, 관리자 휴대전화, 상점 대표 도메인 등을 설정할 수 있습니다.

2 '쇼핑몰 사업자/통신판매신고 정보 설정' 영역은 쇼핑몰 화면에 노출되는 쇼핑몰 사업자 정보와 대표 연락처 사업장 주소, 쇼핑몰 주소 등을 설정할 수 있습니다. **필수**라고 표시된 부분은 반드시 기입해야 하는 사항입니다. 통신판매업 신고의 [신고함] 라디오 버튼을 클릭하면 통신판매신고 번호를 입력할 수 있는 창이 나타납니다. 만약 통신판매업 신고의 [신고안함] 상태인 경우에는 미신고 사유를 작성해야 합니다.

쇼핑몰 사업자/통신판매신고 정보 설정 영역

3 '회사 소개 설정' 영역은 회사 소개 내용, 회사 약도 정보를 텍스트와 이미지 또는 HTML로 작성할 수 있습니다.

회사 소개 설정 영역

4️⃣ 고객센터 정보 안내 설정은 상담/주문 전화, 상담/주문 이메일, CS 운영 시간 등을 설정할 수 있고, 개인정보보호 책임자 안내 설정은 개인정보보호 책임자 정보를 입력할 수 있습니다. [필수]라고 표시된 부분은 반드시 기입해야 합니다. 모든 사항을 작성한 후 [저장] 버튼을 클릭합니다. SMS 수신 번호는 발신 번호나 인증 완료된 번호를 입력하시기 바랍니다(인증 위치: 고객관리 > 메시지 발송 관리 > SMS 발신 번호 관리).

개인정보보호 책임자 안내 설정 영역

서비스 문의 안내 설정 영역

02 도메인 설정 및 연결하기

카페24 기본 연결 도메인은 카페24에서 쇼핑몰을 생성할 때 자동으로 발급되는 자체 도메인으로, 'id.cafe24.com' 또는 'm.id.cafe24.com'과 같은 형태입니다. 쇼핑몰 도메인은 최대 2개까지 무료로 연결할 수 있습니다.

1 [상점 관리]-[기본 정보관리]-[도메인 설정]을 클릭한 후 [도메인 추가] 버튼을 클릭합니다.

2 '도메인 연결' 팝업 창이 나타납니다. '도메인 입력 선택'란에서 [보유 도메인 직접 입력]의 라디오 버튼을 클릭한 후 '연결 도메인 입력'란에 구매한 도메인 이름을 입력하고 [연결하기] 버튼을 클릭합니다. '도메인을 연결하시겠습니까?'와 '연결하였습니다.' 라는 팝업 창이 나타나면 [확인] 버튼을 클릭합니다.

3 새롭게 연결한 도메인을 선택한 후 [대표도메인 설정] 버튼을 클릭해 변경합니다.

03 브라우저의 제목 표시줄 꾸미기

검색엔진 최적화는 검색엔진에서 특정 키워드로 검색했을 때 키워드의 검색 결과에서 내가 만든 사이트가 상위 랭킹에 노출되게 하는 작업을 말합니다. 따라서 검색엔진에 잘 노출되려면 SEO 태그를 잘 설정하는 것이 좋습니다. '타이틀: Title' 영역에는 메인 키워드가 가장 첫 번째에 올 수 있도록 작성하는 것이 좋습니다. 이 영역은 브라우저의 상단에 출력되는 문구이고, 검색엔진의 결과에서 제목 부분에 나타납니다. 기본적으로 [상점 관리]-[내 쇼핑몰 정보]-[쇼핑몰 이름]에 입력한 정보가 브라우저의 타이틀에 표시됩니다. '메타태그: Author' 영역에는 제작자 이름, '메타태그: Description' 영역에는 사이트의 한 줄 요약 설명을 입력합니다. '메타태그: Keywords' 영역에는 사용자가 많이 검색하는 검색어 및 연관 키워드 정보를 선정한후 이를 콤마(,)로 구분해 연속적으로 입력합니다. 모바일 사이트 및 SNS를 함께 운영하면 검색 랭킹에 많은 도움이 됩니다.

> **❝ 주의 사항**
>
> 검색엔진 최적화 시 검색 랭킹에 나쁜 영향을 미치는 방법을 '블랙햇(Blackhat)'이라고 합니다. 블랙햇에 해당하는 기법을 사용하면 불이익을 받을 수 있습니다.
>
> - 단순 키워드 반복, 무의미한 키워드의 나열 등
> - 사이트의 콘텐츠와 상관없는 메타태그 키워드 표시
> - 지나치게 많은 키워드와 메타태그 사용
> - 텍스트의 크기가 사람이 볼 수 없을 정도로 작거나 색 글자 등을 이용해 콘텐츠를 작성하는 행위

1 [상점 관리]–[운영관리]–[검색엔진 최적화(SEO)]를 클릭한 후 [SEO 태그 설정] 탭을 클릭하고 SEO 태그 사용 설정 여부와 쇼핑몰 SEO 태그 설정 등을 지정한 후 [저장] 버튼을 클릭합니다.

2 브라우저 제목 표시줄의 내용이 브라우저의 타이틀에 작성한 내용으로 변경됩니다.

변경 전   변경 후

TIP   검색엔진에 등록하기

검색엔진 최적화 작업도 중요하지만, 검색엔진에 등록하는 것도 중요합니다. 국내외에 가장 잘 알려진 네이버와 구글에 등록하는 방법을 알아보겠습니다.

❶ 네이버 서치 어드바이저(https://searchadvisor.naver.com/)
❷ 구글 웹마스터 도구(https://search.google.com/search-console/about?hl=ko)
❸ MS 빙 웹마스터 도구(https://www.bing.com/toolbox/webmaster)

네이버   구글   MS 빙

❶ 네이버 검색엔진에 등록하기

• 네이버 서치 어드바이저 웹마스터 도구에 내 사이트 등록하기

1 네이버 서치 어드바이저(https://searchadvisor.naver.com)에 접속한 후 [웹마스터 도구]
버튼을 클릭합니다.

2 사이트 주소를 등록한 후 우측에 있는 화살표를 클릭합니다.

3 사이트 소유 확인에서 'HTML 태그'에 체크 표시를 한 후 회색 영역 부분의 메타태그 부
분을 복사합니다.

4️⃣ 카페24 관리자 모드의 [상점 관리]-[운영관리]-[검색엔진 최적화(SEO)]에서 [고급 설정] 탭을 클릭한 후 [PC쇼핑몰]과 [모바일 쇼핑몰] 탭의 Head 태그 소스를 입력 창에 붙여 넣고 하단에 있는 [저장] 버튼을 클릭합니다. 다음과 같은 팝업 창이 나타나면 [확인] 버튼을 클릭합니다.

5️⃣ 하단에 있는 '사이트맵' 항목과 'RSS 피드 설정' 항목의 [사용함] 라디오 버튼을 각각 선택한 후 [저장] 버튼을 클릭합니다. 사이트맵은 하루 정도 소요됩니다.

6 네이버 웹마스터 도구 화면으로 돌아와 [소유확인] 버튼을 클릭합니다. '사이트 소유 확인이 완료됐습니다. 소유 확인한 사이트의 검색 노출은 보장하지 않으며, 노출 영역은 로직에 의해 결정됩니다.'라는 팝업 창이 나타나면 [확인] 버튼을 클릭합니다.

7 왼쪽에 다음과 같은 메뉴가 나타납니다. [요청]–[웹 페이지 수집]을 클릭한 후 [확인] 버튼을 클릭합니다.

8 [요청]-[RSS 제출]을 클릭한 후 입력란에 'rss.xml'을 입력하고 [확인] 버튼을 클릭합니다.

9 [요청]-[사이트맵 제출]을 클릭한 후 입력란에 'sitemap.xml'을 입력하고 [확인] 버튼을 클릭합니다.

10 실제로 카페24 솔루션으로 제작한 후 네이버 검색엔진에 등록한 사이트를 참고해보겠습니다. [기본정보관리]-[내쇼핑몰 정보]-[쇼핑몰 이름]은 '그린월드프린트'라고 설정한 상태이고, 도메인은 [기본정보관리]-[도메인 설정]에서 http://greenworldprint.com로 설정한 상태입니다.

• 구글 검색엔진에 등록하기

1 구글 서치 콘솔(https://search.google.com/search-console)에 접속한 후 [시작하기] 버튼을 클릭하고 로그인합니다.

2 도메인을 입력한 후 [계속] 버튼을 클릭합니다.

3 [HTML 태그] 탭을 클릭해 확장한 후 [복사] 버튼을 클릭합니다.

4 카페24 관리자 모드의 [상점 관리]-[운영관리]-[검색엔진 최적화(SEO)]에서 [고급설정] 탭을 클릭한 후 [PC쇼핑몰]과 [모바일 쇼핑몰] 탭의 Head 태그 소스 입력 창에 붙여 넣고 하단에 있는 [저장] 버튼을 클릭합니다.

5 구글 서치 콘솔 화면으로 돌아가 [확인] 버튼을 클릭합니다.

6 '소유권이 확인됨' 팝업 창이 나타나면 [완료]를 클릭합니다.

04 배송업체 및 배송비 설정하기

사전에 계약을 맺은 배송업체 정보와 배송비를 설정합니다.

1 [상점 관리]-[배송 관리]-[배송/반품 설정]을 클릭합니다. '배송/반품 설정' 페이지에 배송 방법, 배송 기간을 입력합니다. 배송 기간은 3~7일로 설정돼 있습니다. 배송비와 배송 기간은 경쟁업체를 참고해 운영 정책을 미리 세워놓는 것이 좋습니다. 배송비, 고정 배송비, 구매 금액에 따른 부과 등을 전략적으로 설정할 수 있습니다.

2 스크롤을 내려 필수 항목인 '반품주소'를 설정한 후 [저장] 버튼을 클릭합니다.

TIP **도서 산간 배송비와 스토어픽업 설정하기**

❶ 도서 산간 배송비 설정

도서 산간 등 특수 지역의 배송비는 [상점 관리]–[배송 관리]–[지역별 배송비 설정]을 클릭한 후 별도로 설정할
수 있습니다.

❷ 스토어픽업 설정

1 스토어픽업을 사용하려면 [상점 관리]–[배송 관리]–[배송/반품 설정]의 배송 방법에서 '고객 직접 선택'을 지
정하고 상품별 스토어픽업 설정의 [사용함] 라디오 버튼을 선택해야 합니다.

2 [상점 관리]–[배송 관리]–[스토어픽업 설정]–[수령지등록]을 클릭합니다.

3 수령지 정보를 등록합니다. 수령지 약도는 다음 카카오지도(https://map.kakao.com)에서 검색한 후 [내보내
기]–[이미지저장]을 클릭해 업로드하는 것이 편리합니다.

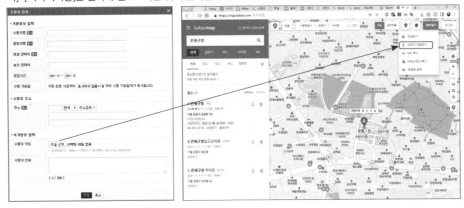

03 쇼핑몰 메인 이미지와 로고 등록하기

01 메인 이미지 등록하기

메인 이미지는 쇼핑몰의 첫인상을 결정짓는 요소이자, 고객이 쇼핑몰을 방문해 머무는 시간에 영향을 미칠 수 있기 때문에 쇼핑몰을 대표하는 이미지를 등록하는 것이 좋습니다. 메인이미지는 한 장의 이미지만 배치되는 고정 이미지와 여러 장의 이미지가 좌우 슬라이드로 움직이는 이미지로 등록할 수 있습니다. 이 두 가지 방법을 사용해 메인 이미지를 등록해보겠습니다.

쇼핑몰 메인 이미지

01-1 고정 메인 이미지 등록하기

메인 이미지에 한 장의 사진만 등록할 경우에는 1개의 사진만 필요합니다.

1 [디자인 관리]-[디자인 보관함]을 클릭한 후 [수정] 버튼을 클릭합니다.

2 [스마트디자인] 편집 창이 나타나면 마우스 커서를 쇼핑몰 메인 이미지에 올려놓은 후 [편집] 버튼을 클릭합니다.

❸ 다음과 같은 팝업 창이 나타납니다. 해당 이미지는 앱스토어의 스마트 배너 관리에서 수정해야 합니다.

❹ 왼쪽 메뉴에 있는 앱스토어를 클릭합니다.

❺ [앱스토어 시작하기]를 클릭합니다.

6 이용 약관에 동의합니다.

7 스마트 배너 관리의 [관리하기] 버튼을 클릭합니다.

8 [PC] 탭을 클릭한 후 현재 메인 배너로 활성화돼 있는 '상단 배너 영역'의 [관리하기] 버튼을 클릭합니다.

01-2 롤링 메인 이미지 등록하기

쇼핑몰 메인 이미지가 일정 시간 간격으로 자동 슬라이드되도록 해보겠습니다. [앱스토어]-[스마트 배너 관리]-[상단배너 영역]에서 슬라이드 사용을 설정한 후 이미지를 2장 이상 등록하면 이미지가 자동으로 슬라이드됩니다.

1 [앱스토어]-[마이앱 >스마트 배너 관리 >관리하기]-[PC]-[상단배너 영역 >관리하기]-[배너 등록]을 클릭합니다.

2 슬라이드 설정에서 이미지 전환 시간 간격과 전환 형태를 설정할 수 있습니다.

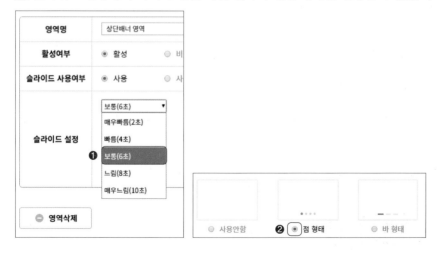

3 [이미지 등록] 버튼을 클릭합니다.

4 [간편하게 배너 만들기]를 클릭합니다. 별도로 제작한 이미지가 있다면 [찾아보기] 버튼을 클릭해 업로드합니다. 용량은 50MB 이내로 올려야 합니다. 이미지 크기는 가로 1,920px, 세로 1,280px 이내로 올릴 수 있습니다. 에디봇 배너는 다양한 배너 디자인이 미리 만들어져 있어 간편하게 문구만 변경하거나 소유하고 있는 이미지를 활용해 편리하게 제작할 수 있는 무료 디자인 제작 마법사 툴입니다. 단 1분이면 메인 배너를 제작할 수 있습니다.

⑤ 메인 배너 사이즈는 1,220×900px로 정해져 있기 때문에 가장 유사한 첫 번째 가로 영역
을 선택합니다.

6 다섯 번째 템플릿을 선택한 후 문구를 더블클릭해 변경하고 [저장하기] 버튼을 클릭합니다.

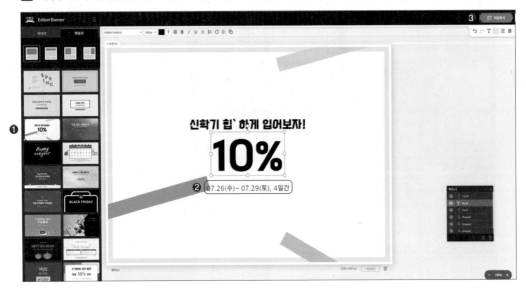

7 [링크 미사용]의 체크 박스에 체크 표시를 한 후 [저장] 버튼을 클릭합니다.

⑧ 이번에는 필자가 소유하고 있는 이미지를 활용해보겠습니다. [배너등록]-[이미지 등록]-[간편하게 배너 만들기]를 클릭하면 에디봇 배너 만들기 화면이 팝업으로 나타납니다.

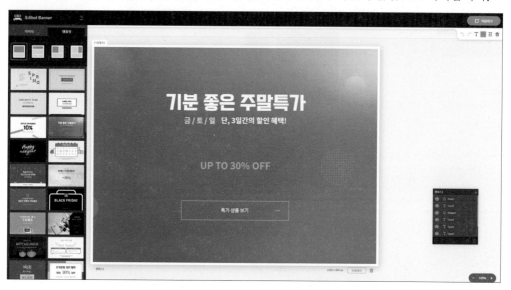

⑨ [이미지] 탭을 클릭한 후 [이미지 업로드] 버튼을 클릭하고 예제로 다운로드한 파일을 업로드합니다. 템플릿 배경을 선택한 후 이미지를 드래그해 넣습니다.

10 배너 목록에 3개가 등록된 것을 확인할 수 있습니다.

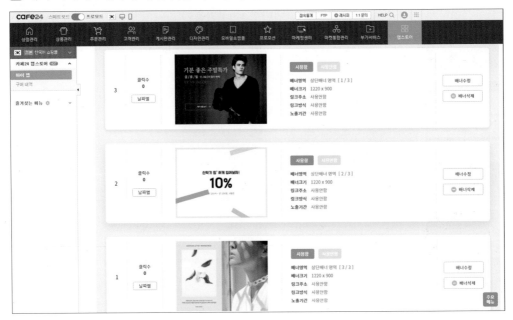

02 쇼핑몰 로고 등록 또는 변경하기

쇼핑몰에 로고를 등록하는 방법을 알아보겠습니다.

1 [디자인 관리]-[쇼핑몰 디자인 수정] 버튼을 클릭합니다.

②[스마트디자인] 편집 창이 나타나면 마우스 커서를 쇼핑몰 로고 이미지에 올려놓은 후 [편집] 버튼을 클릭합니다.

③ 로고를 등록하거나 변경하는 데는 Chapter 05-Lesson 01-3번의 파일 업로더로 로고 이미지를 업데이트한 후 이미지 경로를 복사해 로고의 경로를 교체해주는 방법과 이미지 태그를 지운 후 텍스트 로고를 입력하는 방법이 있습니다. 한 줄 띄어쓰기는 〈br〉 태그를 사용합니다.

TIP 이미지 로고와 텍스트 로고 변경하기

❶ 이미지 로고 변경하기

```
<div class="side_top_logo" module="custom_moduleedit_1"><a href="/"><img src="/images/top_logo.png"></a></div>
```

변경 전

변경 후

❷ 텍스트 로고로 변경하기

변경 후

---

4 결과 화면은 다음과 같습니다.

03 메인 추천 상품 타이틀 추가하기

메인 추천 상품 타이틀을 추가해보겠습니다.

1 현재 열린 스마트 디자인 편집 창에서 F5 를 누르면 초기 화면으로 '쇼핑몰 메인' 화면 탭만 남고 다른 창은 모두 자동으로 닫힙니다. 추천 상품 영역, 즉 파란색 네모 안을 클릭하면 해당 소스 부분으로 이동하면서 음영으로 표시됩니다. 이때에는 분할 보기 모드로 설정돼 있

어야 합니다. 위쪽은 미리보기, 아래쪽은 HTML 소스 보기 모드로 분할돼 있습니다. 카페24 스마트 편집 창은 해당 편집 영역을 클릭하면 HTML 소스 보기 모드에서 관련 부분으로 이동합니다. 반드시 수정 후엔 좌측 상단의 [저장] 버튼을 눌러야 반영됩니다.

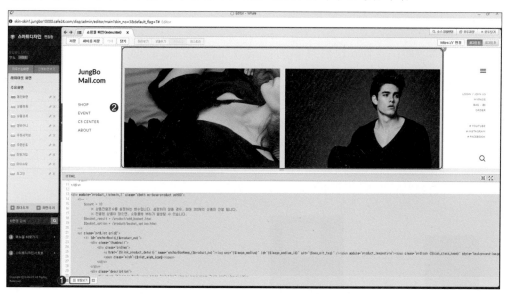

2 13번 행을 찾은 후 마우스 커서를 맨 뒤에 놓고 **Enter** 를 누릅니다.

```
13  <div module="product_listmain_1" class="cboth ec-base-product pdt80">
14     <!--
15         $count = 10
16            ※ 상품진열갯수를 설정하는 변수입니다. 설정하지 않을 경우, 최대 200개의 상품이 진열 됩니다.
17            ※ 진열된 상품이 많으면, 쇼핑몰에 부하가 발생할 수 있습니다.
18         $basket_result = /product/add_basket.html
19         $basket_option = /product/basket_option.html
20     -->
21     <ul class="prdList grid2">
22         <li id="anchorBoxId_{$product_no}">
23             <div class="thumbnail">
```

3 다음과 같이 14행에 문장을 추가로 써 넣습니다.

```
13 <div module="product_listmain_1" class="cboth ec-base-product pdt80">
14     <h2 style="padding: 0 0 20px 10px; font-size: 20px;">Best Product</h2>
15     <!--
```

padding과 margin은 css에서 가장 많이 사용하는 표현 중 하나입니다. padding은 '안쪽 여백', margin은 '바깥 여백'을 의미합니다. 요소의 각 측면에 패딩과 마진을 설정하는 속성이 있습니다.

참고로 패딩에는 음수 값이 허용되지 않습니다. '0' 이상의 값은 단위를 사용하는데, px, pt, cm으로 지정하거나 너비의 %로 패딩을 지정합니다. inherit은 패딩이 부모 요소에서 상속되도록 지정합니다. 속성 값을 표현하면 다음과 같습니다.

예 다음 가로, 세로가 모두 100px인 검은색 네모의 패딩 값에 다음과 같은 값을 준다면?

margin: 5px 6px 20px 10px;

padding: 5px 6px 20px 10px;

12시 방향으로 5px

3시 방향으로 6px

6시 방향으로 20px

9시 방향으로 10px

안쪽 여백(패딩 속성 값)을 적용하면 빨간색 네모 결괏값을 갖게 됩니다. 이와 반대로 마진 값을 적용하면 파란색 네모 결괏값을 갖게 됩니다. 이 책의 예제 파일을 참고하세요.

margin: 5px 6px 20px 10px;

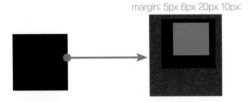

```
<div style="width:100px; height:100px; background:red; padding: 5px 6px 20px 10px;"></div>
```

padding의 예: 참고 소스는 part03-chapter05-lesson03-3-tip.html입니다.

04 메인 추천 상품 진열을 2단에서 3단, 4단, 5단으로 변경하기

메인 추천 상품 진열을 2단에서 3단, 4단, 5단으로 변경해보겠습니다.

1 스마트디자인 편집 창의 미리보기 영역에서 추천 상품 부분에 파란색 네모 영역이 생겼을 때 클릭하면 아래의 HTML 창 안에 있는 해당 소스 부분으로 이동하면서 음영으로 표시됩니다.

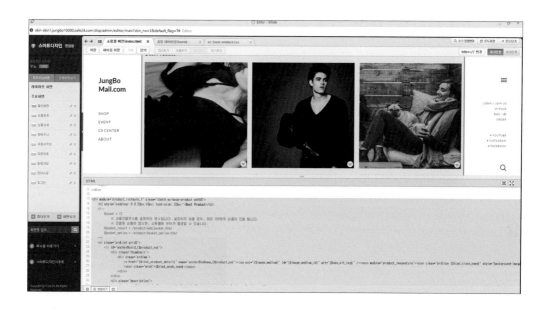

2 HTML 소스 모드에서 16번째 줄에 있는 $count = 10의 의미는 추천 상품의 최대 나열 개수, 22번째 줄의 <ul class="prdList grid2">의 grid2는 2단 배열을 의미합니다. grid2를 'grid3'으로 변경하면 3단, 'grid4'로 변경하면 4단, 'grid5'로 변경하면 5단으로 변경됩니다. 'grid3'으로 변경하는 경우 count의 수는 3의 배열로 해주는 것이 좋습니다. count는 빈칸으로 두면 최대 200개의 상품이 진열됩니다.

```
13  <div module="product_listmain_1" class="cboth ec-base-product pdt80">
14      <h2 style="padding: 0 0 20px 10px; font-size: 20px;">Best Product</h2>
15      <!--
16  ❶  $count = 10
17          ※ 상품진열갯수를 설정하는 변수입니다. 설정하지 않을 경우, 최대 200개의 상품이 진열 됩니다.
18          ※ 진열된 상품이 많으면, 쇼핑몰에 부하가 발생할 수 있습니다.
19      $basket_result = /product/add_basket.html
20      $basket_option = /product/basket_option.html
21      -->
22  ❷  <ul class="prdList grid2">
23      <li id="anchorBoxId_{$product_no}">
```

3 3단 배열로 변경한 결과 화면은 다음과 같습니다.

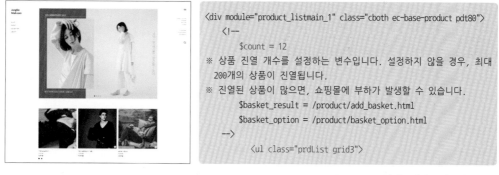

```
<div module="product_listmain_1" class="cboth ec-base-product pdt80">
    <!--
        $count = 12
    ※ 상품 진열 개수를 설정하는 변수입니다. 설정하지 않을 경우, 최대
    200개의 상품이 진열됩니다.
    ※ 진열된 상품이 많으면, 쇼핑몰에 부하가 발생할 수 있습니다.
        $basket_result = /product/add_basket.html
        $basket_option = /product/basket_option.html
    -->
        <ul class="prdList grid3">
```

05 메인 신상품, 세일 상품 추가하기

현재는 추천 상품만 진열돼 있는데, 메인 신상품 및 세일 상품도 진열해보겠습니다. 메인 상품 진열 관리는 [상품 관리]-[상품 관리]-[메인 상품 진열 관리]에서도 할 수 있지만, 새로 생긴 기능인 [상품 관리]-[상품 관리]-[메인 상품 진열 관리 +]를 클릭하면 팝업 창으로 띄울 수 있기 때문에 다른 작업과 병행할 수도 있고, 좀 더 직관적으로 수정할 수 있으며, 드래그 앤 드롭으로 진열할 수도 있습니다.

1 [상품 관리]-[상품 관리]-[메인 상품 진열 관리 +]를 클릭합니다.

2 이 기능을 최초로 사용하면 나타나는 팝업 창의 [설정하기] 버튼을 클릭합니다.

3 안내문이 나타나면 알맞은 내용을 선택한 후 이용 동의에 체크 표시를 하고 [동의] 버튼을 클릭합니다.

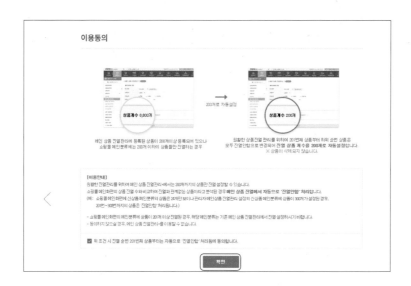

4 '메인 상품 진열 관리 +를 시작합니다.'라는 팝업 창이 나타나면서 잠시 후에 초기 화면으로 추천 상품이 나타납니다.

5 메인 신상품을 진열하기 위해 좌측 상단에 있는 추천 상품을 클릭한 후 신상품을 선택합니다.

6 좌측에 있는 [추가 상품 검색] 버튼을 클릭하면 등록된 상품이 모두 나타납니다.

7 진열할 상품을 선택한 후 우측으로 드래그합니다.

8 상품이 진열되고, 좌측에 '진열 중'으로 표시됩니다.

9 진열된 상품을 삭제하려면 진열된 상품 위에 마우스 커서를 올려놓으면 나타나는 휴지통
(🗑)을 클릭하세요.

10 해당 상품 위에 마우스 커서를 올려놓으면 해당 상품의 정보가 나타납니다. 해당 상품의 정보를 좀 더 자세히 살펴보고 싶다면 우측 상단에 있는 톱니 모양(⚙)을 클릭한 후 살펴보고 싶은 내용에 체크 표시를 하면 됩니다.

11 세일 상품을 추가하기 위해 좌측 상단의 신상품을 클릭한 후 드롭다운 메뉴의 제일 하단에 있는 톱니 모양(⚙)의 메인 분류 관리 메뉴를 클릭합니다. 추천 상품의 모듈 코드는 'product_listmain_1', 신상품의 모듈 코드는 'product_listmain_2'입니다. 추가 카테고리 1(모듈 코드: product_listmain_3)을 클릭한 후 우측의 분류 이름에 '세일 상품'이라 입력하고 [저장] 버튼을 클릭합니다.

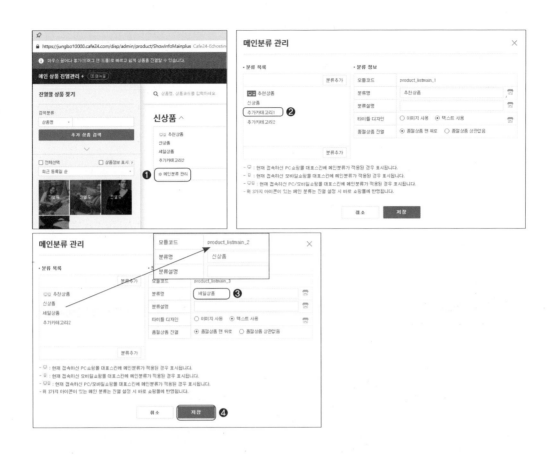

12 좌측 상단에 있는 [세일 상품]을 클릭한 후 좌측의 상품을 선택해 진열하고 좌측 상단의
[진열상품 저장] 버튼을 클릭해 저장합니다.

13 드롭다운 메뉴에서 메인 분류 이름 앞에 데스크톱 모양과 모바일 모양이 표시된 것은 화면에 보인다는 뜻이고, 표시가 없는 메인 분류 이름은 메인 화면에 보이지 않는다는 뜻입니다.

14 화면에 신상품과 세일 상품이 나타나도록 하기 위해 [디자인 관리]-[쇼핑몰 디자인 수정] 버튼을 클릭해 [스마트디자인] 편집 창을 엽니다.

15 추천 상품 영역을 선택하면 HTML 소스 영역 창으로 이동되면서 음영 영역이 생깁니다. 13행부터 70행입니다.

13행에 〈div module="product_listmain_1" class="cboth ec-base-product pdt80"〉로 시작합니다. 추천 상품의 모듈 코드는 product_listmain_1이었습니다. 70행은 〈/div〉〈!-- // product_listmain_1 --〉이라고 써 있습니다. 〈!-- //product_listmain_1 --〉는 주석 태그입니다. 주석 태그는 결과 화면에 보이지 않고 소스 화면에 관리자가 알아보기 편하게 별도로 표기하는 태그입니다. 하지만 71행의 〈!--@define(cmc_log)--〉의 경우 주석이 아닌 명령어이므로 헷갈리면 안 됩니다. 주석 코드는 〈!-- 사이에 공백 --〉이 있습니다.

16 추천 상품, 신상품, 세일 상품을 알아보기 편하도록 다음과 같이 `<!-- //product_ listmain_1 -->`를 13행 앞에 붙여 넣고 `<!-- 추천 상품 -->`이라고 붙여 넣습니다. 13~70행까지를 추천 상품의 코드 한 세트로 보면 됩니다. 미리보기 영역에서 추천 상품 영역을 선택하면 해당 부분만 선택됩니다.

17 추천 상품 영역 소스 부분인 13~70행을 복사한 후 70행 다음에 Enter 를 누른 후 71행에 붙여 넣습니다. 세일 상품 영역도 추가해야 하므로 한 번 더 붙여 넣습니다. 다음 표와 같이 변경할 예정입니다.

추천 상품 영역 13~70행
추천 상품 영역 13~70행 copy → 신상품 영역으로 변경(71~128행)
추천 상품 영역 13~70행 copy → 세일 상품 영역으로 변경(129~186행)

71행의 주석 안에 있는 추천 상품은 신상품으로 수정하고 모듈 코드는 <!-- //product_listmain_2 -->로 변경합니다. 72행의 'Best Product'는 'New Product'로 수정합니다.

```
68            </li>
69          </ul>
70  </div><!-- //product_listmain_l -->
71  <!-- 신상품 --><div module="product_listmain_2" class="cboth ec-base-product pdt80">
72        <h2 style="padding: 0 0 20px 10px; font-size: 20px;"New Product</h2>
73        <!--
74            $count = 10
75                ※ 상품진열갯수를 설정하는 변수입니다. 설정하지 않을 경우, 최대 200개의 상품이 진열 됩니다.
```

18 신상품 영역의 끝부분에 해당하는 127행의 주석 안에 있는 모듈 코드는 <!-- //product_listmain_2 -->로 변경합니다. 129행의 주석은 '세일 상품'으로 수정하고, 모듈 코드는 <!-- //product_listmain_3 -->으로 변경합니다. 'Best Product'는 'Sale Product'로 수정합니다.

```
127          </ul>
128  </div><!-- //product_listmain_2 -->
129  <!-- 세일상품 --><div module="product_listmain_3" class="cboth ec-base-product pdt80">
130        <h2 style="padding: 0 0 20px 10px; font-size: 20px;"Sale Product</h2>
131        <!--
132            $count = 10
133                ※ 상품진열갯수를 설정하는 변수입니다. 설정하지 않을 경우, 최대 200개의 상품이 진열 됩니다.
134                ※ 진열된 상품이 많으면, 쇼핑몰에 부하가 발생할 수 있습니다.
135            $basket_result = /product/add_basket.html
```

19 마지막으로 세일 상품 영역의 끝부분에 해당하는 186행의 주석 안에 있는 모듈 코드는 <!-- //product_listmain_3 -->으로 변경합니다.

20 결과 화면은 다음과 같습니다.

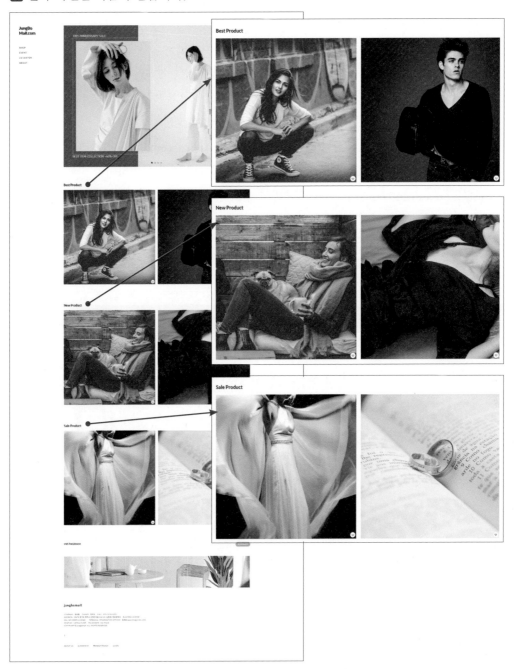

06 앱스토어를 활용해 인스타그램 위젯 연동하기

카페24의 앱스토어(https://store.cafe24.com/apps)는 임대몰의 특성상 획일적인 디자인 외에 기능이 확장되는 데 도움을 주는 역할을 합니다. 카페24가 제공하는 무료 앱과 카페24와 제휴돼 있는 다른 개발사의 다양한 유 · 무료 앱이 있습니다. 그중에서 가장 판매량이 많은 인스타그램 위젯을 설치한 후 연동해보겠습니다.

카페24에서 제공하는 개발자센터(https://developers.cafe24.com/)에 가입한 후 API 문서(https://developers.cafe24.com/docs/api/admin/)를 참고해 직접 개발하거나 카페24에 의뢰(https://store.cafe24.com/story/diy)해 개발할 수도 있습니다.

1 카페24 관리자 모드에 접속한 후 상단에 있는 [앱스토어]–[앱스토어 바로가기]를 클릭하고 우측 상단에 있는 [검색] 버튼(Q)을 클릭합니다.

2 '인스타'를 검색한 후 [인스타그램 위젯]-[설치하기]-[동의함]을 클릭합니다.

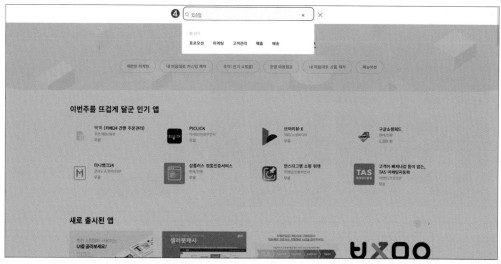

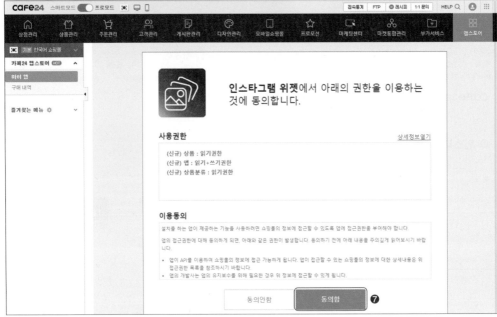

❸ 인스타그램 위젯 설정 창이 나타난 후 인스타그램 비즈니스 계정 생성 방법에 대한 팝업
창이 나타납니다. 인스타그램 계정과 페이스북 계정이 필요하다면 두 계정을 연동해야 합니
다. 페이스북(https://www.facebook.com)에 접속해 회원 가입을 한 후 인스타그램(https://
www.instagram.com)에 접속해 facebook의 계정으로 로그인합니다. 사용자 계정과 암호는
별도의 메모장이나 문서에 정리해두는 것이 좋습니다. 스마트폰에 인스타그램 앱을 설치한
후 사진 9장을 미리 업로드하고 페이스북과 연동합니다. 앱스토어의 인스타그램 위젯은 반
드시 페이스북 로그인이 필요합니다.

인스타그램과 페이스북을 연동하기 위해 스마트폰을 준비합니다. 스마트폰의 종류가 안드로이드폰(삼성 갤럭시폰, 모토로이, 넥서스원 등)이면 구글 플레이스토어, 아이폰이면 앱스토어에서 각각 'instagram'을 검색해 앱을 설치합니다.

스마트폰에서 인스타그램 앱을 실행한 후 우측 상단에 있는 [≡]-[설정]-[계정]-[연결된 계정]-[facebook]을 차례대로 클릭한 후 페이스북에 로그인해 인스타그램과 연동합니다.

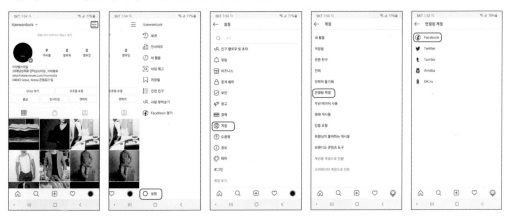

TIP **캐시 비우기 및 강력 새로고침**

결과 화면이 바로 보이지 않는다면 크롬 브라우저에서 개발자 모드(F12)를 누른 후 인터넷 주소 창 앞에 있는 회오리 버튼을 눌러 [캐시 지우기] 및 [새로 고침]을 누르세요. 바로 적용되는 것을 확인할 수 있습니다.

---

4 (PC) 카페24 관리자에서 [앱스토어]−[마이앱]−[인스타그램위젯]−[관리하기]를 클릭한 후 [ⓕ로그인](페이스북 로그인)을 합니다.

다음은 인스타그램 비즈니스 계정 생성 방법입니다. 이를 참고해 인스타그램 비즈니스 계정으로 전환하면 됩니다. 인스타그램 위젯을 생성하는 데 필수사항은 아니지만, 인스타그램 쇼핑 태그를 생성하는 데는 필요합니다. 건너뛰려면 우측 상단에 있는 ⊗ 를 클릭합니다. 그런 다음 [활성화]를 클릭합니다.

⑤ 오른쪽에 이미지 선택 옆에 있는 [선택창 열기]를 클릭한 후 이미지 9장을 선택합니다.

⑥ [표시방식 설정] 탭을 클릭한 후 드롭다운 메뉴 중에서 슬라이드를 선택하고 효과 설정은 '기본', 슬라이딩 방식은 '자동'을 선택합니다. [디자인 설정] 탭은 별도로 설정하지 않겠습니다. 설정하지 않으면 흰색이 되는데, 깔끔하고 심플한 느낌이 좋다면 그대로 둡니다. 배경에 은은한 회색을 주고 싶다면 [디자인 설정] 탭에서 배경에 체크 표시를 한 후 '#f2f2f2'를 입력하고 [저장] 버튼을 클릭합니다.

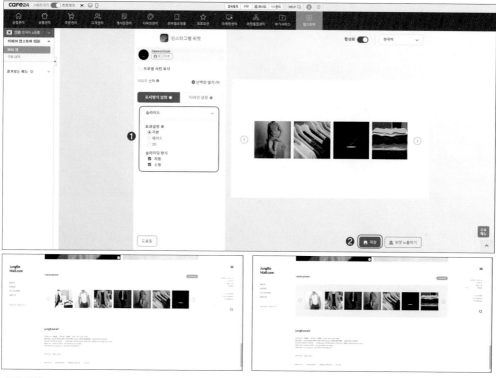

배경 없음   디자인 설정: 배경 − #f2f2f2

7 인스타그램 설정을 완료했다면 [저장] 버튼 옆의 [위젯 노출하기] 버튼을 클릭합니다. [클립보드에 복사하기]를 클릭합니다. 자동으로 코드가 음영 영역이 생기면서 복사되고 [클립보드에 복사하기] 팝업 창이 나타나면 [확인] 버튼을 클릭한 후 팝업 창을 닫습니다. [취소] 버튼을 클릭하고 창을 닫습니다.

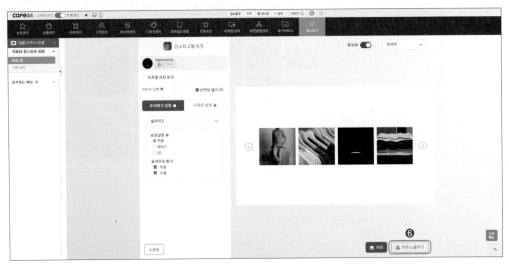

8 [디자인 관리]–[디자인 수정]을 눌러 첫 번째 줄에 있는 layout.html의 [파일 열기]를 클릭한 후 154행의 #UNOSHOP을 본인 아이디로 수정하고, 좌측 상단의 [수정] 버튼을 눌러 반영합니다. 그런 다음 156행에 5번에서 복사했던 소스를 붙여 넣습니다.

```
154 <div class="insta_title">INSTAGRAM<span>#UNOSHOP</span></div><!-- 하단 인스타그램 타이틀 수정하는곳 -->
```

수정 전

```
154  <div class="insta_title">INSTAGRAM<span>#JunboMall</span></div><!-- 하단 인스타그램 타이
틀 수정하는곳 -->
```

수정 후

```
156  <section id="instagramWidgetManual" style="margin-left: 1%;margin-right: 1%;width:
98%;height: 250px;">
157  <!--앱을 비활성화한 후 삽입한 코드를 직접 삭제해야 할 수도 있습니다.-->
158  </section>
```

수정 전

```
156  <section id="instagramWidgetManual" style="width:1220px;margin:0 auto; height: 250px;">
157  <!--앱을 비활성화한 후 삽입한 코드를 직접 삭제해야 할 수도 있습니다.-->
158  </section>
```

수정 후

```
HTML
152
153  <div id="footer">
154      <div class="insta_title">INSTAGRAM<span>#JunboMall</span></div><!-- 하단 인스타그램 타이틀 수정하는곳 -->
155
156  <section id="instagramWidgetManual" style="width:1220px;margin:0 auto; height: 250px;">
157  <!--앱을 비활성화한 뒤 삽입한 코드를 직접 삭제해야 할 수도 있습니다.-->
158  </section>
159
160      <div class="main_insta_box">
161          <!--@js(/layout/basic/js/instafeed.min.js)-->
162          <!--@js(/layout/basic/js/insta_start.js)-->
163          <div id="instafeed"></div>
164      </div><!-- //main_insta_box -->
165
166      <div class="cboth inner" module="Layout_footer">
167          <div class="cboth bt_info">
168              <span class="mall_name">{$mall_name}</span>
169              COMPANY : {$company_name}    OWNER : {$president_name}    CALL : {$phone}<br />
170              ADDRESS : {$mall_zipcode} {$mall_addr1} {$mall_addr2}    BUSINESS LICENSE : {$company_regno} {$biz_no_link}<br />
171              ONLINE ORDER LICENSE : {$network_regno}    PERSONAL INFORMATION OFFICER : <a href="mailto:{$cpo_email}">{$cpo_name}({$cpo_email})</a><br />
172              HOSTING : CAFE24 CORP.    PG ESCROW : KG INISIS<br />
173              COPYRIGHT &copy; <span>{$mall_name}</span>, ALL RIGHTS RESERVED.
174
175              <div class="cboth runtime"><!-- 하단 운영시간 수정하는곳 -->
176                  {$runtime}l<br />
177              </div>
178          </div><!-- //bt_info -->
179
```

layout.html

⑨ 결과 화면은 다음과 같습니다.

07 카카오톡 상담 앱 설정하기

카카오톡은 한국에서 스마트폰 보급률을 폭발적으로 끌어올린 1등 공신입니다. 2020년 기준 메신저 점유율이 94.4%에 달합니다. 따라서 쇼핑몰에 카카오톡 상담 창을 설치해 실시간 고객과 소통할 수 있는 창을 만들면 유지 비용을 줄이는 효과를 볼 수 있습니다. 카페24의 문자 서비스는 단문 1건당 24원, 카톡 1건당 약 17원입니다.

1 [앱스토어]에서 [카카오톡 채팅상담]을 검색한 후 [설치하기]-[동의함]을 클릭해 설치합니다.

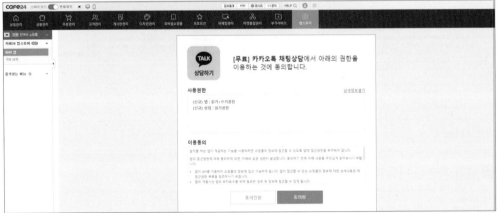

2 카카오톡 채팅 상담 위젯을 설치하려면 카카오 플러스친구 관리자센터에서 계정을 생성해야 합니다.

• 카카오 플러스친구 관리자센터 바로가기: https://center-pf.kakao.com

3 원활한 서비스를 위해 [1:1 채팅 > 채팅 설정]에서 1:1 채팅 사용을 'ON'으로 설정해야 합니다.

4 계정이 생성되면 [홍보하기] 메뉴를 선택한 후 홈 URL 'https://pf.kakao.com/' 이하의 코드 값 확인한 후 [앱스토어]-[마이앱]-[카카오톡채팅상담]-[플러스친구 코드 관리]의 입력창에 코드를 입력합니다.

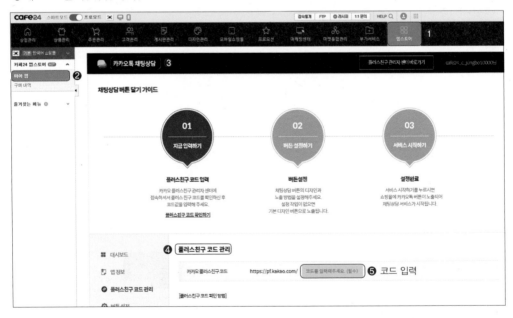

5 [버튼 설정] 메뉴에서 마음에 드는 버튼을 선택한 후 버튼 위치에서 왼쪽에 배치하고, 오른쪽에 '10px', 아래쪽에 '100px', 왼쪽에 '24px', 아래쪽에 '100px'을 입력하고 [저장] 버튼을 클릭합니다.

6 앱 정보 메뉴의 우측 상단에 있는 [실행] 버튼을 클릭합니다.

7 결과 화면은 다음과 같습니다.

08 네이버톡톡 앱 설정하기

네이버톡톡 위젯도 설치해보겠습니다.

1 [앱스토어]에서 '네이버톡톡 채팅 상담 버튼'을 검색한 후 [설치하기]-[동의함]을 클릭해 설치합니다.

2 카카오톡 채팅 상담 위젯을 설치하려면 네이버톡톡 파트너센터에서 계정을 생성해야 합니다. 네이버톡톡 파트너센터 바로가기: https://partner.talk.naver.com/[시작하기]–[네이버로그인]–[+ 새로운 톡톡 계정 만들기]–[건너뛰기]–[개인]–[프로필이미지, 프로필 이름은 필수이므로 입력]–[사용신청]을 하면 24~48시간 내에 메일로 심사 결과가 나옵니다.

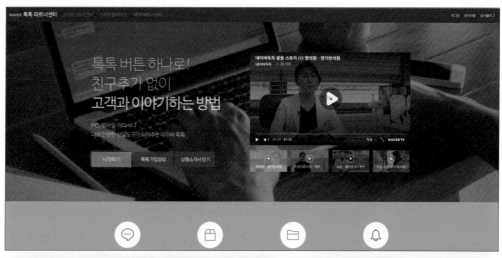

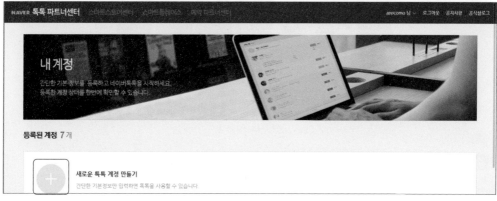

3 승인되면 네이버톡톡 주소가 생깁니다. 이 주소를 [앱스토어]–[마이앱]–[네이버톡톡 채팅 상담버튼]–[관리하기]–[기본설정] 탭의 네이버톡톡 주소 입력란에 입력합니다.

4 네이버톡톡 채팅 버튼 설정 영역에 채팅 버튼 크기 & 위치 설정에서 PC 버튼의 위치는 왼쪽 정렬, 아래쪽 정렬로 설정하고, 버튼 크기는 70px, 왼쪽 여백은 30px, 아래쪽 여백은 15px로 설정합니다.

5 결과 화면은 다음과 같습니다.

09 우측에 유튜브, 인스타그램, 페이스북 채널 연결하기

우측에 있는 # YOUTUBE, # INSTAGRAM, # FACEBOOK 메뉴에 링크를 걸어보겠습니다.

1 [디자인 관리]-[쇼핑몰 디자인 수정]을 클릭한 후 스마트디자인 편집 창의 [쇼핑몰 메인 (index.html)] 탭의 1번 행에 있는 [파일 열기]를 클릭합니다.

2 스마트디자인 편집 창에서 1번 행의 <!--@layout(/layout/basic/layout.html)--> [파일 열기]를 클릭합니다.

❸ 공통 레이아웃(layout.html)의 html 소스 창에서 117~121번 행을 찾아 SNS 채널 경로를 자신의 쇼핑몰에 알맞은 경로로 수정합니다.

```
117    <div class="all_section03 cboth">
118        <a href="https://www.youtube.com/?gl=KR" target="_blank"># YOUTUBE</a><!-- 전체카테고리 sns 배너 링크 수정하는곳 -->
119        <a href="https://www.instagram.com/" target="_blank"># INSTAGRAM</a>
120        <a href="https://www.facebook.com/" target="_blank"># FACEBOOK</a>
121    </div><!-- //all_section03 -->
```

10 하단 정보 수정하기

인터넷 쇼핑몰 운영자는 규정에 따라 표시한 사항의 진위 여부를 소비자가 쉽게 확인할 수 있도록 정보를 공개하는 사업자 정보 공개 페이지를 사이버몰의 초기 화면에 연결해야 합니다. 이를 위반하면 500만 원 이하의 과태료가 부과됩니다(「전자상거래 등에서의 소비자보호에 관한 법률」 제45조 제4항제2호).

- 표시 내용: 상호 및 대표자 성명, 영업소 소재지 주소(소비자의 불만을 처리할 수 있는 곳의 주소를 포함), 전화번호·전자우편주소, 사업자등록번호, 인터넷 쇼핑몰 이용약관
- 표시 내용: 호스팅 제공자 (주)CAFE24, 구매 안전 서비스(에스크로, 전자 보증) 가입 및 표시 의무화

※ 전자상거래법 규정에 따라 전자상거래를 하는 사이버(쇼핑)몰은 호스팅 서비스 제공자 상호를 쇼핑몰 메인 화면 하단에 표시하도록 의무화됐습니다(본조 신설 2012. 8. 18.).
※ 2013년 11월 29일자로 개정된 소비자보호에 관한 법률 시행령에 따라 매매 보호 서비스 적용 대상이 모든 구매 금액으로 확대됐습니다(기존 5만 원).
출처: http://www.easylaw.go.kr, http://www.law.go.kr/lsInfoP.do?lsiSeq=105218

1 [디자인 관리]−[쇼핑몰 디자인 수정]을 클릭한 후 스마트디자인 편집 창의 [쇼핑몰 메인(index.html)] 탭의 1번 행에 있는 [파일 열기]를 클릭합니다.

2 스마트디자인 편집 창에서 1번 행의 <!--@layout(/layout/basic/layout.html)--> [파일 열기]를 클릭합니다.

3 공통 레이아웃(layout.html)의 html 소스 창에서 176번 행을 찾습니다. 그런 다음 {$runtime}1 중 1을 삭제합니다. 1 대신 원하는 문구를 직접 써 넣어도 화면에 나타납니다.

{$runtime}은 카페24에서 사용하는 프로그래밍 언어로, '변수'라고 하며 관리자 모드의 [상점 관리]-[내 쇼핑몰 정보]-[고객센터 정보 안내 설정]-[CS 운영 시간]의 내용을 받아옵니다. 정보를 수정한 후 [저장] 버튼을 눌러야 반영됩니다.

⟨br /⟩은 한 줄 띄기 태그이므로 오전 09:00 ~ 오후 10:00 다음에 ⟨br /⟩ 점심 12:00 ~ 오후 1:00라고 입력하면 한 줄 아래로 문장이 시작돼 결과 화면이 출력됩니다. 단, 이 {$runtime} 변수는 왼쪽의 카테고리 영역과 하단 정보 영역 두 군데에 동시 출력됩니다.

```
61  <div class="cboth runtime"><!-- 좌측 운영 시간 수정하는곳 -->
62      {$runtime}
63  </div>
```

왼쪽 카테고리 아래의 운영 시간 안내 layout.html의 62행

'운영 시간 안내:'라는 제목을 하단에만 넣고 싶다면 176행에 '운영 시간 안내: {$runtime}'을 입력하세요. HTML 소스를 다음과 같이 수정합니다.

```
176 {$runtime}1<br />
```
수정 전

```
176 운영 시간 안내: {$runtime}       점심시간: 오후 12:00~1:00 <br />
```
수정 후

공백과 관련된 태그 명령어는 입니다. 보기 좋게 띄우기 위해 변수와 점심시간 사이에 공백 태그를 5개 정도 넣었습니다. 웹 문서에서 공백은 아무리 많이 주어도 한 칸만 반영됩니다. 수정이 끝나면 좌측 상단에 있는 [저장] 버튼을 클릭해 반영합니다. 수정 상태라면 탭 색상이 주황색이고, 반영되면 검은색으로 변경됩니다.

미리보기 화면

**TIP 공백 태그 **

시간 사이에 3칸의 공백을 주고 싶다면 다음과 같이 표현할 수 있습니다.

시   간
시   간

시 간
시 간

하지만,
시　　간
시　　간

시 간
시 간

이라고 한다면 한 칸의 공백만 생깁니다.

T I P 카페24의 히스토리 및 백업 복구 기능

카페24의 스마트디자인 편집 창에는 이전 작업 내용을 10번까지 되돌릴 수 있는 기능이 있습니다. 상단에 있는 [히스토리] 버튼을 누르면 작업했던 내용이 시간과 함께 나타납니다. 실수로 삭제된 내용이 있거나 작업을 되돌려야 하는 상황이 생겼을 때 유용합니다. 하루 전이나 7일 전까지 되돌리고 싶다면 [디자인 관리]-[디자인 관리]-[디자인 백업 복구]에서 복구할 수 있습니다. 쇼핑몰의 자동 백업은 매일 새벽 5시경에 7일까지만 자동 저장되고 가장 오래된 파일부터 자동 삭제됩니다. 수동 백업도 가능하므로 중요한 내용은 백업을 받아 하드디스크에 보관해두는 것이 좋습니다.

4 168~173행의 내용은 관리자 모드의 [상점 관리]-[내 쇼핑몰 정보]-[고객센터정보안내설정]-[CS 운영시간]의 값을 자동으로 받아옵니다.

```
COMPANY:
{$company_name}  OWNER:
{$president_name}     CALL: {$phone}<br /> ADDRESS:
{$mall_zipcode} {$mall_addr1} {$mall_addr2}     BUSINESS LICENSE: {$company_regno} {$biz_no_link}<br /> {$company_name} {$company_regno}
{$president_name} ONLINE ORDER LICENSE:
{$network_regno}   PERSONAL
INFORMATION OFFICER: <a href="mailto:{$cpo_email}">{$cpo_name}({$cpo_email})</a><br />
HOSTING: CAFE24 CORP.     PG ESCROW: KG INISIS<br />
```

이 부분을 취향에 맞게 한글 이름으로 변경해도 됩니다. 단, 물결 괄호가 포함된 것은 변수이므로 잘못 수정하면 안 됩니다. 프로그램 전체에 에러가 발생할 수 있습니다. 다음 예제 소스와 같이 변경할 수 있습니다.

```
상호: {$company_name}   대표: {$president_name}   대표 전화: {$phone}<br />
사업장 소재지: {$mall_zipcode} {$mall_addr1} {$mall_addr2}   
사업자등록번호: {$company_regno} {$biz_no_link}<br />통신판매업 번호: {$network_regno}   
대표 이메일: <a href="mailto:{$cpo_email}">{$cpo_name}({$cpo_email})</a><br />
호스팅 제공자: CAFE24 CORP.   
```

| 수정 전 | 수정 후 |

5 결과 화면은 다음과 같습니다.

04 무통장 입금 계좌, PG사, 에스크로 신청 및 설정하기

쇼핑몰의 결제 수단인 무통장 입금 계좌, 카드 결제 및 실시간 계좌 이체를 위한 PG 신청 및 에스크로 신청 방법을 알아보겠습니다.

01 무통장 입금 계좌 설정하기

1 대표 휴대전화 및 대표 이메일의 [대표 인증정보 설정] 버튼을 각각 클릭한 후 인증 확인을 진행합니다. 대표로 설정된 인증 정보로 쇼핑몰의 주 문서 및 게시판의 중요한 게시물 알람(알람을 설정한 경우) 등과 같은 정보가 수신됩니다.

2 '대표 운영자 본인 확인 인증' 팝업 창에서 인증 수단을 선택한 후 [인증] 버튼을 클릭합니다. 절차에 따라 인증을 완료한 후 무통장 입금 계좌를 추가합니다. 무통장 입금 계좌는 여러 개를 추가할 수 있습니다.

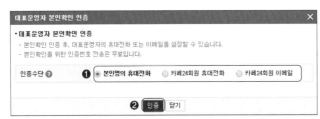

02 카드/계좌 이체 결제 설정하기

카페24에서 신용카드, 계좌 이체 결제서비스 설정 방법을 알아보겠습니다. 카드/계좌 이체에 대한 전자 지불 대행사(PG)의 수수료 체계는 대부분의 업계가 비슷한데, 그중 이니시스는 다음과 같습니다.

이니시스 PG 수수료 체계(부가가치세 포함)	
초기 가입비	22만 원(초기 1회만 납부 후 평생 회원)
신용카드	일반: 3.85%(영세 사업자 수수료 차등 적용) 영세: 2.53%, 중소 1: 3.08%, 중소 2: 3.19%, 중소 3: 3.41%
계좌 이체	1.98%(최저 220원)
가상 계좌	건별 330원
에스크로	0원
현금영수증	0원
보증보험	면제
신용카드 불가 업종	상품권 판매, 애완동물(분양), 성인 콘텐츠, 다단계(방문 판매), 선불카드, 사이버머니, 저가 경매, 중고 자동차, 순금, 경마·경륜권, 아이템, 구매 대행, 최근 3개월 연체율, 대손율 10% 이상 예약 판매(예 에어컨 등), 게임 아이템 구매, 구인·구직, 귀금속 판매(40만 원 이상), 결제 금액 임의 입력, 대여 서비스(예 유아용품, 비디오, 의류 등), 경매, 상품권(전자화폐), 선불형 전화카드, 중개 사이트, 해외 소재 업체, 회원제 서비스(어학 교재/골프 회원권 등), 자동차 판매, 후원금, 고가품, 건강 보조 식품(20만 원 미만 가능), 휴대폰 판매, 운세 서비스, 자석요, 게임 관련 사이트(아이템 구매, 충전, 게임비 결제 등), 오픈마켓 형태, 구매 대행, 웹 호스팅 또는 도메인 등록 1년 이상 서비스 불가, 복권, 채팅, 웹 호스팅, 게임, 아바타, 여행(숙박권) 구매 대행, GPS, 내비게이션 등

1 [상점 관리]–[결제관리]–[통합 결제PG]–[서비스안내]를 클릭합니다. [카드 결제·계좌 이체] 탭을 클릭한 후 각 PG사의 내용을 확인하고 [PG 신청하기] 버튼을 클릭합니다.

② 카드 결제·계좌 이체 영역, 휴대폰결제 영역, 간편결제 영역 중 원하는 PG사를 선택한 후 [신청하기] 버튼을 클릭합니다. 일반적으로 카드 결제·계좌 이체, 휴대폰결제는 반드시 선택해야 합니다.

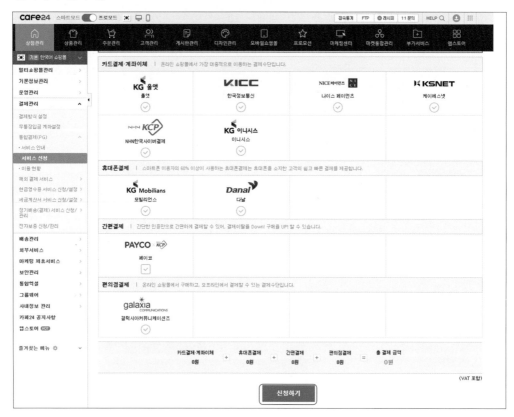

③ [상점 관리]-[결제관리]-[통합 결제 PG]-[서비스안내]를 클릭한 후 계약하고자 하는 PG 사의 상세 보기를 클릭합니다. 그런 다음 구비 서류 및 계약서를 확인하고 팩스 또는 우편으로 발송합니다. 심사 기간은 약 일주일 정도 소요되고, 계약이 완료되면 별도의 프로그램 작업 없이도 자신의 쇼핑몰에 자동으로 연동됩니다.

❶ 바로 오픈 PG 서비스

통합 결제 PG의 바로 오픈 PG 서비스 신청 단계는 다음과 같습니다.

사업자, 비사업자 모두 가입비 결제 이후 최소한의 정보 입력만으로 바로 사용할 수 있습니다. '바로 오픈 PG' 서비스는 쇼핑몰에서 고객이 상품을 구매하는 수단으로 무통장 외 카드 결제 및 계좌 이체 등을 바로 이용할 수 있도록 해주는 서비스로, 많은 사업자가 선호하는 방식입니다. 결제 이후에 서류 제출 및 심사가 이뤄지고 PG사로부터 정산 지급을 받을 수 있습니다. 기본으로 카드 결제·계좌 이체 및 휴대폰 결제를 신청하고 추가로 간편결제, 편의점결제를 신청합니다.

01 통합 결제 PG 서비스 신청

02 신청서 작성

03 신청서 확인

04 신청 완료(가입비 납부)

05 결제하기

❷ 일반 PG

다양한 결제 수단을 한 번에 신청할 수 있는 패키지입니다. 결제 패키지 신청 시 가입비(카드 결제·계좌 이체 PG 가입비 22만 원, 휴대폰 PG 가입비 11만 원, 간편결제 PG 가입비 22만 원 상당, 최대 55만 원) 할인 혜택이 제공됩니다.

정기 배송(결제) 서비스 신청

[상점 관리]-[결제관리]-[정기배송(결제)서비스신청/관리]에서 신청할 수 있습니다. 단, 올앳, 이니시스, KCP PG 사를 이용 중인 상점에만 서비스가 제공되며, 이외의 PG사는 순차적으로 제공될 예정입니다. 결제 서비스(PG) 신청 불가 업종은 정기 결제 서비스 신청 제한을 받을 수 있습니다. 결제 서비스(PG) 변경 및 초기화 시 이용 중 인 정기 배송(결제) 서비스가 초기화되고 등록된 고객의 정기 결제 카드 정보가 일괄 삭제되므로 유의하기 바랍 니다. 정기 결제는 카드 결제의 결제 수단만 제공됩니다(수수료 3.85%).

03 현금영수증 서비스 신청/설정

국세청은 소비자의 현금 구매 내역을 전산으로 자동 취합해 연말 정산 시 법이 정한 소득공제 혜택을 부여합니다. 현금영수증 가맹점(판매자)은 현금영수증 발행 금액의 1%를 부가가치세에서 연간 500만 원 한도로 세액공제받습니다(법인은 세액공제 대상에서 제외). 현금영수증은 1원 이상의 현금성 거래(무통장 입금, 실시간 계좌 이체, 가상계좌, 에스크로, 예치금)에 한해 발행됩니다.

1 [상점 관리]–[결제관리]–[현금영수증 서비스 신청/설정]과 [상점 관리]–[결제관리]–[세금계산서 서비스 신청/설정]을 각각 클릭해 신청한 후에 설정합니다. 고객은 주문과 동시에 [주문서] 또는 [마이페이지]에서 직접 신청할 수 있습니다. 모든 과정이 전산화돼 있기 때문에 관리자와 구매자 모두 쇼핑몰을 편리하게 이용할 수 있습니다.

TIP 현금영수증 발행 방법

1. 수동 발행으로 설정한 경우
- 쇼핑몰 고객: [쇼핑몰 화면 > 주문서 작성 또는 주문 완료 또는 주문 상세 조회 화면]에서 현금영수증 신청
- 쇼핑몰 운영자: [관리자 화면 > 주문관리 > 영업관리 > 현금영수증 관리 > 발행 내역 관리]에서 수동으로 발행 처리
2. 자동 발행으로 설정한 경우
- 쇼핑몰 고객: [쇼핑몰 화면 > 주문서 작성 또는 주문 완료 또는 주문 상세 조회 화면]에서 현금영수증 신청 시 자동으로 발행
3. 직접 발행으로 설정한 경우
쇼핑몰 운영자가 직접 신청해 발행하는 경우 [관리자 화면 > 주문 관리 > 영업 관리 > 주문 상세 정보(팝업)]에서 입금을 확인한 후 신청, 발행할 수 있습니다.

---

1. 현금영수증을 자동 발행으로 설정한 경우 현금영수증이 발급된 주문이 취소되면 현금영수증은 자동 취소되지만, 수동 발행으로 설정한 경우 주문 취소/반품 시 수동으로 현금영수증 취소 처리를 진행해야 합니다.
2. 이미 발행된 현금영수증 취소 시 발행을 신청한 회원에게 문자가 발송될 수 있습니다(국세청에서 취소 문자 전송).
3. 이중 발행의 소지가 있으므로 반드시 '카페24 관리자 화면'의 '현금영수증 관리' 메뉴에서만 발행/취소해야 합니다.

04 전자세금계산서 서비스 신청/설정

국세청에서는 2011년 1월 1일부터 법인사업자의 전자세금계산서 발행을 의무화하고 있습니다. 카페24는 국세청 전송 기준 표준전자세금계산서 서비스를 무료로 제공합니다. 작성일 기준 익월 10일까지 교부(이메일 발송) 후 국세청으로 전송해야 하고, 교부 지연, 미교부, 전송 지연, 미전송 시 가산세가 부과됩니다.

전자세금계산서 전송분에 대해서는 세금계산서 합계표 명세 제출 및 세금계산서 보관 의무가 면제되고, 교부 건당 200원의 세액공제(연간한도 100만 원)가 부여됩니다.

1 [상점 관리]-[결제관리]-[현금영수증 서비스 신청/설정]과 [상점 관리]-[결제관리]-[세금계산서 서비스 신청/설정]을 각각 클릭해 신청한 후에 설정합니다. 고객은 주문과 동시에 주문서 또는 마이페이지에서 직접 신청할 수 있습니다. 모든 과정이 전산화돼 있기 때문에 관리자와 구매자 모두 쇼핑몰을 편리하게 이용할 수 있습니다.

적립금, 쿠폰 등 쇼핑몰 운영 및 활성화에 필요한 서비스 이용 방법을 알아보겠습니다.

01 적립금 설정하기

쇼핑몰에서 회원 가입 시 또는 상품 구매 시 지급되는 적립금의 적립 및 사용에 대한 설정 방법을 알아보겠습니다.

■ [상점 관리]-[운영관리]-[적립금 설정]을 클릭합니다. 적립금 설정 페이지에서 기본 설정, 지급 설정, 사용/제한 설정 등을 작성한 후 [저장] 버튼을 클릭합니다. 특히, 적립금 제한 설정을 '0'으로 입력하면 무제한으로 설정되기 때문에 일정 제한이 필요하다면 '0' 이상으로 입력해야 합니다.

2 [상품 관리]-[상품정보표시 설정]을 클릭한 후 상품 정보 표시 설정 페이지에서 '적립금' 항목을 '표시함'으로 선택하고 [확인] 버튼을 클릭합니다. 쇼핑몰 화면(메인 화면, 상품 목록, 상품 상세)에서 설정한 적립금 상태를 확인할 수 있습니다.

02 쿠폰 설정하기

쿠폰 서비스는 쇼핑몰에서 고객에게 할인과 적립을 통해 재방문을 유도하고 구매력을 증대할 수 있는 중요한 도구로 활용할 수 있습니다. 쇼핑몰을 운영하면서 쿠폰을 이용해 프로모션을 더욱 쉽고 편리하게 진행할 수 있도록 다양한 기능이 제공됩니다.

1 [프로모션]–[쿠폰 관리]–[쿠폰 기본설정]을 클릭한 후 쿠폰 기본 정보를 설정합니다. 쿠폰 기본 설정 페이지는 쇼핑몰에서 쿠폰 할인/적립 기능의 사용 여부, 쿠폰 사용 시 제한 조건, 동시 사용 여부, 쿠폰의 진열, 기본 디자인을 설정할 수 있습니다.

설정 구분	설정 내용	설명
쿠폰 사용	사용함	쇼핑몰에서 쿠폰 기능을 사용할 수 있음.
	사용 안 함	쇼핑몰에서 쿠폰 기능을 사용하지 않음.
쿠폰 사용 제한	쿠폰+회원 등급 할인 동시 사용	쿠폰과 회원 등급 할인을 모두 적용해 할인이 적용되도록 설정할 수 있음.
	회원 등급 할인만 사용	회원 등급 할인만 할인이 적용되도록 설정할 수 있음.
	쿠폰만 사용	쿠폰만 사용 시 회원 등급 할인이 적용되지 않고 쿠폰 할인만 적용되도록 설정할 수 있음.
상품/주문서 동시 사용	사용함	고객이 상품별 쿠폰, 주문서 쿠폰을 동시에 사용할 수 있음.
	사용 안 함	고객이 상품별 쿠폰과 주문서 쿠폰 중 하나만 사용할 수 있음.
취소/반품/교환 시 쿠폰 복원	사용함	주문된 상품의 취소/반품 시 주문에 사용된 쿠폰을 자동 복원함. 단, 부분 취소/반품의 경우 해당 상품의 상품별 쿠폰만 복원되며, 전체 주문 취소/반품 시 주문서 쿠폰이 복원됨.
	사용 안 함	주문된 상품을 취소/반품하더라도 주문에 사용된 쿠폰은 복원하지 않음.
사용 개수 제한	1회 주문당 주문서 쿠폰	고객이 주문 과정에서 사용할 수 있는 최대 주문서 쿠폰 수량을 지정할 수 있음.
	1회 주문당 상품 쿠폰	고객이 주문 과정에서 사용할 수 있는 최대 상품별 쿠폰 수량을 지정할 수 있음.
	주문 건당 (주문서+상품 쿠폰)	고객이 주문 과정에서 주문서 쿠폰, 상품별 쿠폰의 최대 사용 합계를 지정할 수 있음(수량 = 주문서 쿠폰 사용 수량 + 상품별 쿠폰 사용 수량).
	일간(주문서+상품 쿠폰)	고객이 당일 주문 과정에서 사용할 수 있는 최대 쿠폰 수량을 지정할 수 있음(수량 = 주문서 쿠폰 사용 수량 + 상품별 쿠폰 사용 수량).

2 쿠폰 진열 제한 노출과 연속 설정 여부 및 쿠폰 기본 디자인을 설정한 후 [저장] 버튼을 클릭합니다. 직접 디자인한 쿠폰 이미지를 등록할 수도 있습니다.

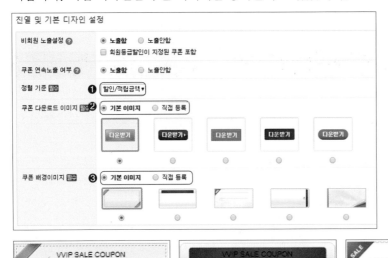

쿠폰 템플릿을 적용한 사례

CHAPTER

11 메이크샵에서 쇼핑몰 운영 관리하기

01 무료 디자인 템플릿 적용하기

메이크샵에서 제공하는 무료 디자인 템플릿을 쇼핑몰에 적용해보겠습니다.

1 [개별 디자인]–[디자인 스킨 관리]–[디자인 스킨 선택]을 클릭합니다.

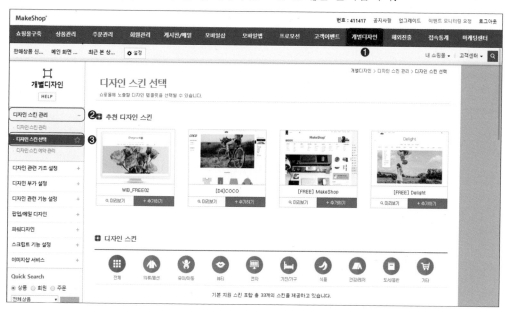

2 '추천 디자인 스킨' 영역에서 원하는 디자인을 선택한 후 [설정하기] 버튼을 클릭하면 쇼핑몰 디자인이 변경됩니다. 여기서는 '[FREE] Delight' 디자인을 선택하겠습니다. 디자인의 [미리보기] 버튼을 클릭하면 각 화면별 디자인을 미리볼 수 있습니다.

02 관리자 페이지 기본 설정하기

쇼핑몰의 대표자 정보, 쇼핑몰 하단(Footer)에 노출되는 사업자 정보, 통신판매업 신고 번호
등 쇼핑몰 운영에 필요한 기본 정보와 쇼핑몰 도메인 연결, 쇼핑몰 이름 및 쇼핑몰 메타태그
검색 키워드, 쇼핑몰 소개 및 약도 등을 설정할 수 있습니다.

01 쇼핑몰 기본 정보 입력하기

쇼핑몰에 표시할 대표자 정보 및 사업자 정보를 입력합니다.

1 [쇼핑몰 구축]-[쇼핑몰 기본 정보 설정]-[쇼핑몰 기본 정보 관리]를 클릭합니다. 대표자
정보 영역에서 쇼핑몰 대표자와 고객 문의 이메일 주소를 입력한 후 사업자 정보 영역에 사
업자등록증상의 정보를 입력하고, 쇼핑몰 정보 영역에는 쇼핑몰 분류와 통신판매신고번호를
입력합니다. [저장] 버튼을 클릭해 내용을 저장합니다.

쇼핑몰 기본 정보 관리

쇼핑몰 운영을 위해 반드시 필요한 정보입니다.
잘못된 정보 기재 시 불이익이 발생할 수 있으니 정확히 입력해주시기 바랍니다.

• 대표자 : (ID: mentortee)	• 회원 종류 : 개인회원
• 대표자 인증 : 휴대폰	• 사업자 인증 : 미인증 ?

➕ 대표자 정보 쇼핑몰 대표자님의 정보를 정확히 입력해주시기 바랍니다.　　　　　　　　　[비밀번호 변경]

대표자	[대표자 변경]
휴대폰	예) 010-1234-5678
이메일	예) help@makeshop.co.kr

❶

- 메이크샵은 안전한 쇼핑몰 서비스 제공을 위하여, 전자상거래법 제 11조 2항 '호스팅 사업자' 신원 확인 의무를 따르고 있습니다.
  (타인의 정보를 도용하실 경우 3년 이하의 징역 또는 천 만원 이하의 벌금에 처하게 됩니다.)
- 휴대폰, 이메일 정보는 비밀번호 분실 시, 임시 비밀번호가 발급되는 정보입니다. 정확히 입력해주시기 바랍니다.
- 휴대폰 인증은 법인 명의의 휴대폰으로는 불가능하며, 개인 명의의 휴대폰으로만 가능합니다. 개인 명의의 휴대폰 인증이 어려우실 경우 아이핀 인증을 이용하시기 바랍니다.

➕ 사업자 정보 사업자인증 시, 제출하신 사업자 등록증 상의 정보를 정확히 입력해주시기 바랍니다.

사업자 인증	미인증
사업자 등록번호	-　-
상호	
성명	
사업장소재지	-　 [우편번호]
사업의 종류	업태: 　　　　　 업종:
인증서류접수 ?	○ 파일등록　○ 이메일　○ 팩스　○ 스마트메신저 [찾아보기]

❷

- 보내실 서류 : 사업자등록증 사본
- 파일 규격 : gif, jpg　용량 : 1M 이하

> **사업자등록 사본**
> 사업자등록증 사본을 네 가지 중 편리한 방법으로 보내면 1~2일 이내에 사업자 인증이 완료됩니다.

- 상호, 사업자등록번호, 성명, 통신판매신고번호는 쇼핑몰 하단에 (Footer)에 노출됩니다.
- 쇼핑몰 하단(Footer)에 노출되는 나머지 정보는 [고객응대 관련정보]에서 입력해 주시기 바랍니다.
- 사업자 정보를 수정하실 경우, 사업자 인증을 꼭 다시 받으시기 바랍니다.
- 사업자 인증 서류 - 사업자등록증 사본

➕ 쇼핑몰 정보 쇼핑몰 운영과 관련한 기본 정보를 입력해주시기 바랍니다.

쇼핑몰 분류	여성의류 ▽
통신판매신고번호	예) 종로구청 제 000호

❸

❹ [저장]

② 관리자 페이지 상단의 [내 쇼핑몰 가기] 버튼을 클릭합니다. 내 쇼핑몰 하단에 입력한 쇼핑몰의 기본 정보를 확인할 수 있습니다.

회사명 : ▨▨▨▨ / 대표자 : ▨▨▨ / 주소 : ▨▨▨▨▨▨▨ / 고객만족센터 : ▨▨▨▨▨
개인정보관리책임자 : ▨▨▨ / 사업자등록번호 : ▨▨▨▨▨▨ [사업자정보확인] / 통신판매업 신고번호 : ▨▨▨▨▨▨
교환반품주소 : ▨▨▨▨▨▨▨

> **사업자등록 사본**
> [사업자정보확인]을 클릭하면 공정거래위원회 사이트에서 사업자등록번호로 업체의 영업 상태를 확인할 수 있도록 해야 합니다.
>
> | 통신판매사업자 | 만원 다발 쇼핑몰 공개 |
> |---|---|
>
> - 상호, 대표자, 사업자등록번호 등 20로 검색하실 수 없습니다.
> - 사업자등록번호 조회는 숫자(12자리)를 모두 입력해야 합니다.
>
> | 검색조건 | 사업자등록번호 ▽ | 1221494974 | [검색하기] |
> |---|---|---|---|
>
> | 번호 | 지역 | 상호 | 대표자 | 도메인 | 업소상태 | 신고일자 |
> |---|---|---|---|---|---|---|
> | 1 | 인천광역시 | [스타일도매] | 김현철 | 오픈마켓 | 정상영업 | 2013-02-06 |

02 도메인 설정하기

구매한 도메인을 내 쇼핑몰 주 도메인 주소(URL)로 연결해보겠습니다.

1 [쇼핑몰 구축]-[쇼핑몰 도메인 관리]를 클릭합니다. 구입한 도메인 주소를 입력한 후 [도메인 신청] 버튼을 클릭합니다. 신청 후 1일(영업일 기준) 안에 설정한 도메인과 제작한 쇼핑몰이 연결됩니다.

TIP 포워딩과 네임서버

도메인 포워딩(Domain Forwarding)은 쇼핑몰과 구입한 도메인을 자동으로 연결해주는 서비스입니다. 메이크샵 프리미엄 쇼핑몰은 하나의 쇼핑몰에 주 도메인 1개와 포워딩 도메인 2개까지 연결할 수 있습니다. 도메인을 연결 하기 전에 도메인 가입 기관에 로그인한 후 네임서버를 메이크샵 네임서버 정보로 변경해야 합니다.

네임서버	호스트이름(IP 주소)	네임서버	호스트이름(IP 주소)
1차	ns1.makeshop.kr (203,238,183,5)	2차	ns2.makeshop.kr (27,1,15,11)
3차	ns1.makeshop.com (121,78,48,5)	4차	ns2.makeshop.com (58,120,225,130)

03 브라우저의 제목 표시줄 꾸미기

브라우저에서 쇼핑몰에 접속하면 브라우저 상단 제목 표시줄에 표시할 인사말을 입력해보겠습니다. 인사말은 쇼핑몰의 특징을 잘 나타낼 수 있는 단어를 중심으로 작성하는 것이 좋습니다.

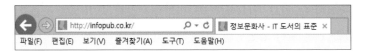

1 [쇼핑몰 구축]–[쇼핑몰 기본 정보 설정]–[검색엔진 최적화 관리]를 클릭합니다. 메타태그 등록 현황에서 타이틀의 [변경하기] 버튼을 클릭합니다.

Chapter 11_메이크샵에서 쇼핑몰 운영 관리하기 345

※ 기본 타이틀 입력란에 모든 페이지에 노출시킬 수 있는 타이틀을 입력합니다.

04 배송업체 및 배송비 설정하기

쇼핑몰에서 여러 배송업체를 등록할 수 있고, 필요에 따라 여러 배송업체 중 특정한 곳을 기본 배송업체로 설정할 수도 있습니다. 또한 쇼핑몰의 기본 배송비와 배송 조건 등을 설정할 수 있습니다.

1 [쇼핑몰 구축]–[상품 배송 관련 조건]을 클릭한 후 배송 방법을 선택합니다.

2 기본 배송비 타입을 설정합니다. 예를 들어 주문 금액이 5만 원보다 작을 경우 3,000원의 배송비가 적용되게 하려면 [조건 배송비] 라디오 버튼을 선택한 후 [조건] 항목 입력 상자에 값을 입력해야 합니다.

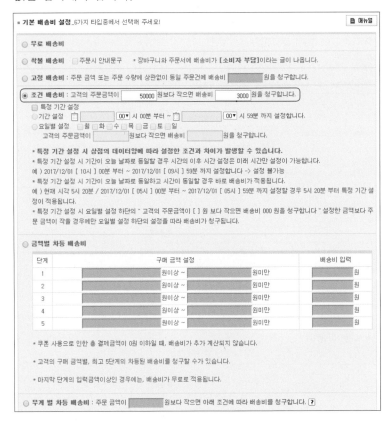

3 '배송비 청구 기준이 되는 주문 금액 조건 설정'은 할인 전 정상 판매 가격을 기준으로 배송비를 부과할 것인지, 할인/적립금 등이 적용된 최종 결제 금액으로 배송비를 부과할 것인지와 관련된 기능입니다.

'지역별 추가 배송비 조건 설정'에는 지역별 추가 배송비가 있는 경우 해당 지역 이름과 조건 및 추가 배송비를 입력합니다.

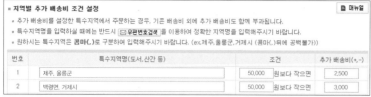

▪ 지역별 추가 배송비 조건 설정 　　　　　　　　　　　　　　　　　　　　🗎 매뉴얼

- 추가 배송비를 설정한 특수지역에서 주문하는 경우, 기존 배송비 외에 추가 배송비도 함께 부과됩니다.
- 특수지역명을 입력하실 때에는 반드시 ☑우편번호검색 을 이용하여 정확한 지역명을 입력해주시기 바랍니다.
- 원하시는 특수지역은 콤마(,)로 구분하여 입력하시기 바랍니다. (ex.제주,울릉군,거제시 (콤마(,)뒤에 공백불가))

번호	특수지역명(도서,산간 등)	조건	추가 배송비(+,-)
1	제주, 울릉군	50,000 원보다 작으면	2,500
2	백령면, 거제시	50,000 원보다 작으면	3,000

▪ 우편번호 검색

우편번호 검색　○ 해외 검색 불가능(국내에만 배송하기)　　● 해외+국내 검색가능

- [회원가입, 주문시] 주소 검색창에서 '해외' 검색시 선택가능한 우편번호 000-000을 출력/제외하실 수 있는 옵션입니다.

▪ 스마트 택배(택배완료) 연동　?　　　　　　　　　　택배완료란?　🗎 매뉴얼

☑ 송장번호, 주문번호, 택배사, 상품정보를 스마트택배 제공에 동의합니다.
　상기 정보는 택배 연동을 목적으로 스마트택배 회원과 일치하는 정보만 암호화해 전송합니다.

○ 스마트 택배 연동함　　　　　　● 스마트 택배 연동 안함

- 스마트 택배 연동은 [SMS 서비스 설정]에서 "LMS 발송"으로 설정 해주셔야 이용하실 수 있습니다.
- LMS 메시지 발송 내용은 [SMS 발송 메시지 관리]에서 변경하실 수 있습니다.
- 주 도메인 변경 시, 스마트 택배완료 기능 정상적으로 연동되지 않습니다.
　하단 [확인] 클릭하여 변경된 도메인 정보로 업데이트 진행해 주시기 바랍니다.

[SMS 발송 가능 건수 : 0.0건] 　충전하기

▪ 배송지 주소록 설정　　　　　　　　　　　　　　　　　　　　🗎 매뉴얼

주문/배송 메시지 노출 선택　　☑ 주문 메시지　　☐ 배송 메시지
배송지 추가 시, 선택한 메시지를 같이 입력하여 저장할 수 있습니다.
주문 작성페이지에서 입력 받는 메시지를 선택해주세요.

- 배송지 주소록 기능은 회원에게만 제공되며, 배송지는 최대 20개까지 저장할 수 있습니다.
- 배송지 주소록 관리(배송지 추가/수정/삭제)는 회원의 마이페이지에서 가능합니다. (주문서 작성 시, 배송지 추가는 가능)
- 등록한 배송지 중 기본 배송지를 하나 선택할 수 있으며, 주문서 작성 시 자동으로 기본 배송지 정보가 입력됩니다.
- 배송지 주소록 사용 시, 위 '배송정보입력 기본 배송지 선택' 설정은 사용할 수 없습니다.
- 주문서 작성페이지 배송지 선택 항목은 아래와 같이 노출됩니다.
　1) 기본 소스 사용 시 (<!--radio_delivery_addr--> 가상태그 사용 시)
　2) 개별디자인하여 사용 시(<!--loop_radio_delivery_list--> ~ <!--end_loop-->)
　=> 주소록 버튼은 <!--link_past_delivery--> 가상태그를 추가하셔야 사용 가능합니다.

▪ 배송메시지 선택 기능 설정　　　　　　　　　　　　　　　　　🗎 매뉴얼

사용 설정　● 사용　　○ 사용안함

추가할 배송메시지를 입력해주세요.　　　　　추가

▼

배송메시지

직접 받음
직접 받고 부재 시 경비실
직접 받고 부재 시 문 앞

맨위 ⬆
위 ▲
순서이동
아래 ▼
맨아래 ⬇
삭제 ✕
전체삭제

- 배송메시지 선택 기능 사용 시, 고객이 선택한 배송메시지가 배송메시지 입력창에 자동으로 입력됩니다.
- '배송메시지 길이 제한 설정'에 따라 배송메시지가 잘려서 노출될 수 있으니 설정을 확인해주시기 바랍니다. [확인하기]
- 주문서 작성 페이지에 <!--select_delivery_message--> 태그 추가하여 개별디자인 하셔야 사용 가능합니다.
　(반드시 배송메시지 입력창 <!--text_delivery_message--> 태그와 같이 추가하셔야 합니다.)
- 배송메시지는 최대 10개까지 추가할 수 있습니다.

🔒 확 인

쇼핑몰 메인 이미지와 로고를 등록해보겠습니다.

01 쇼핑몰 로고 등록하기

쇼핑몰 로고 등록 방법을 알아보겠습니다.

1 [개별디자인]–[디자인 편집하기] 버튼을 클릭합니다.

2 왼쪽 메뉴의 상단, 측면, 하단 디자인 부분의 [상단]–[기본 상단]을 클릭합니다. 4번 행의 'AMORE FATI'를 알맞은 로고 이름으로 수정합니다. 여기서는 'JUNGBOMALL'로 수정했습니다. 그런 다음 [저장] 버튼을 눌러 사이트에 반영합니다.

변경 전   변경 후: 쇼핑몰 접속 시 화면

마우스 롤오버 효과

3 우측의 [내쇼핑몰]–[PC쇼핑몰]을 클릭하면 결과 화면을 확인할 수 있습니다.

02 메인 이미지 등록하기(롤링 배너)

메이크샵 스마트FTP를 이용해 메인 이미지를 변경하는 방법을 알아보겠습니다.

1 [개별디자인]–[디자인 편집하기] 버튼을 클릭합니다.

2 왼쪽 메뉴의 중앙 디자인 부분에 있는 [메인]−[메인]을 클릭한 후 우측에 있는 [코드 하이라이트 사용]의 체크 박스에 체크 표시를 합니다.

3 코드에 대한 내용은 최우측 상단의 가상 태그 팝업 창을 클릭해 참고할 수 있습니다.

4 7번 행의 코드를 복사해 검색 창에 붙여 넣은 후 [검색] 버튼을 눌러보면 메인 롤링 배너 스크립트 소스라는 것을 확인할 수 있습니다.

5 우측 상단의 [검색] 버튼(🔍)을 클릭한 후 '메인'으로 검색하면 관련 메뉴가 나타납니다. 스크롤을 제일 아래로 내려보면 찾을 수 있는 [메인 롤링 배너 설정]을 클릭합니다. 메인 롤링 배너 사이즈는 가로 1920px, 세로 550px로 설정했습니다.

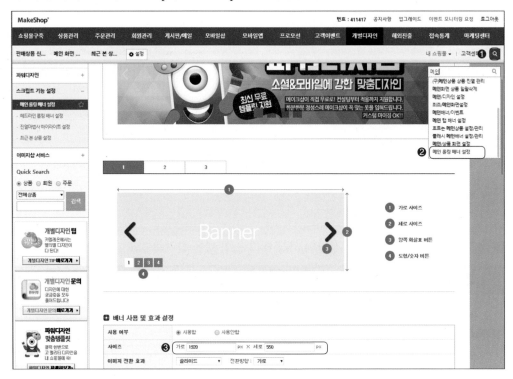

6 무료 이미지 다운로드 사이트인 픽사베이(https://pixabay.com/photos/woman-girl-crouching-female-3377839/)에서 다운로드한 후 사이즈를 포토샵 CC 2020에서 조정해보 겠습니다.

7 포토샵의 [File]-[Open]을 클릭해 해당 이미지를 불러옵니다.

8 왼쪽 도구 상자에서 크롭 툴(◻)을 선택합니다. 상단에 크롭 툴에 관련된 옵션 막대가 나타나면 드롭다운 메뉴에서 [WxHxResolution]을 선택합니다. 가로, 세로 크기를 지정해 자르겠다는 의미입니다. 다음 입력 칸의 가로 값에 '1920', 세로 값에 '550'을 입력합니다. 다음 입력칸은 비워두고 네 번째 드롭다운 메뉴에서 px/cm를 선택하면 자동으로 자를 영역이 나타납니다. 가장 보기 좋은 영역을 위아래로 화면을 조정하면서 맞춘 후 더블클릭합니다.

9 화면이 다음과 같이 잘립니다.

10 웹용으로 저장하기 위해 [File]–[Export]–[Save for Web & Device](단축키 `Alt` + `Shift` + `Ctrl` + `S`)를 클릭한 후 [4up] 탭의 품질 60% jpg로 저장합니다(500KB 이내).

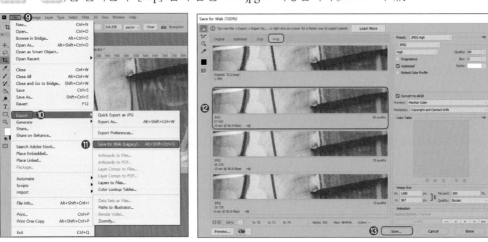

11 이와 같은 방법으로 이미지를 2~10장까지(메인 롤링 배너 효과를 위해) 만들 수 있습니다(예시 이미지).

TIP 퀵 메뉴 설정

자주 사용하는 메뉴는 퀵메뉴로 설정할 수 있습니다. 메뉴 옆에 있는 별 모양(★)을 클릭하면 퀵메뉴를 설정할 수 있는 팝업 창이 나타납니다.

[저장] 버튼을 클릭하면 '퀵메뉴가 설정됐습니다.'라는 메시지가 나타납니다. [확인] 버튼을 클릭합니다. '퀵메뉴 등록이 완료됐습니다.'라는 메시지가 나타나면 [확인] 버튼을 클릭합니다.

상단의 메인에 고정 메뉴로 등록됐습니다.

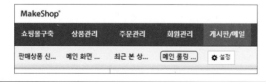

12 [메인 롤링 배너 설정] 메뉴를 상단 바로가기로 등록했기 때문에 언제든지 상단에서 [메인 롤링...]를 클릭하면 해당 메뉴로 이동할 수 있습니다. 배너 사용 및 효과 설정, 버튼 설정, 위치 등을 입력한 후 [찾아보기] 버튼을 클릭하고 메인 이미지를 등록합니다.

 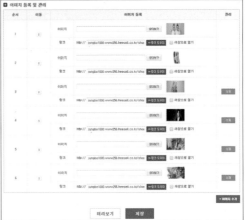

13 [링크 도우미]를 클릭하면 분류, 상품, 게시판 등의 바로가기를 쉽게 연결할 수 있습니다. 연결한 후 [확인] 버튼을 클릭합니다. 이 샘플 쇼핑몰에서는 해당 상품을 등록한 분류가 있는 Sale 분류 페이지로 연결했습니다.

14 결과 화면은 다음과 같습니다.

03 중간 배너 변경하기

중간 배너를 변경하는 방법을 알아보겠습니다. 현재 중간 배너 이미지는 무료이고, 이 이미지가 기본으로 들어가 있습니다. '메인 공지사항의 배경은 jpg 파일로, 'main_notice_bg'라고 저장하신 뒤 FTP의 makeshop 폴더 안에 bg 폴더에 넣어주시면 됩니다.'라고 적혀 있습니다. 즉, 'main_notice_bg.jpg'라고 저장한 후 bg 폴더 안에 넣어주면 됩니다.

1 중간 배너의 사이즈를 알기 위해 FTP에 접속합니다.

2 [개별 디자인]-[열기]를 클릭합니다. 다음과 같이 FTP 창이 나타납니다. 좌측에 있는 bg 폴더를 클릭하면 폴더 안에 있는 'main_notice_bg.jpg'가 우측에 나타납니다. 우측에 있는 'main_notice_bg.jpg'를 클릭한 후 [파일 다운로드] 버튼을 클릭합니다. 다운로드할 수 있는

팝업 창이 새로 나타납니다. 다시 'main_notice_bg.jpg'를 클릭한 후 [다운로드] 버튼을 클릭하면 파일이 내 컴퓨터로 다운로드됩니다.

3 다운로드한 파일을 포토샵에서 엽니다. [Image]-[Canvace Size]를 클릭한 후 사이즈를 확인합니다. 1920×576px인 것을 확인할 수 있습니다.

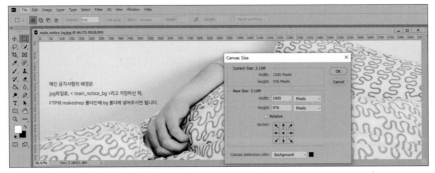

4 포토샵으로 중간 배너로 사용할 이미지를 불러온 후 도구 상자에서 크롭 툴(□)을 선택합니다. 그런 다음 1,920×576px을 입력해 자르기하고 웹용으로 저장합니다. 이미지 용량은 500KB 이내여야 합니다(02. 메인 이미지 등록하기(롤링 배너) 참고). FTP 업로드 시 파일 업로드 제한은 500KB입니다.

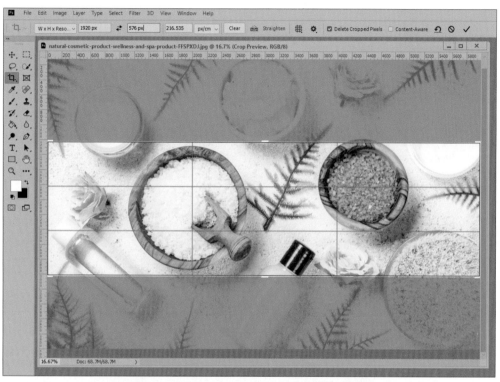

5 다시 FTP를 열고 bg 폴더를 클릭한 후 [찾아보기]를 클릭하고 'main_notice_bg.jpg'를 선택합니다. '파일이 중복됩니다. 덮어씌울까요?'라는 팝업 창이 나타나면 [확인] 버튼을 클릭합니다. [파일 업로드] 버튼을 클릭한 후 '파일을 등록할까요?'라는 팝업 창이 나타나면 [확인] 버튼을 클릭합니다.

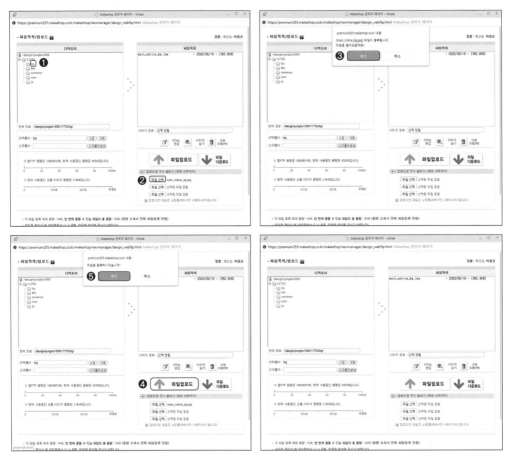

6 결과 화면을 확인합니다. 수정한 후 결과 화면을 바로 확인하는 습관을 들이는 것은 좋은 관리자가 되기 위한 기본입니다. PC, 모바일 화면 모두 잘 보이는지 확인하기 바랍니다.

04 고객센터 정보 및 은행 계좌, PG사, 에스크로 신청 및 설정하기

쇼핑몰의 고객센터 정보를 설정하는 방법과 쇼핑몰 결제 수단인 무통장 입금 계좌, 카드 결제 및 실시간 계좌 이체를 위한 PG, 에스크로 신청 및 설정 방법을 알아보겠습니다.

01 고객센터 정보 및 무통장 입금 계좌 설정하기

쇼핑몰 고객센터 및 은행 계좌 설정 방법을 알아보겠습니다.

1 [쇼핑몰 구축]-[쇼핑몰 운영기능 설정]-[고객센터 및 은행 계좌 설정]을 클릭합니다.

2 고객센터 관련 정보와 무통장 입금 은행 계좌 정보를 입력한 후 [설정하기] 버튼을 클릭해 저장합니다.

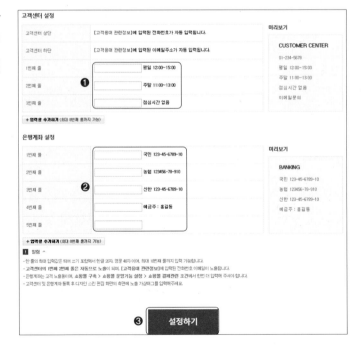

3 무통장 계좌를 설정하려면 [쇼핑몰구축]-[쇼핑몰 기본정보 설정]-[쇼핑몰 결제 관련 조건]을 클릭합니다.

4 무통장 입금 시 결제 계좌 관리 부분에 은행, 계좌 번호, 예금주를 입력한 후 [신규계좌입력] 버튼을 클릭합니다.

5 등록된 계좌 번호에 추가됐습니다.

6 쇼핑몰 하단에는 수동으로 수정해야 하는 부분이 있습니다. [개별디자인]-[디자인 편집하기] 버튼을 클릭해 [디자인 편집] 창을 나타나게 한 후 왼쪽에 [하단]-[기본 하단]을 클릭하고 다음 부분을 찾아 문구를 수정하면 반영됩니다.

```
    <div class="cscenter">
        <h3>CUSTOMER CENTER</h3>
        <p class="phone"><!--/shop_tel/--></p>
        <p>
            MON-FRI 10:00~18:00<br />
            LUNCH 12:00~13:00<br />
            SAT,SUN,HOLIDAY OFF<br />
        </p>
    </div>
    <div class="bankinfo">
        <h3>BANK INFO</h3>
        <p>
            국민 123-25-654789<br />
            농협 2134-456-78<br />
            신한 123-25-654789<br />
            예금주: (주)코리아센터닷컴

        </p>
    </div>
```

7 고객센터의 정보와 무통장 입금 은행 계좌 정보가 적용된 결과 화면은 다음과 같습니다.

02 PG 신청하기

카드 결제 및 실시간 계좌 이체를 위한 PG 신청 방법을 알아보겠습니다.

1 [쇼핑몰 구축]-[쇼핑몰 결제서비스 설정]-[통합결제(PG)소개/신청]을 클릭합니다. [전자 결제(PG) 회사 선택 및 신청하기] 페이지가 나타나면 여러 PG사 중 한 곳을 선택하고 [신청 하기] 버튼을 클릭합니다. PG사에는 올앳데이, 케이에스넷, 이니시스, 올더게이트, 케이씨 피, 엘지유플러스 등이 있습니다. 가입비, 정산 주기 등 서비스 내역을 비교한 후 유리한 곳 을 선택합니다.

03 에스크로 서비스 설정하기

카드 결제 및 실시간 계좌 이체를 위한 에스크로 서비스를 설정해보겠습니다.

1 [쇼핑몰 구축]-[내 쇼핑몰, 결제 시스템 ID]-[통합 결제(PG ID) 관리]를 클릭합니다. 통합 결제(PG) 결제 ID 관리 페이지에서 PG사를 선택한 후 PGID, 결제 방식 등을 설정하고 [등록/수정] 버튼을 클릭합니다.

2 [에스크로 신청하기] 버튼을 클릭합니다. 국민은행에서 제공하는 에스크로 서비스 내용을
입력한 후 [등록/수정] 버튼을 클릭하면 아이디 및 에스크로 설정이 완료됩니다.

04 쇼핑몰에 프로모션 로고 배치하기

쇼핑몰 하단에 프로모션용(보안 서버/카드 결제/신용카드/공정위/에스크로 등) 로고를 노출
하면 쇼핑몰의 신뢰도를 높일 수 있습니다.

1 [개별 디자인]–[디자인 부가 설정]–[하단 프로모션 로고 모음]을 클릭합니다. 하단의 프로모션 로고 모음에서 노출할 로고를 등록합니다.

2 쇼핑몰 하단에 노출할 로고를 선택한 후 [설정하기] 버튼을 클릭합니다.

3 쇼핑몰 하단에 프로모션용(보안서버/카드 결제/신용카드/공정위/에스크로 등) 로고가 배치된 결과 화면은 다음과 같습니다.

4 최종 결과 화면은 다음과 같습니다.

05 쇼핑몰 오픈 최종 테스트하기

인터넷 쇼핑몰은 도메인 설정부터 결제 설정, 디자인, 상품 등록까지 많은 단계를 거쳐 만들 어지기 때문에 간혹 누락이 발생하곤 합니다. 그러므로 쇼핑몰을 오픈하기 전에 메인 화면 요소 확인, 카테고리 연동 상태 확인, 상품 연동 확인, 결제 과정 오류 체크 등을 고객 입장에 서 꼼꼼하게 테스트해야 합니다.

01 단계별 테스트하기

다음 단계별 항목을 고객 입장에서 테스트해봅니다.

❶ 도메인 연결 상태를 확인합니다

브라우저에서 도메인 주소로 접속해봅니다. 만약 접속되지 않는다면 솔루션 관리자 페이지에서 연결 상태를 확인합니다.

❷ 메인 화면 요소, 메인 화면 레이아웃 및 정렬 상태 등을 확인합니다

쇼핑몰 메인 화면 레이아웃과 구성 요소(로고, 카테고리, 배너 배치 및 링크 상태, 고객센터, 사업자 정보 등)가 틀어지거나 누락된 부분은 없는지 체크합니다. 누락된 부분이 있다면 해당 항목을 추가 또는 수정합니다.

❸ 카테고리의 연결 상태를 확인합니다

전체 카테고리를 클릭해 메인 카테고리에서 세부 카테고리까지 접근해봅니다. 메인 카테고리와 세부 카테고리 간 연결이 되지 않는 부분은 체크해 관리자 페이지에서 해당 카테고리를 수정합니다.

❹ 상품 페이지 연결 상태를 확인합니다

메인 화면에서 상품을 클릭해 상품 상세 페이지로 연결되는지 체크합니다.

❺ 상품 상세 페이지의 구성 요소 상태를 확인합니다

상품 상세 페이지의 구성 요소(상품 소개, 설명, 상품 부가 정보, 옵션 설정 등)가 제대로 적용됐는지 확인한 후 옵션을 각각 클릭해 설정 상태 등도 확인합니다.

❻ 장바구니, 바로 구매에 문제점은 없는지 확인합니다

상품을 장바구니에 담아보거나 바로 구매해 진행 과정에 이상이 없는지 확인합니다. 또한 마이페이지에서 장바구니에 담긴 상품과 구매한 상품 내역이 제대로 적용되는지도 확인합니다.

❼ 신용카드 및 에스크로 등 결제 시스템이 제대로 작동되는지 확인합니다

상품 결제 과정에서 신용카드와 에스크로 등을 각각 이용해 구매해봅니다.

❽ 주문과 배송이 제대로 확인되는지 점검합니다

상품을 구매한 후 마이페이지에서 주문과 배송이 제대로 지정되는지 확인해봅니다.

❾ 주문 후 고객에게 배송되기까지의 소요 시간과 배송업체의 서비스 상태를 점검합니다

구매한 상품이 지정한 장소까지 배송되는 데 걸리는 기간, 계약을 맺은 배송 대행업체의 친절성과 서비스 상태 등을 점검합니다.

쇼핑몰 판매 채널 확장하기

Part 04에서는 스마트스토어, 카페24, 메이크샵의 모바일 쇼핑몰 만들기와 종합 쇼핑몰과 소셜커머스 입점 방법, 글로벌 온라인마켓의 판매 방법 등을 통해 다양한 채널로 판매망을 확장하는 방법에 대해 자세히 알아봅니다.

12 모바일 쇼핑몰 만들기

01 스마트스토어에서 모바일 쇼핑몰 만들기

스마트스토어에서 제공하는 모바일 쇼핑몰은 PC에서 제공하는 네 가지 테마에 동일하게 적용됩니다.

트렌디형, 스토리형 테마를 사용하는 경우에는 PC와 동일하게 적용돼 별도의 꾸미기가 불가능하고, 큐브형/심플형 테마를 사용하는 경우에는 PC에 전시 상품 관리 및 모바일 테마를 별도로 설정해야 합니다. 이번에는 테마별 모바일 쇼핑몰 꾸미기를 알아보겠습니다.

01 테마 트렌디형 스마트스토어 모바일 쇼핑몰

스토어 전시 관리 스마트스토어(PC) 테마 관리에서 트렌디형을 선택했다면 스마트스토어 (모바일)는 자동으로 트렌디형이 되고, 별도의 꾸미기가 불가능합니다. 적용된 모습은 우측과 같습니다.

스마트스토어 모바일 트렌디형 테마 선택과 트렌디형 모바일 스토어

02 테마 스토리형 스마트스토어 모바일 쇼핑몰

스토어 전시 관리 스마트스토어(PC) 테마 관리에서 스토리형을 선택했다면 스마트스토어(모바일)는 자동으로 스토리형이 되고, 별도의 꾸미기가 불가능합니다. 적용된 모습은 다음과 같습니다.

스마트스토어 모바일 스토리형 테마 선택과 스토리형 모바일 스토어

03 테마 큐브형, 심플형 스마트스토어 모바일 쇼핑몰

스토어 전시 관리 스마트스토어(PC) 테마에서 큐브형, 심플형을 선택했다면 스마트스토어(모바일) 테마를 기본형-그리드형, 기본형-리스트형, 기본형-이미지형, 매거진형 중에서 설정할 수 있습니다.

1 모바일 테마를 설정합니다. [스토어 전시 관리]-[스마트스토어(모바일)]-[모바일 테마 관리]에서 기본형을 선택합니다. 기본형에는 그리드형(2단 배열), 리스트형(1단 목록형 배열),

이미지형(큰이미지 1단 배열)이 있습니다. 젊은층일수록 2단 배열을 선호하고, 연령층이 높거나 개성 있는 아이템을 다룰수록 큰 이미지형을 선호합니다. 목록형의 경우 제품 설명이 나타나 있어 하드웨어 사양 등과 같이 제품 설명이 필요한 경우에 선호하는 경향이 있습니다.

2 [스토어 전시 관리]-[스마트스토어(모바일)]-[모바일 테마 관리]에서 매거진형을 선택합니다. 매거진형을 선택했을 때는 [적용하기]를 클릭하면 바로 반영되는 것이 아니라 매거진 상품 관리 화면으로 넘어갑니다. 상단에 있는 [등록] 버튼을 누른 후 이미지를 등록한 후에 연결 상품을 등록합니다. 기본적으로 3개까지 등록할 수 있습니다.

③ 모바일 배경 관리는 총 14가지의 색상 중에서 선택할 수 있습니다. 배경 색상은 프로모션 또는 프로필 이미지 미등록 시에만 적용됩니다.

④ 모바일 컴포넌트를 관리합니다. 해당 컴포넌트를 선택하면 우측 화면에 해당 컴포넌트에 관련된 관리 화면이 나타납니다.

5 스마트스토어 모바일 쇼핑몰 결과를 확인합니다.

기본형-그리드형

기본형-리스트형

기본형-이미지형

매거진형

카페24에서 제공하는 무료 디자인을 이용해 심플한 모바일 쇼핑몰을 만들어보겠습니다.

01 모바일 쇼핑몰 환경 설정하기

모바일 쇼핑몰을 만들기 전에 모바일 쇼핑몰을 설정해야 모바일 쇼핑몰에 접속할 수 있습니다. 다음은 모바일 기기에서 접속한 상태입니다. 좌측은 '사용안함', 우측은 '사용함' 상태입니다. '사용안함'을 지정하면 PC 버전으로 접속하게 되고, 주소 창의 도메인 이름 앞에 자동으로 'm'이 표시됩니다.

모바일 쇼핑몰 접속 '사용 안 함'과 '사용함'

1 [모바일 쇼핑몰]–[모바일 환경설정]을 클릭한 후 '모바일 전용 디자인 사용설정'의 [사용함] 라디오 버튼을 클릭하면 모바일 웹 신청이 완료됩니다.

02 무료 디자인 템플릿 적용하기

카페24에서 제공하는 무료 디자인 템플릿을 모바일 쇼핑몰에 적용하는 방법을 알아보겠습니다.

1 [모바일쇼핑몰]−[디자인 보관함]−[디자인 추가]를 클릭합니다. '기본 디자인 추가' 핍입 창이 나타나면 기본 언어로 '한국어'를 선택하고 디자인 이름을 입력합니다. 그런 다음 [저장] 버튼을 클릭합니다. 기본 디자인을 포함한 무료 디자인은 최대 12개까지 추가할 수 있습니다.

2 약 5분 정도 지나면 기본 디자인 스킨이 목록에 추가된 것을 확인할 수 있습니다. 앞의 체크 박스에 체크 표시를 한 후 [대표 디자인 설정] 버튼을 눌러줍니다.

❸ 좌측 상단에 있는 모바일 아이콘을 클릭하면 결과 화면을 확인할 수 있습니다.

03 메인 배너 설정하기

모바일 쇼핑몰 메인 화면의 배너를 설정해보겠습니다. 모바일 쇼핑몰의 배너는 최대 5개까지 자유롭게 설정해 반영할 수 있습니다. 만약 설정한 배너 이미지 파일이 2개 이상일 경우 롤링 형식으로 돌아가면서 노출됩니다.

모바일 쇼핑몰의 배너는 [앱스토어]–[스마트 배너 관리]–[관리하기]–[+ 배너 영역 추가하기]에서 슬라이드 사용을 설정한 후 이미지를 2장 이상 등록하면 자동으로 슬라이드됩니다.

mibilemain

1 [앱스토어]–[마이앱 > 스마트 배너 관리 > 관리하기]–[상단 배너 영역 > 관리하기]에서 영역 이름, 배너 크기, 활성 여부, 슬라이드 사용 여부 및 이미지 전환 시간 간격, 전환 형태를 설정할 수 있습니다. [저장] 버튼을 클릭한 후 [배너 등록]을 클릭합니다.

2 [이미지 등록]을 클릭한 후 업로드합니다. 그런 다음 [링크 미사용]의 체크 박스에 체크 표시를 하고 [저장] 버튼을 클릭합니다. 링크 URL은 언제든지 수정할 수 있습니다.

04 모바일 메인 카테고리 진열 변경하기

모바일 쇼핑몰의 메인 카테고리 진열을 변경하는 방법을 알아보겠습니다.

1 [모바일쇼핑몰]–[쇼핑몰 디자인 수정]을 클릭합니다.

2 50번 행에 있는 grid2는 '2단 배열'이라는 뜻입니다. 이것을 grid3으로 수정하면 '3단 배열'로 변경됩니다. 44행에 있는 $count = 4는 3단 배열에 맞는 3의 배수로 변경합니다. 두 줄로 보이게 하려면 '6'으로 수정합니다.

TIP   Count 값보다 메인 상품 진열 개수가 많을 경우

모바일 메인 상품 진열에서 grid3으로 설정했을 때 $Count는 '3'으로 하고, 메인 상품 진열한 개수가 많을 경우,
예를 들어 메인 추천 상품 진열 개수가 12개라면 메인에는 3단 한 줄 제품만 진열되고, 아래쪽에 [제품 더 보기
1/4 +]라는 버튼이 나타납니다. 즉, 총 4줄 중 1줄을 표시하고 있다는 의미입니다.

TIP   반응형 스킨 해상도별 미리보기 사이트

해상도(화면 크기)에 따라 레
이아웃이 반응해 웹 페이지
가 구성되는 것을 '반응형 웹
(Responsive Web)'이라고
합니다. 이런 반응형 사이트
를 스마트폰, PC, 태블릿 PC,
스마트 TV 등으로 일일이 확
인하지 않고 '트로이'라는 사
이트(http://troy.labs.daum.
net/)에서 간편하게 확인할
수 있습니다.

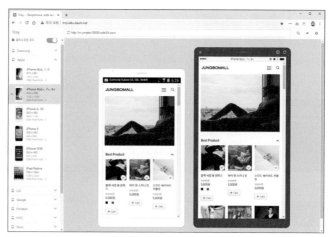

반응형 스킨의 해상도별 미리보기

❸ 카테고리와 관련된 css를 찾기 위해 42행의 ec-base-product라는 문구를 복사해 좌측 '화면 이
름 검색'의 입력 창에 붙여 넣은 후 [검색] 버튼을 클릭하고 [선택 파일 열기]를 클릭합니다.

4 'ec-base-product.css' 파일의 100~104행을 보면 1~5단 배열까지 변경할 수 있습니다.

TIP 모바일 메인 추천 상품 추가하기

PC 메인 추천 상품을 추가하면 모바일 메인 추천 상품에도 동시에 반영됩니다. 즉, 따로 추가할 필요가 없습니다. 관리자 모드의 [상품 관리]-[메인 상품 진열 관리 +]를 클릭하면 팝업 창이 별도로 열려 메인 상품을 편리하게 진열할 수 있습니다.

05 모바일 메인 추천 상품 타이틀 추가하기

모바일 메인 추천 상품에 현재 타이틀이 없기 때문에 'Best Product'라는 타이틀을 추가하겠습니다.

1 [모바일 쇼핑몰]-[디자인 수정하기]-[쇼핑몰 메인 화면]의 43행 다음에 다음과 같이 추가합니다. 〈h2〉〈/h2〉는 제목 태그입니다.

```
<h2>Best Product</h2>
```

2 결과 화면은 다음과 같습니다.

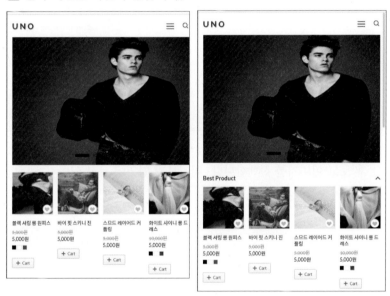

수정 전   수정 후

06 모바일 쇼핑몰 로고 변경하기

모바일 쇼핑몰의 로고를 변경해보겠습니다. 모바일 쇼핑몰의 로고 이미지 파일을 준비합니다. 여기서는 다음 로고 이미지 파일을 이용하겠습니다.

JUNGBOMALL

로고 이미지 파일 이름: LOGO-2.JPG

1 [모바일 쇼핑몰]-[디자인 수정하기]-[로고] 영역을 선택한 후 [편집] 버튼을 클릭합니다.
[공통 레이아웃] 탭이 자동으로 열리면서 팝업 장이 나타나면 [속성] 탭을 클릭합니다.

2 [파일 선택]을 클릭한 후 로고 이미지를 선택합니다. 미리보기 영역에 로고 이미지가 나타
나는 것을 확인한 후 [적용] 버튼을 클릭합니다.

3 로고가 적용됐습니다.

07 모바일 메인 신상품, 세일 상품 추가하기

모바일 메인 화면에도 PC 쇼핑몰과 같이 신상품 및 세일 상품을 진열해보겠습니다.

1 [모바일 쇼핑몰]–[디자인 수정하기]를 클릭합니다. 추천 상품이 진열돼 있는 부분을 클릭하면 HTML 소스 창에서 해당 영역으로 자동 이동됩니다. 43~136행까지가 메인 추천 상품 진열 부분입니다. 43행 앞에 PC 메인의 추천 상품과 같이 〈!-- 추천 상품 --〉라는 주석 태그를 붙여 넣습니다. 그리고 맨 끝에는 다음에 올 내용과 너무 붙지 않기 위해 136행 뒤에 한 줄 띄기 태그인 〈br〉을 붙입니다. 이렇게 하면 신상품, 세일 상품의 소스 추가를 작업한 후에도 관리하기가 편리해집니다.

메인 추천 상품 부분의 작업이 완료됐다면 이 영역에 해당하는 소스 부분인 43~136행의 소스 코드를 복사합니다.

2 136행 다음에 Eneter 를 누르고 137행에 복사한 소스 코드를 붙여 넣습니다. 다시 한번 붙여 넣습니다. 그런 다음 [저장] 버튼을 눌러 반영합니다.

```
43 <!--추천 상품--><div class="ec-base-product typeThumb" module="product_listmain_1">
44 <h2>Best Product</h2>
     ⋮
131 <div module="product_listmore_1" class="ec-base-paginate typeMoreview">
     ⋮
136     </div><br>
137     <!--신상품--><div class="ec-base-product typeThumb" module="product_listmain_2">
138     <h2>New Product</h2>
          ⋮
225     <div module="product_listmore_2" class="ec-base-paginate typeMoreview">
          ⋮
230     </div><br>
231     <!--세일 상품--><div class="ec-base-product typeThumb" module="product_listmain_3">
232     <h2>Sale Product</h2>
          ⋮
319     <div module="product_listmore_3" class="ec-base-paginate typeMoreview">
          ⋮
324     </div><br>
```

3 최종 결과 화면은 다음과 같습니다.

메이크샵에서 제공하는 무료 디자인을 이용해 심플한 모바일 쇼핑몰을 만들어보겠습니다.

01 모바일 쇼핑몰 사용 설정하기

모바일 쇼핑몰을 만들기 전에 모바일 쇼핑몰을 설정해야 합니다.

1 [모바일샵]-[모바일샵 설정]-[모바일샵 기본 설정]을 클릭하면 [기본 설정] 페이지가 나타납니다. 모바일샵 사용 설정의 [사용함] 라디오 버튼을 선택하면 모바일샵 주소(URL)를 확인할 수 있고, 스마트폰 브라우저의 주소란에 모바일샵 주소를 입력하면 모바일 쇼핑몰을 확인할 수 있습니다. 페이지 아래에 있는 [설정하기] 버튼을 클릭합니다.

2 다음은 스마트폰 브라우저에서 모바일샵 주소(도메인 이름/m/)로 접속한 모바일 쇼핑몰 화면입니다. 또는 1-**4**를 스마트폰에서 인터넷 주소창에 접속하거나 1-4.의 QR코드로 접속하면 확인할 수 있습니다.

02 모바일 쇼핑몰 로고 등록하기

모바일 쇼핑몰의 로고를 등록해보겠습니다. 모바일 쇼핑몰의 로고 등록 방법은 '이미지'와 '텍스트형'이 있습니다.

1 [모바일샵]-[메인/디자인 설정]을 클릭하면 메인/디자인 설정 페이지가 나타납니다. 메인 화면 설정 영역의 [상단 탭 꾸미기]-[로고 이미지] 항목에서 [찾아보기] 버튼을 클릭해 준비

한 로고 이미지 파일을 선택합니다. 페이지 아래에 있는 [설정하기] 버튼을 클릭합니다. 여기서는 다음 로고 이미지 파일을 이용해보겠습니다.

JUNGBOMALL

로고 이미지 파일 이름: mobile_logo_150_54.jpg

이지팩, 파워팩은 스킨 상단의 편집 페이지에서 설정할 수 있습니다.

2 [모바일샵]–[모바일샵 설정]–[모바일 D4(개별 디자인)]를 클릭합니다. [디자인 편집하기] 버튼을 클릭합니다.

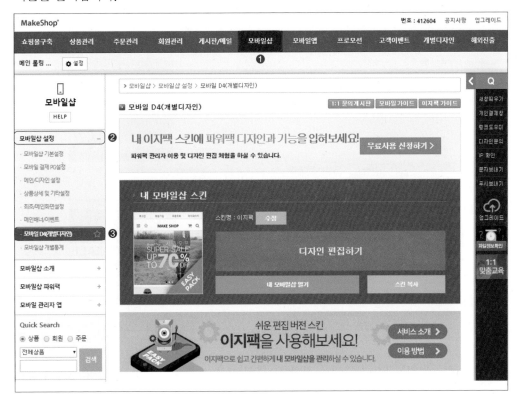

3 [스마트 FTP]의 [열기] 버튼을 클릭합니다. 다음과 같은 설치 프로그램이 나타나면 설치를 완료합니다.

④ 준비해둔 'mobile_logo_150_54.jpg'를 '/design/jungbo2000/11753'이라는 경로 아래에
업로드합니다.

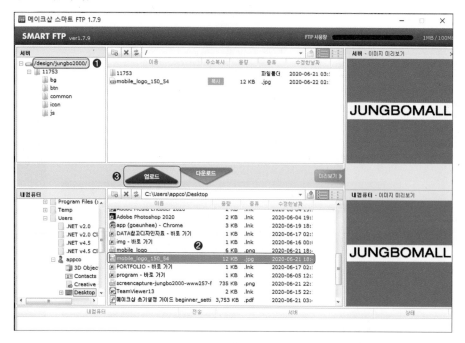

⑤ 좌측 메뉴에 있는 [상단]-[기본 상단]을 클릭한 후 우측 [기능 설정] 탭의 로고 부분에
이미지의 라디오 버튼을 클릭한 후 [찾아보기]를 클릭합니다. [스마트 FTP]에 올려놓은
'mobile_logo_150_54.jpg'를 /design/jungbo2000/11753과 같이 차례대로 클릭한 후 [입력]
버튼을 클릭합니다.

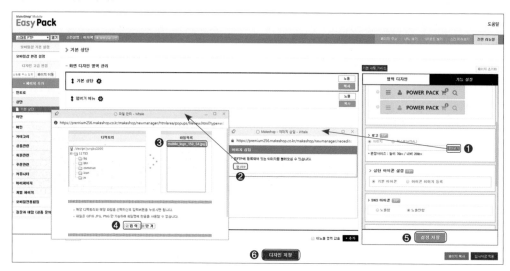

6 텍스트형 로고를 등록하려면 좌측의 [기능 설정] 탭에 있는 로고 영역 부분의 텍스트에 체크 표시를 한 후 'JUNGBOMALL'이라 입력합니다.

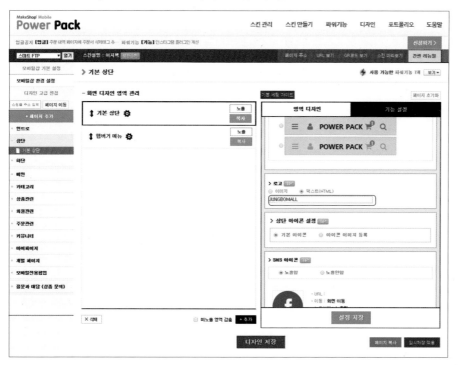

7 [설정 저장]-[디자인 저장]을 선택한 후 브라우저 또는 스마트 폰에서 확인한 결과 화면은 다음과 같습니다.

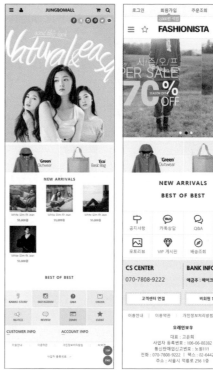

토리의 기본 세팅 가이드

하단에 나오는 '토리의 기본 세팅 가이드'를 참고하세요.

1 [시작하기] 버튼을 클릭하면 다음 화면으로 넘어갑니다.

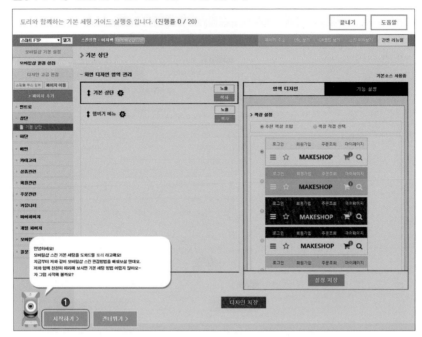

2 편집 환경에 대한 설명입니다. 화면 좌측 페이지에 있는 리스트를 선택하면 해당 화면에 접속할 수 있습니다.
현재는 기본 상단 페이지의 화면입니다. [다음] 버튼을 클릭합니다.

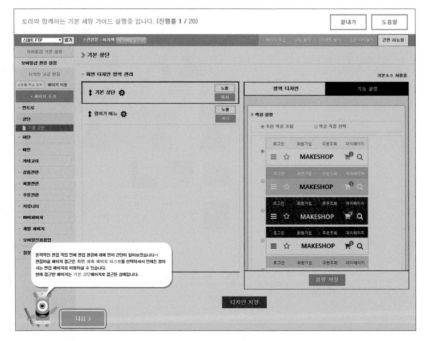

❸ 화면 중앙에서는 좌측 기본 상단 화면 페이지에서 사용하는 영역의 화면 리스트를 확인할 수 있습니다. 드래그 앤 드롭으로 영역 간 위치를 편리하게 변경할 수 있습니다.

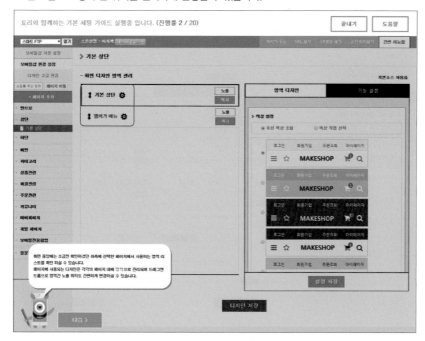

❹ [노출] 또는 [복사] 버튼을 클릭하면 화면 노출 여부를 선택할 수 있습니다.

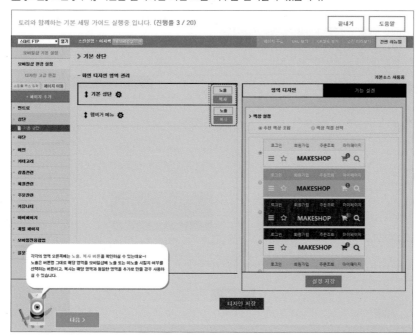

⑤ [영역 디자인] 탭이 선택된 상태입니다. 선택된 영역은 검은색 테두리 라인으로 구분할 수 있습니다. 선택 영역의 제목 이름, 영역 여백, 배경 색상, 배경 이미지, 외곽 라인을 설정할 수 있습니다.

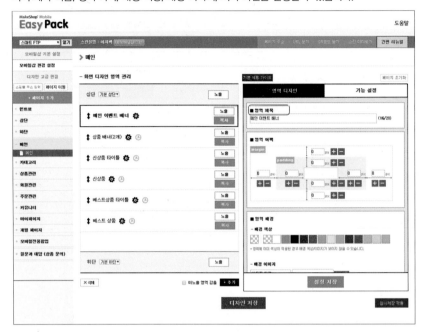

⑥ [기능 설정] 탭이 선택된 상태입니다. 영역 디자인을 선택할 수 있습니다.

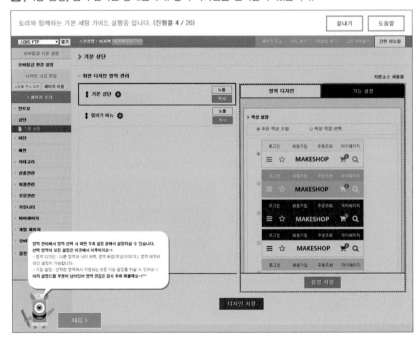

7 [디자인 저장]을 클릭하면 모바일샵에 적용됩니다.

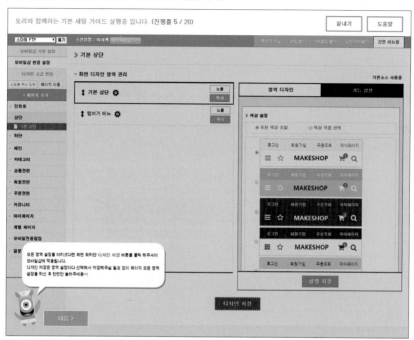

8 우측 상단의 URL 보기를 누르면 미리보기가 가능합니다. 토리가 보여주는 미리보기처럼 브라우저를 하나 띄워 주소를 붙여 넣고 미리보기할 수 있습니다.

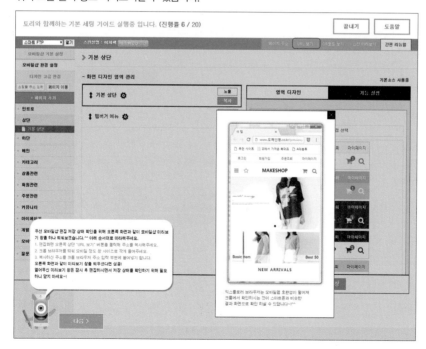

9 상단 > 메인 > 하단 순으로 작업합니다. 기본 세팅 가이드 안내 종료 후에도 언제든자 수정할 수 있습니다.

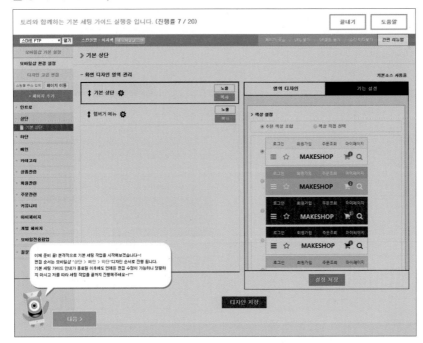

10 현재는 '상단 > 기본 상단'입니다. [상단 예시 화면] 버튼을 눌러 각 영역의 예시 화면을 확인해봅니다.

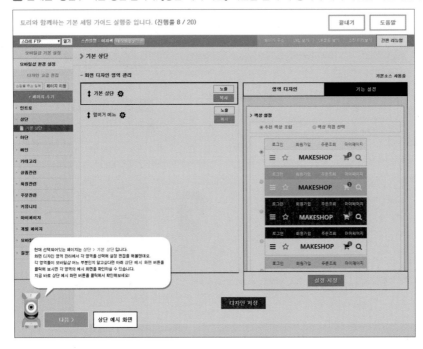

11 페이지 편집을 시작합니다. 영역 관리에서 편집할 영역을 선택합니다. 우측에 있는 기능 설정 화면에서 영역 디자인, 기능 설정을 확인합니다. 설정이 완료되면 설정을 저장하고, 모든 설정이 완료됐다면 [디자인 저장] 버튼을 클릭합니다. 그런 다음 [편집하기]를 눌러 본격적으로 상단 편집을 진행합니다. 기능 설정 중 필요하지 않은 것은 생략해도 됩니다.

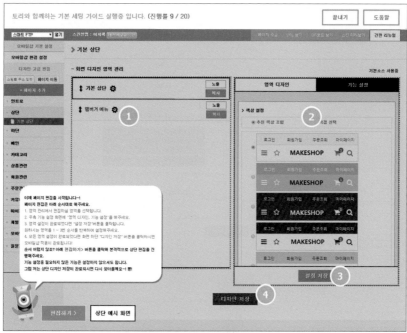

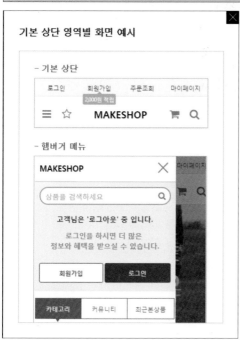

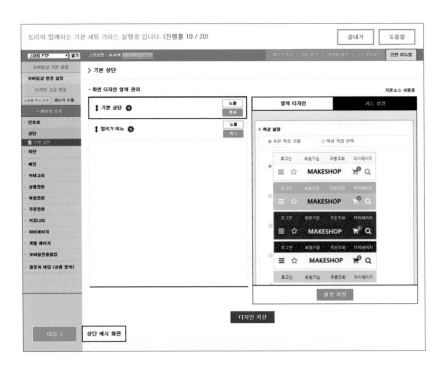

⑫ 설정을 완료하지 못했더라도 나중에 설정할 수 있습니다.

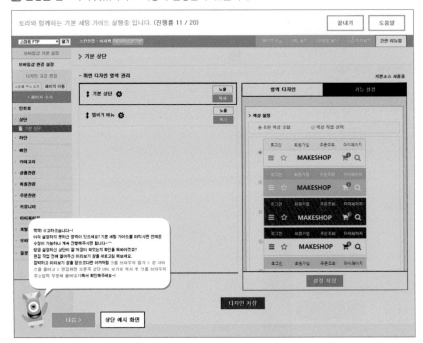

13 메인 예시 화면을 클릭해 확인합니다.

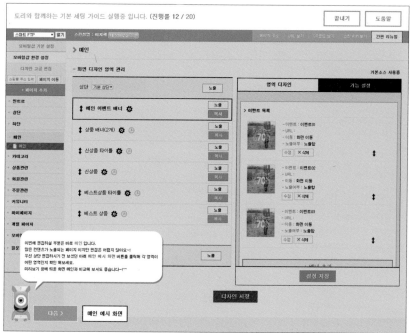

14 [페이지 추가] 버튼을 클릭해 추가 상단을 만든 후 특정 페이지에만 노출되는 상단을 만들 수도 있습니다.

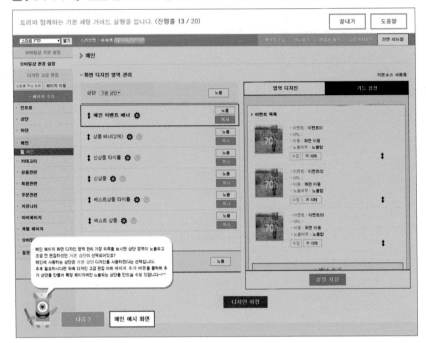

15 꽉찬 이미지는 가로 720px을 권장합니다. 배너 2개가 노출된다면 360px, 배경이 투명이라면 png 파일로 제작하면 됩니다.

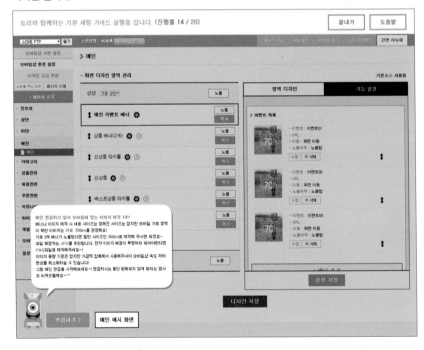

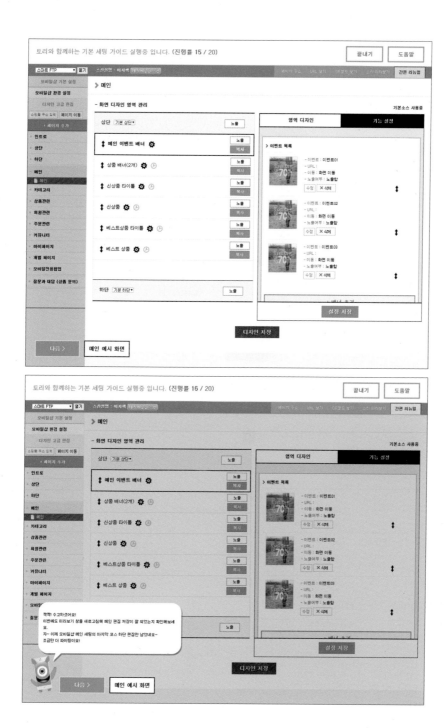

16 하단을 편집하는 부분입니다. 고객센터 정보, 상점 정보를 노출하는 영역으로 구성돼 있습니다.

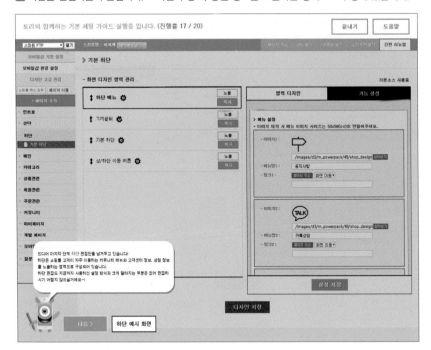

17 [하단 예시 화면]을 클릭했을 때 나타나는 화면입니다.

18 하단을 편집하기 전에 메이크샵 관리자에서 고객센터의 정보를 먼저 입력합니다. 전화번호는 [쇼핑몰 구축]-[쇼핑몰 기본 정보 설정]-[고객 응대 관련 정보]-[고객 상담 전화번호]에서 입력하고 고객센터 정보는 [쇼핑몰 구축]-[쇼핑몰 운영 기능 설정]-[고객센터 및 은행 계좌 설정]에서 입력합니다.

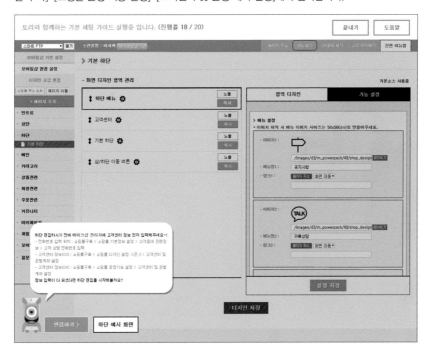

19 [끝내기] 버튼을 클릭하면 토리의 세팅 기본 가이드가 종료됩니다.

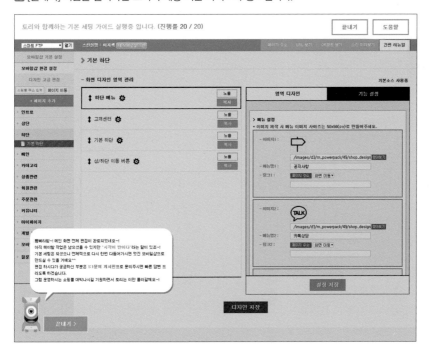

⑳ 우측 상단의 URL 보기를 복사해 브라우저에 붙여 넣으면 모바일샵을 확인할 수 있습니다.

03 메인 배너 등록하기

메인 배너를 등록해보겠습니다.

메인 이미지 파일 이름: main1.jpg, main2.jpg, main3.jpg

1 [메인]-[메인]에서 [메인 이벤트 배너]를 클릭하면 우측 화면에 [기능 설정] 탭 영역이 기본적으로 설정되며, 배너를 수정, 삭제, 추가할 수 있습니다. [삭제]를 눌러 이벤트 목록에 등록돼 있는 배너를 모두 삭제합니다.

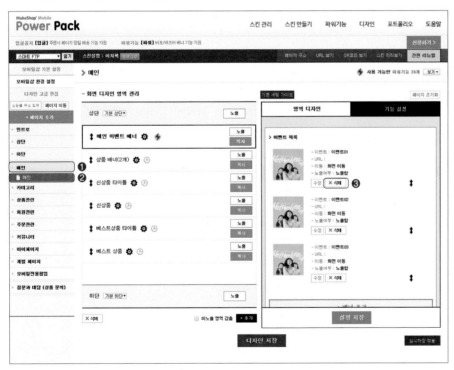

2 좌측 상단에 있는 스마트 FTP 열기를 클릭해 main1.jpg, main2.jpg, main3.jpg를 업로드
합니다.

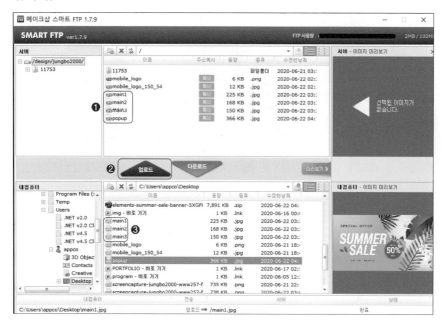

3 [기능 설정]의 [이벤트 목록]에서 [수정]-[찾아보기]를 클릭한 후 FTP에서 'main2.jpg'를
선택하고 [확인] 버튼을 클릭합니다. 순서대로 해야 정상적으로 반영됩니다. 정상적으로 반
영되면 등록하고자 하는 배너의 이미지가 해당 배너의 위치에 미리보기로 나타납니다.

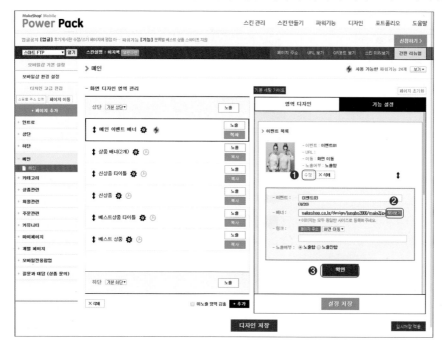

4 main2.jpg가 두 번째 배너 위치에 나타났습니다. [+ 배너 추가]를 클릭해 세 번째 배너를 추가합니다.

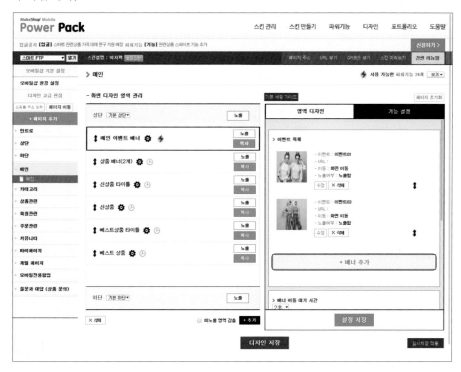

5 [설정 저장]-[디자인 저장]을 클릭합니다.

04 신상품, 베스트 상품 설정하기

신상품, 베스트 상품을 설정하는 방법을 알아보겠습니다.

1 [모바일샵]–[모바일샵 기본설정]–[파워팩 사용하기]–[디자인 편집]을 클릭합니다.

2 [메인]–[메인]–[신상품]을 클릭한 후 우측에 있는 [기능 설정] 탭에서 상품 노출 개수, 상품 진열 타입, 상품 정보 노출 여부 등을 설정할 수 있습니다. 설정이 완료되면 [설정 저장]–[디자인 저장]을 클릭합니다. 베스트 상품도 [메인]–[메인]–[베스트 상품]을 클릭하고 신상품을 설정한 것과 똑같은 방법으로 설정합니다.

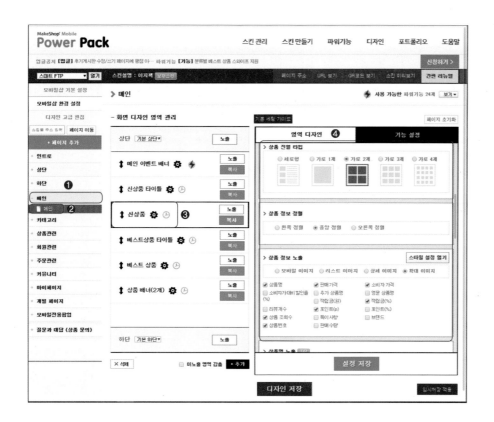

05 상품 배너 설정하기

상품 배너를 설정하는 방법을 알아보겠습니다.

1 [모바일샵]-[모바일샵 기본 설정]-[파워팩 사용하기]-[디자인 편집하기]를 클릭한 후 [메인]-[메인]-[상품배너(2개)]을 클릭합니다. 그런 다음 우측에 있는 [기능 설정] 탭에서 좌측 칸과 우측 칸을 각각 선택하고 선택 칸의 디자인에서 추가 타입, 이이콘, 링크를 설정한 후 [확인] 버튼을 누릅니다.

좌측 배너   우측 배너

결과 화면

2 다음과 같이 설정할 수 있습니다. 해당 영역을 드래그해 맨 아래에 배치할 수도 있습니다. 설정이 완료되면 [설정 저장]–[디자인 저장]을 클릭합니다.

06 팝업 등록하기

모바일 쇼핑몰에 노출되는 팝업 창을 설정해보겠습니다.

1 [모바일샵]-[모바일샵 설정]-[메인/디자인 설정]-[모바일샵 팝업관리]에서 [사용함]의
체크 박스에 체크 표시를 한 후 [수정하기] 버튼을 클릭합니다. 그런 다음 [모바일샵 팝업관
리]의 [사용함] 라디오 버튼을 클릭하면 [팝업 창 설정] 창이 나타납니다.

☑ 팝업 노출 기간, 이미지 창의 크기, 노출 스타일, 제목, 내용 등 팝업 창의 설정 내용을 작성한 후 [입력] 버튼을 클릭합니다. 여기서는 이미지 영역의 [찾아보기] 버튼을 클릭해 미리 준비해둔 팝업 이미지를 설정했습니다.

배너 이미지 파일 이름: popup.jpg

3 모바일 쇼핑몰 팝업 창의 결과 화면은 다음과 같습니다.

아래에서 위로 나타나는 팝업   화면 전체를 덮는 팝업

07 모바일샵 파워팩

모바일샵 파워팩을 이용하면 개성 있는 모바일 쇼핑몰을 만들 수 있습니다. 단, 파워팩 무료 사용 기간에는 디자인 편집과 미리보기만 가능합니다. 결제 후 스마트폰에 디자인 편집 내용을 적용할 수 있습니다.

1 [모바일샵]–[모바일샵 파워팩]–[모바일샵 파워팩 소개]를 클릭한 후 [서비스 신청하기] 버튼을 클릭합니다. '파워팩을 7일간 무료 사용할 수 있습니다.'와 '7일 무료 사용 신청이 됐습니다.'라는 팝업 창이 나타나면 각각 [확인] 버튼을 클릭합니다. [파워팩 사용하기] 버튼을 클릭합니다.

2 'Power Pack' 페이지 우측 상단에 있는 [스킨 만들기] 메뉴를 클릭합니다.

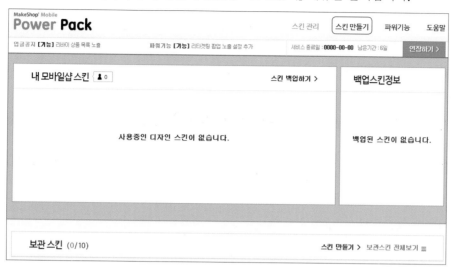

3 만들고 싶은 모바일 쇼핑몰 스킨에 마우스 커서를 올려놓은 후 [이 스킨으로 선택] 버튼을 클릭합니다.

4 파워팩의 초기 화면입니다. 톱니바퀴 아이콘(⚙)을 클릭하면 해당 부분을 수정할 수 있는 화면이 우측의 기능 설정 영역에 나타나면서 이미지, 링크를 수정할 수 있습니다. 모바일샵 미리보기는 [스킨 미리보기]를 클릭하면 확인할 수 있습니다. 크롬 브라우저에서 좀 더 정확하게 확인할 수 있습니다.

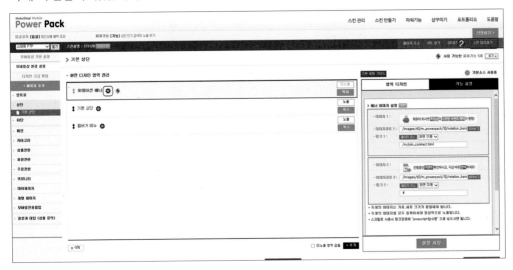

5 메인 이미지를 변경하려면 좌측 메뉴 영역에 있는 [메인]-[메인]을 클릭한 후 우측에 있는 기능 설정 화면에서 이미지를 수정합니다. 모든 수정이 완료되면 [디자인 저장] 버튼을 클릭합니다.

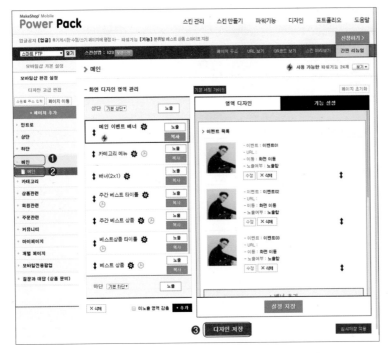

6 상단에 있는 [파워 기능]과 [샵 꾸미기]를 클릭하면 다양한 효과를 미리보면서 적용할 수 있습니다. HTML을 모르더라도 메이크샵 기능 및 디자인 관련 노출 설정을 쉽고 편리하게 적용할 수 있습니다.

TIP **파워 기능이란?**

복잡한 스크립트 동작으로 이뤄진 콘텐츠를 별도로 제작할 필요 없이 간편하게 설정해 내 모바일샵에 적용할 수 있는 기능입니다. 파워 기능은 상품 목록, 이미지 배너 등을 좀 더 재미있게 노출시켜 클릭률을 높일 수 있을 뿐 아니라 상품 매출을 증가시키기 위한 기능도 업그레이드되고 있습니다.

---

7 파워 기능 사용 방법입니다. 편집 화면 우측 상단에 있는 사용 가능한 파워기능의 [보기] 버튼을 클릭합니다. 파워 기능 리스트에서 사용을 원하는 기능을 선택합니다. 파워 기능 영역의 제목을 입력합니다. [선택한 파워기능 사용] 버튼을 클릭하면 영역 관리에 기능 영역이 추가로 생성됩니다.

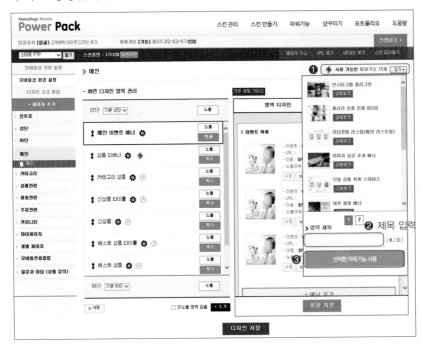

8 사용자 영역 만들기입니다. 사용자 영역에 카테고리 메뉴 또는 배너를 간편하게 추가해 노출시킬 수 있습니다. 좌측 메뉴에 있는 [+ 페이지 추가] 버튼을 클릭하면 [페이지 추가하기] 창이 나타납니다. 페이지 이름을 입력한 후 화면은 '개별 페이지'를 선택하고 [확인] 버튼을 클릭합니다.

9 [영역 추가하기] 버튼을 클릭합니다.

10 영역의 제목을 입력한 후 사용자 영역을 선택합니다(기본 선택 상태). 그런 다음 노출 열 (칸), 행(줄) 개수를 선택합니다. [확인] 버튼을 클릭하면 우측 화면에 영역이 생성됩니다.

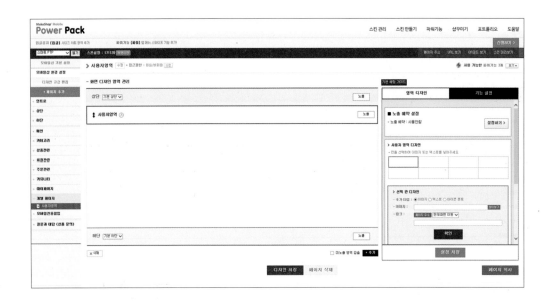

아이콘 폰트를 선택한 후 [선택] 버튼을 클릭하면 다양한 픽토그램을 활용할 수 있습니다.

다음은 다양한 사용자 영역의 활용 예입니다.

11 [스킨 관리] 메뉴를 클릭하면 저장한 내 모바일 쇼핑몰 스킨을 확인할 수 있습니다. [미리보기] 버튼을 클릭하면 결과 화면을 미리 확인할 수 있고, [디자인 편집] 버튼을 클릭해 수정할 수도 있습니다. [내 모바일샵 디자인 적용] 버튼을 클릭해 스킨을 모바일 쇼핑몰에 반영합니다. 단, 무료 사용 기간에는 미리보기만 가능하고 편집된 디자인을 적용할 수 없습니다. [연장하기] 버튼을 클릭한 후 결제를 완료하면 이용할 수 있습니다.

12 [결제하기] 버튼을 클릭해 스킨 사용료를 결제합니다.

13 스킨이 적용된 모바일 쇼핑몰 결과 화면은 다음과 같습니다.

13 쇼핑 이미지 광고 및 네이버 쇼핑 입점하기

01 쇼핑 이미지 광고란?

쇼핑 이미지 광고란, 검색 포털 서비스의 메인 화면에 있는 섬네일 형태의 작은 이미지에 짧은 광고 문구를 넣은 상품을 클릭하면 쇼핑몰로 연결되는 쇼핑 메인 이미지 광고로, '쇼핑 광고'라고도 합니다. 네이버는 '네이버 쇼핑', 다음은 '쇼핑하우', 네이트는 'Nate 쇼핑'이라는 이름으로 서비스되고 있습니다.

네이버의 네이버 쇼핑

다음의 쇼핑하우

네이트의 Nate 쇼핑

검색 포털 사이트의 쇼핑 이미지 광고 기본 원리는 각 검색 포털의 이미지 광고를 통해 유입된 고객이 상품을 구매하면 구입한 금액의 중개 수수료(상품별 CPC)를 받습니다.

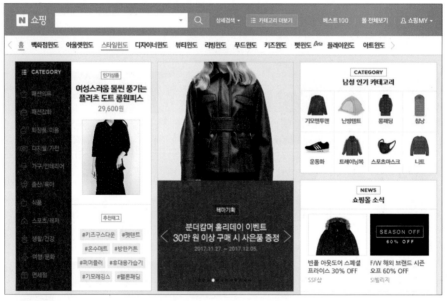

쇼핑 이미지 광고의 기본적인 원리

02 네이버 쇼핑이란?

네이버 쇼핑은 2,500만 명 이상의 회원을 내 쇼핑몰의 고객으로 만들 수 있는 최적의 마케팅 수단입니다.

네이버 쇼핑(shopping.naver.com)의 홈

광고주의 쇼핑몰에서 판매하고 있는 모든 상품이 네이버 이용자에게 검색되는 네이버의 '상품 중계 서비스'입니다. 네이버 쇼핑은 다음 그림과 같이 상품을 구매하려는 소비자에게 광고주의 상품을 직접 연결합니다. 즉, 상품 섬네일 이미지를 클릭하면 랜딩 페이지로 연결(❶, ❷)되기 때문에 광고 효과를 직접 체감할 수 있습니다.

네이버 검색 포털 사이트의 메인 화면에 섬네일 형태의 쇼핑 박스의 이미지 광고 상품(❶)을 클릭하면 네이버 쇼핑 또는 광고주의 쇼핑몰로 이동합니다. 또한 네이버 쇼핑에서 상품을 검색하면 '네이버 쇼핑' 코너에 노출되고, '쇼핑 더보기(❷)'를 클릭하면 네이버 쇼핑 화면으로 이동합니다.

네이버 메인 화면 쇼핑 코너에 노출

광고주 쇼핑몰 또는 네이버 쇼핑

네이버 검색 결과에 노출

네이버 쇼핑

03 네이버 쇼핑 입점하기

네이버 쇼핑에 입점하려면 자신의 쇼핑몰이 정식으로 오픈한 상태여야 합니다. 즉, 상품을 실제로 구매할 수 있어야 합니다.

1 네이버 쇼핑에 접속한 후 메인 화면 아래에 있는 [입점안내]를 클릭합니다.

2 네이버 쇼핑 입점 및 광고 페이지에서 [네이버 쇼핑 입점 신청] 버튼을 클릭합니다.

네이버 쇼핑의 입점 절차는 다음과 같습니다.

입점 신청서 작성	입점 심사	상품 DB URL 등록	상품 등록	서비스 시작
광고주	NAVER	광고주	광고주	NAVER

❶ 입점 신청서 작성: 네이버 쇼핑 입점 신청서를 작성합니다.
❷ 입점 심사 및 입점비 결제: 네이버의 입점 심사 후 입점이 승인되면 입점비를 결제합니다. 입점비는 9만 9,000원이며, 2020년 8월 현재 무료 이벤트 진행 중입니다.

❸ 상품 DB URL 등록: 상품DB URL을 작성해야 하며, 검수 기간은 1일 정도입니다. 단, 메이크샵, 카페24 솔루션을 이용하는 경우에는 작성할 필요가 없습니다. 또한 충전금을 결제해야만 서비스가 시작됩니다.

❹ 상품 등록: 상품 DB URL의 검수가 완료되면 쇼핑 파트너존에 판매할 상품을 등록합니다.

❺ 서비스 시작: 네이버 쇼핑에서 자신의 상품을 확인할 수 있습니다.

01 네이버 쇼핑 과금 방식 이해하기

네이버 쇼핑은 상품을 구매할 의사가 있는 이용자가 브라우징 또는 검색을 통해 해당 상품을 확인하고, 상품을 클릭해 입점사의 쇼핑몰로 넘어갈 때마다 일정 금액(클릭당 단가)이 부과됩니다. 이러한 과금 체계를 'CPC 과금'이라고 하며, 상품이 등록된 카테고리별로 나눠 차등 적용됩니다. 지식 쇼핑 CPC 과금의 수수료율은 상품 판매 가격과 카테고리에 따라 다르게 적용합니다. 네이버 쇼핑의 카테고리는 '가격 비교 상품군'과 '일반 상품군'으로 나뉩니다.

- 가격 비교 상품군: 가전, 컴퓨터 · 주변 기기, 분유 · 기저귀, 화장품 카테고리 등이 이에 해당합니다.
- 일반 상품군: 위 '가격 비교 상품군'을 제외한 모든 상품군이 이에 해당합니다. 가격 비교를 하고 있는 카테고리라도 위 상품 카테고리를 제외한 나머지 카테고리는 일반 상품군에 포함됩니다. 클릭당 단가는 상품 가격대별/카테고리별 수수료율에 따라 산정되는 CPC 수수료에 10원을 더한 값으로 산정됩니다.

클릭당 단가 = 상품 가격대 / 카테고리별 CPC 수수료 + 10원(최저 수수료)

상품 가격대	수수료율(%)
1만 원 미만	0.2
1만 원 이상~5만 원 미만	0.01
5만 원 이상~20만 원 미만	0.001
20만 원 이상~50만 원 미만	0.0001
Accessory	0
100만 원 이상	0

가격 비교 상품군의 수수료

상품 가격대	수수료율(%)
1만 원 미만	0.15
1만 원 이상~3만 원 미만	0.1
3만 원 이상~4만 원 미만	0.02
4만 원 이상~6만 원 미만	0.01
6만 원 이상~10만 원 미만	0.01
10만 원 이상~100만 원 미만	0
100만 원 이상	0

일반 상품군의 수수료

❶ 네이버 쇼핑 CPC 과금 체계

일반 상품군은 11~45원, 가격 비교 상품군은 11~35원입니다. 상품 가격이 다음과 같은 경우 일반 상품군의 클릭당 가격과 가격 비교 상품군의 클릭당 가격은 다르게 계산됩니다.

• 일반 상품군

A 상품: 10원+(9,000원×0.2%) = 28원

B 상품: 10원+(10,000원×0.2%)+(40,000원×0.01%)+(100,000원×0.001%)=35원

C 상품: 10원+(10,000원×0.2%)+(40,000원×0.01%)+(150,000원×0.001%)+(300,000원×0.0001%)+(500,000원×0%)+(100,000원×0%)=35원(35.8 중 소수점 첫째자리 이하 버림 처리)

상품 가격대 ▼	수수료율 ▼			
				C 상품: 1,100,000원
100만 원 초과	0%			
50만 원 초과 ~ 100만 원 이하	0%			
20만 원 초과 ~ 50만 원 이하	0.0001%		B 상품: 150,000원	
5만 원 초과 ~ 20만 원 이하	0.001%			
1만 원 초과 ~ 5만 원 이하	0.01%	A 상품: 9,000원		
1만 원 초과	0.2%			
기본	10원			
클릭당 단가		28원	35원	35원

• 가격 비교 상품군

X 상품: 10원+(9,000×0.15%)=23원(23.5 중 소수점 첫째 자리 이하 버림 처리)

Y 상품: 10원+(10,000원×0.15%)+(20,000×0.1%)+(5,000원×0.02%)=46.6원

Z 상품: 10원+(10,000원×0.15%)+(20,000원×0.1%)+(10,000원×0.02%)+(20,000원×0.01%)+)+40,000원×0.01%)+(20,000원×0%)=53원

상품 가격대 ▼	수수료율 ▼			
				Z 상품: 120,000원
100만 원 초과	0%			
10만 원 초과 ~ 100만 원 이하	0%			
6만 원 초과 ~ 10만 원 이하	0.01%			
4만 원 초과 ~ 6만 원 이하	0.01%		Y 상품: 35,000원	
3만 원 초과 ~ 4만 원 이하	0.02%			
1만 원 초과 ~ 3만 원 이하	0.1%	X 상품: 9,000원		
1만 원 이하	0.15%			
기본	10원			
클릭당 단가		23원	46원	53원

14 오픈마켓 창업

01 오픈마켓이란?

오픈마켓이란, 오픈마켓 서비스 사업자가 온라인상에 개설한 장터(e마켓)에 구매자와 판매자가 참여해 물건을 사고파는 것을 말합니다. 판매자는 수수료를 지불한 후 오픈마켓을 찾는 수많은 회원을 대상으로 물건을 판매하고, 구매자는 다양한 판매자의 상품을 비교 검색하면서 원하는 물건을 최대한 싸게 구매할 수 있는 서비스입니다. 다음은 G마켓, 옥션, 11번가, G9 등 국내의 대표적인 오픈마켓입니다.

G마켓

옥션

11번가

G9

인터넷 쇼핑몰의 경우 신규 고객을 위치하기 위해 막대한 마케팅 비용을 지출해야 합니다. 반면, 오픈마켓에서 물건을 판매하면 별도의 비용 없이 오픈마켓의 회원을 대상으로 안정적인 판매 활동을 할 수 있습니다.

오픈마켓은 인터넷 쇼핑몰과 달리 준비 과정이 복잡하지 않고 진입 장벽이 낮아 제조업체, 수입업자가 직접 판매자로 등록해 판매하는 사례가 늘어나고 있습니다. 즉, 가격 경쟁이 치열해지고 있는 상황입니다.

치열한 가격 경쟁으로 판매 마진이 줄어드는 상황인데도 인터넷 쇼핑몰을 운영하는 사람이 오픈마켓에서 판매하려는 이유는 신규 고객을 늘리기 위해서입니다. 비록 판매 마진은 적지만 박리다매를 기대할 수 있고, 자신의 제품이나 쇼핑몰 브랜드를 직·간접적으로 홍보해 판매자가 운영하는 인터넷 쇼핑몰로 유입할 수 있습니다.

02 오픈마켓 창업 준비하기

01 오픈마켓 사업자의 행정적 준비물

오픈마켓은 법적으로 금지된 상품 이외에 모든 상품을 판매할 수 있습니다. 오픈마켓에서 상품을 판매하려면 행정적·기술적으로 필요한 구비 서류를 갖춰 신청해야 합니다.

인터넷 쇼핑몰을 운영하고 있는 상태라면 별도로 준비할 구비 서류는 없습니다. 인터넷 쇼핑몰 운영자라면 다음 세 가지 구비 서류를 이미 발급받은 상태일 것입니다. 만약, 처음부터 오픈마켓에서 창업하는 경우라면 몇 가지 구비 서류를 갖춰야 합니다.

- 사업자등록
- 통신판매업 신고
- 부가통신사업자 신고

이외에 기술적으로 필요한 사항은 상품 촬영에 필요한 장비, 상품 사진을 편집할 수 있는 포토샵 기능 익히기, 상세 페이지 제작을 위한 HTML 코딩 기술 정도입니다.

02 오픈마켓 판매 절차 이해하기

G마켓, 옥션, 11번가 오픈마켓의 판매 절차는 다음과 같습니다. 단, 수수료, 정산 주기, 광고 비용 등에서 약간의 차이만 있을 뿐입니다.

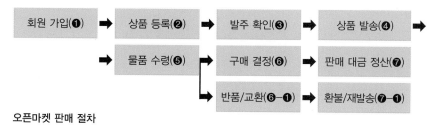

오픈마켓 판매 절차

03 오픈마켓 수수료 이해하기

오픈마켓에서 상품을 판매하는 과정은 어렵지 않습니다. 하지만 오픈마켓의 판매 절차를 제대로 이해하지 못하면 똑같은 상품을 판매하더라도 판매자에 따라 마진 차이가 발생할 수 있습니다. 왜냐하면, 상품 판매 방식에 따른 수수료를 차등 지불해야 하기 때문입니다. 오픈마켓은 모든 상품에 동일한 수수료를 적용하지 않습니다. 카테고리마다 수수료가 다르기 때문에 상품 등록 전에 반드시 자신이 판매하는 상품이 분류된 카테고리의 수수료를 확인해야 합니다. 수수료 1% 차이로 가격 차이가 발생할 수 있기 때문입니다. 오픈마켓의 판매 상품은 마켓별의 카테고리에 따라 6~12%가 차등 적용됩니다.

옥션과 G마켓의 경우 상품 등록 페이지에서 카테고리 항목의 우측에 있는 [옥션 이용료 안내] 버튼과 [G마켓 이용료 안내] 버튼을 클릭하면 카테고리별 수수료(❸)를 확인할 수 있습니다.

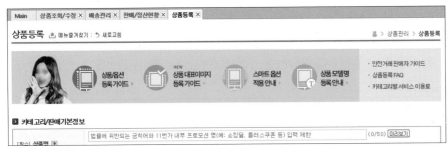

옥션 서비스 이용료 안내

· 적용시기 : 2020년 6월 26일(금) 오전 6시 30분부터 반영

대분류	중분류	서비스 이용료
PC 주변기기	전체	9%
게임	전체	9%
계절가전	전체	9%
	에어컨	7%
노트북/PC	전체	7%
	노트북용품	9%
영상가전	전체	9%
	TV	7%
주방가전	전체	9%
	냉장고/냉동고	7%
모니터/프린터	전체	9%
	모니터	7%
	복합기	7%
	프린터	7%
생활/미용가전	전체	9%
	세탁기	7%
	의류건조기/의류관리기	7%
	피부관리기기	10%
	보풀제거기/재봉틀	12%
	사무가전	12%
음향기기	전체	9%
저장장치	전체	9%
카메라	전체	9%
	카메라렌즈	7%
	디지털카메라	7%

G마켓/옥션 수수료 안내(2020년 6월 기준)

※ G9의 수수료는 G마켓 수수료와 동일합니다.

11번가의 경우, 상품 등록 페이지의 우측에 있는 [카테고리별 서비스 이용료]를 클릭하면 카테고리별 수수료를 확인할 수 있습니다.

11번가 수수료 안내

03 오픈마켓 회원 가입하기

G마켓, 옥션, 11번가의 회원 가입 방법과 G마켓과 옥션을 동시에 관리할 수 있는 ESMPLUS를 알아보겠습니다.

01 G마켓에서 사업자 회원 가입

① G마켓(www.gmarket.co.kr)에 접속한 후 [회원 가입]을 클릭합니다.

② [판매 회원 가입하기] 버튼을 클릭합니다.

③ 판매 회원 가입의 [사업자 판매회원] 탭을 클릭한 후 사업자 등록번호를 인증받고 약관 동의, 정보 입력을 거쳐 가입을 완료합니다.

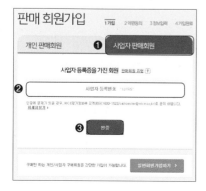

02 옥션에서 사업자 회원 가입

1 옥션(www.auction.co.kr)에 접속한 후 [회원가입]을 클릭합니다.

2 회원 가입 페이지의 '판매자 회원 가입/전환'란에서 [회원가입] 또는 [회원전환] 버튼을 클릭합니다. 기존에 옥션 구매 또는 개인 이딜러 ID가 없다면 사업자 판매 회원의 [회원가입] 버튼을 클릭하고, 구매 또는 개인 이딜러 ID가 있다면 사업자 판매 회원의 [회원전환] 버튼을 클릭한 후 절차에 따라 판매자 정보를 입력합니다.

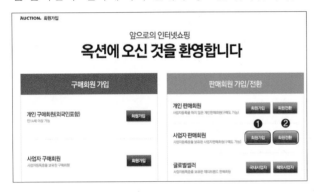

03 ESMPLUS에서 로그인하기

G마켓과 옥션에 회원 가입을 마쳤다면 G마켓과 옥션을 하나로 관리할 수 있는 ESMPLUS(통합 셀링 플랫폼)에서 로그인합니다.

1 ESMPLUS(www.esmplus.com)에 접속한 후 로그인 창에서 옥션 또는 G마켓을 선택한 후 각각의 아이디로 로그인합니다. 또는 ESMPLUS 마스터 ID로 로그인해 통합 관리할 수도 있습니다.

☑ ESMPLUS 관리자 페이지 메인 화면입니다. ESMPLUS에서 G마켓, 옥션, G9의 상품 등록, 주문 및 정산 관리, 고객 관리 등을 할 수 있습니다.

G마켓/옥션의 ESMPLUS 메인 화면(http://www.esmplus.com)

ESMPLUS에서 옥션, G마켓, G9를 동시 등록하거나 옥션, G마켓, G9 중에서 선택해 상품을 등록할 수 있습니다.
다음은 상품 등록 1.0과 2.0 버전 기준으로 표시된 등록 ID 설정 페이지입니다. 두 버전 모두 사용할 수 있습니다.

상품 등록 1.0 기준

상품 등록 2.0 기준

상품 등록 2.0 에서는 G9에도 동시 등록할 수 있습니다. 단, G9에서의 상품을 노출하거나 판매하려면 G9 판매
지원 서비스 이용에 동의해야 하고, 동의하지 않을 경우 G9에서의 상품 노출 및 판매가 중단됩니다.
G9 판매 지원 서비스에 동의할 경우 판매가의 1%가 부과됩니다. [ESM+] > [ESM+계정(ID)관리] > [G마켓 판
매 계정(ID) 관리] > [판매자 정보 관리]에서 확인할 수 있습니다.

04 11번가에서 사업자 회원 가입하기

1 11번가(www.11st.co.kr)에 접속한 후 로그인 페이지에서 [회원 가입] 버튼을 클릭합니다.

2 판매자 유형에는 '사업자 셀러 회원', '개인 셀러 회원', '글로벌 셀러 회원'이 있습니다. 인터넷 쇼핑몰 운영자라면 '사업자 셀러 회원'을 추천합니다. [가입하기] 버튼을 클릭한 후 약관 동의, 정보 입력 과정을 거쳐 가입을 완료합니다.

3 로그인 창이 나타나면 아이디와 비밀번호를 입력합니다. 정상적으로 로그인하면 11번가 관리자 페이지 메인 화면이 나타납니다.

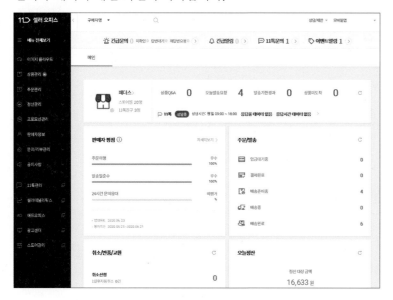

05 오픈마켓별 서류 제출하기

G마켓, 옥션, 11번가에 회원 가입 후 각각의 마켓에 따라 필요한 서류를 제출해 승인을 받아야 사업자 회원으로 판매 활동을 할 수 있습니다. 필요한 서류는 우편 발송을 하는 것이 좋습니다. G마켓은 ESMPLUS 내에 스캔받은 서류를 업로드하는 방식으로 제출합니다.

- 사업자등록증 사본: 4부
- 개인 인감증명서: 스캔본 1부(G마켓), 원본 3부(옥션, 11번가)
- 통신판매업 신고증 사본: 4부
- 대표자 명의 통장 사본: 2부

마켓 이름	필요 서류	전달 방식	수령지 정보
G마켓	• 사업자등록증 사본 • 개인인감증명서 사본(최근 3개월 이내 발급분) • 통신판매업신고증 사본	업로드	❶ ESMPLUS 접속 ❷ 좌측 ESM + 계정(ID) 관리 ❸ G마켓 판매 계정(ID) 관리 ❹ 사업자 전환 신청 ❺ 내용 기입 후 업로드
옥션	• 개인사업자등록증 사본 • 개인인감증명서 사본(최근 3개월 이내 발급분) • 통신판매업신고증 사본	우편발송 또는 팩스	제출 기간: 온라인 접수 후 15일(우편 또는 FAX 발송) 우편 접수: 420-030 경기도 부천시 원미구 상동 461 투나빌딩 6층 옥션 사업자회원 승인 담당자 앞 팩스 접수: 02-589-8832 관련 문의: approval@corp.auction.co.kr
11번가	• 사업자등록증 사본 • 개인인감증명서 사본(최근 3개월 이내 발급분) • 통신판매업신고증 사본 • 대표자 명의 통장 사본	우편발송 (등기)	우편 접수: 152-051 서울시 구로구 구로동 182-13 대룡포스트타워 2차 15층 1508호 11번가 사업자 승인 담당자 앞 승인 담당자 Tel: 02-2095-0689 FAX: 02-849-4967 관련 문의: sellerhelp@11st.co.kr

04 오픈마켓에 상품 등록하기

판매자 승인을 마쳤다면 상품을 등록해 판매할 수 있습니다. G마켓, 옥션, 11번가에 상품을 등록하는 과정을 알아보겠습니다.

01 G마켓과 옥션에 상품 등록하기

ESMPLUS에서 G마켓과 옥션의 상품을 등록하는 방법을 알아보겠습니다. 단, G9에서는 G9 판매 지원 서비스에 동의할 경우에만 동시 등록을 할 수 있기 때문에 추가 설명은 하지 않겠습니다. 상품 등록은 1.0과 2.0 버전 두 가지가 제공됩니다. 2.0은 현재(2020년 5월 현재) 베타 버전을 거쳐 정식 버전으로 운영되고 있지만 기능이 변동될 수 있습니다.

1 ESMPLUS(http://www.esmplus.com)에 접속한 후 좌측의 카테고리에서 [상품 등록/변경] – [상품 등록]을 클릭합니다.

2 상품 등록 페이지가 나타나면 가장 먼저 '등록마켓'을 선택합니다. G마켓, 옥션, G9 세 곳 모두에 등록할 것인지, 옥션, G마켓, G9에만 등록할 것인지를 선택합니다. 실제로 상품을 등록할 때는 G마켓과 옥션에 각각 등록합니다. 여기서는 옥션, G마켓, G9 세 곳에 등록하는 방법을 설명합니다. 세 곳 모두 [등록] 라디오 버튼을 선택합니다.

상품 이름은 '검색용'과 '프로모션용'의 두 가지 유형으로 작성할 수 있습니다. 띄어쓰기를 포함해 25자 이내로 작성해야 합니다.

카테고리는 검색 정확도에 맞게 설정하고 카테고리 수수료를 반드시 확인해야 합니다. shop 카테고리는 미니샵/스토어를 유료로 사용하는 판매자만 설정할 수 있습니다. 미니샵을 개설한 후 해당 카테고리에 자동으로 연결하는 방식이므로 여기서는 생략합니다.

제조사 브랜드는 실제 브랜드를 제외하고는 기입하지 않습니다. 잘못된 브랜드를 기입하면 베로 프로그램(VERO program)으로 검색돼 상품이 직권 중지될 수 있습니다.

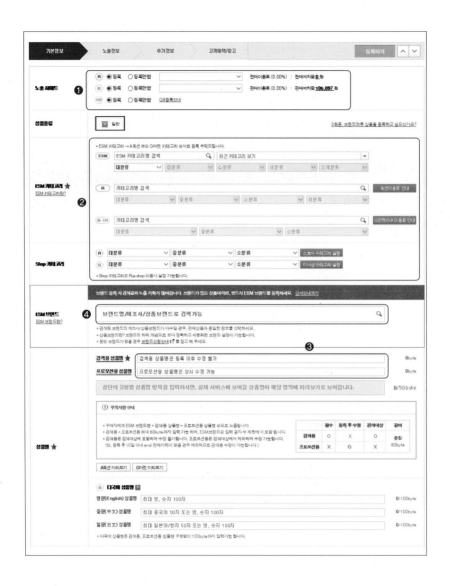

❸ 판매 방식은 앞에서 설명한 것과 같이 수수료에 따른 이익을 발생시키는 항목으로, 테스트 판매 시에는 '오픈마켓으로 판매'를 선택하는 것이 좋습니다. 판매 기간은 최대 90일까지 설정하고, 판매 가격은 상품 판매가 입력(소비자가), 재고 수량은 9,999개까지 입력할 수 있습니다. 주문 옵션은 '사용' 라디오 버튼을 클릭하고, [주문 옵션 관리]를 클릭해 주문 옵션 종류, 추가 옵션을 설정합니다. 주문 옵션은 판매 가격에 −50~+50%를 설정할 수 있는 기능으로, 구매 시 추가 매출액이 발생할 수 있도록 전략적으로 설정할 수 있습니다.

예 • 판매가: 10,000원

• 내 상품 가격 리스트: 5,000원/9,000원/10,000원/11,000원/15,000원

• 모델명: 01/02/03/04/05

• 옵션 설정

01: −5,000원(−50%)

02: −1,000원

03: 0

04: 1,000원

05: 5,000원(+50%)

• 0원 옵션은 반드시 있어야 설정이 가능하며, 판매가를 기준으로 합니다.

• 추가 구성의 경우에는 원래 소비자 가격을 기입해야 합니다.

④ 노출 정보 영역에서 상품 이미지, 상품 상세 설명, 상품 정보 고시, 배송 정보를 입력한 후 [다음 단계로 이동 >] 버튼을 클릭합니다. [등록] 버튼을 클릭해 가로, 세로 각각 1,000px 크기의 이미지(기본 이미지 1컷, 추가 이미지 3컷)를 등록합니다. 상품 2.0의 상품 상세 설명은 반드시 'ebayeditor'로 제작해야 등록할 수 있습니다.

상품 정보 고시 항목은 제품의 원산지, 소재, 색상, 치수, 배송 기간, A/S 여부 등 고객과 판매자 간의 분쟁을 줄이기 위한 정확한 정보의 기재를 원칙으로 합니다. 안전 인증 정보 항목은 어린이 제품, 생활용품, 전기 용품을 판매하는 경우에 표기해야 하는 사항입니다. 예를 들면 어린이 제품을 판매하고자 하는 경우 상품 등록, 수정 시 어린이 제품 인증 정보를 반드시 입력해야 하며, 상세 설명에도 인증 정보(KC 마크 및 인증 번호 등)를 반드시 표기해야 합니다. 인증 대상 어린이 제품에 안전 인증 미표시 또는 허위 표시 등이 확인될 경우, 상품 판매 중단 및 법적 처벌 대상이 될 수 있습니다.

TIP **상품 이미지 등록 시 주의해야 할 사항**

- 촬영 이미지 원본 또는 단색 배경의 컷으로 제작한 이미지를 사용합니다.
- 상품 전체의 형태를 알 수 있는 이미지를 사용합니다.
- 상품이 선명하게 보이는 이미지를 사용합니다.
- 상품 이미지 가이드는 베스트 코너 노출 시 검수 대상이 되므로 반드시 가이드에 맞는 이미지로 등록합니다.

5 발송 정책, 배송 방법, 배송비 설정 등과 같은 배송 정보를 입력한 후 [다음 단계로 이동 >] 버튼을 클릭합니다.

6 판매자 관리 코드, 상품 무게, 가격 비교 사이트 등록 여부 등 필요한 추가 정보를 입력하고 [다음 단계로 이동 >] 버튼을 클릭합니다.

7 고객 혜택과 광고 프로모션을 등록한 후 페이지 하단의 이용료 합계 내역 확인하고 [등록하기] 버튼을 클릭해 상품 등록을 완료합니다.

02 11번가에서 상품 등록하기

11번가에 상품을 등록하는 방법을 알아보겠습니다.

1 11번가(http://www.11st.co.kr)에 접속한 후 우측 상단에 있는 [셀러오피스 - 셀러오피스 홈] 메뉴를 클릭합니다.

2 셀러오피스 메인 화면에서 [상품관리 – 상품등록] 메뉴를 클릭하면 11번가 상품 등록 페이지가 활성화됩니다.

3 카테고리 및 판매 기본 정보를 입력합니다. 상품 이름은 띄어쓰기를 포함해 50자 이내로 작성합니다. 닉네임은 셀러 전환 시 설정한 11번가 미니샵 이름이 선택돼 있습니다. 카테고리는 정확도를 적용해 선택하고 판매 방식, 판매 기간, 상품 상태를 설정합니다.

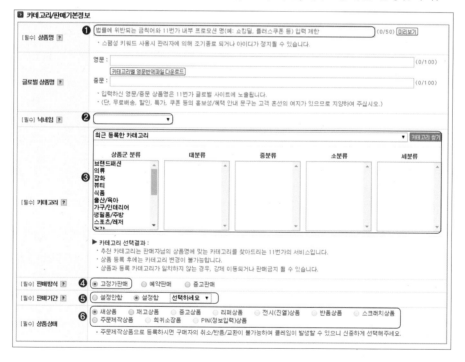

4 상품의 기본 정보를 입력한 후 이미지를 등록합니다. 단, 하나의 상품에 최대로 등록할 수 있는 사진은 대표 이미지, 추가 이미지 1, 2, 3, 목록 이미지로, 총 5개입니다. 미성년자 구매 가능 상품인지 여부와 원산지도 반드시 표기해야 합니다. 부과세/면세 상품 여부와 해외 구매 대행 상품 여부도 설정합니다.

5 판매가와 재고 수량 등과 같은 판매 정보를 입력합니다.

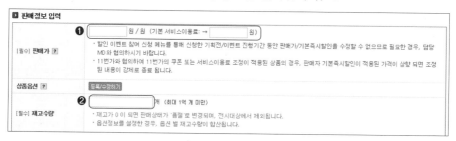

6 상품의 기본 정보를 입력합니다. 매출 상승과 주목도는 상품 상세를 어떻게 구성하는지에 따라 결정됩니다. 11Editor를 이용하면 구매자가 매력을 느낄 수 있는 상품의 상세를 손쉽게 제작할 수 있습니다. [HTML 입력], [스마트 옵션], [11 Editor]이 제공됩니다. [11 Editor로 상세 설명 작성하기] 버튼을 클릭해 상품 설명을 작성합니다.

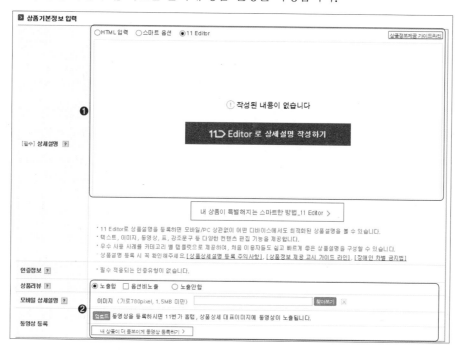

7 추가 상세 정보를 입력합니다. 상품별 유형에 맞는 정보 항목을 등록해야 하며, 정확한 상품 정보를 제공하지 않아서 발생하는 분쟁 및 손해에 대해서는 판매자가 책임지고 해결해야 합니다. 상품 정보 제공 유형에서 카테고리를 선택하면 입력 항목이 해당 카테고리에 맞게 표시됩니다.

⑧ 배송 정보를 입력합니다. 배송 가능 지역은 전국(제주, 도서 산간 지방 제외)을 선택하고 배송 방법, 출고지 주소와 반품/교환지 주소, 상품 무게, 생산지 국가 등을 설정합니다. 배송 정보의 모든 항목은 반드시 입력해야 합니다.

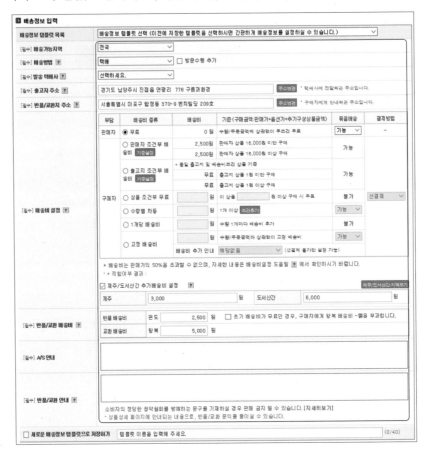

9 리스팅 광고가 필요한 경우에 설정합니다. 서비스 이용료와 최종 결제 금액을 확인한 후 [상품 등록] 버튼을 클릭해 상품을 등록합니다.

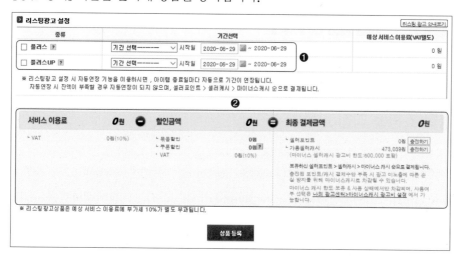

15 종합 쇼핑몰, 소셜커머스에 입점하기

01 종합 쇼핑몰 입점하기

국내 대표적인 종합 쇼핑몰로는 GS숍(www.gsshop.com), 롯데온(www.lotteon.com), CJmall(www.cjmall.com), 현대H몰(www.hyundaihall.com), 신세계백화점몰(mall.shinseage.com), 농수산홈쇼핑(www.nseshop.com) 등을 들 수 있습니다.

GS숍

롯데온

종합 쇼핑몰의 수수료율은 평균 20~25%로, 오픈마켓에 비해 상대적으로 높은 편입니다. 하지만 종합 쇼핑몰에 입점하면 쇼핑몰 이외의 새로운 판로를 만들 수 있고, 상품 브랜드의 가치가 올라가며, 종합 쇼핑몰의 회원에게 상품을 홍보할 수 있다는 장점이 있습니다.

01 롯데온 입점하기

종합 쇼핑몰의 입점 신청과 심사는 대부분 온라인상으로 진행됩니다. 입점 계약 체결도 전자계약서를 이용해 진행됩니다. 종합 쇼핑몰은 대부분 일정 기간의 운영 조건과 일정 기준 이상의 매출이 발생해야 입점할 수 있습니다.

여기서는 롯데온을 중심으로 알아보겠습니다. 대부분의 종합 쇼핑몰도 이와 유사한 방법으로 입점할 수 있습니다.

입점 상담 시 회사 소개서, 상품 샘플, 상품 소개서, 카탈로그 등 상품을 소개할 수 있는 서류를 준비해야 순조롭게 진행될 수 있습니다. 대금 결제는 매월 마감 후 다음 달 5일까지 발송되는 당월 순매입 원가(매입-반품)에 대한 전자세금계산서(계산서)에 한해 지불됩니다.

1 롯데온(www.lotte.com)에 접속한 후 화면 아래에 있는 [입점 신청]을 클릭합니다.

2 롯데온 '입점 절차' 페이지가 나타나면 [입점 신청서 작성하기] 버튼을 클릭합니다.

3 개인 정보와 회사 소개 및 취급 상품에 대한 정보 등을 입력한 후 첨부 파일의 [찾아보기] 버튼을 클릭하고 회사 소개서, 상품 샘플, 상품 소개서, 카탈로그 등 상품을 소개할 수 있는

서류 파일을 첨부합니다. [입점 상담 신청하기] 버튼을 클릭한 후 [상담 결과 확인] 버튼을 클릭하면 상담 결과를 확인할 수 있습니다.

입점신청절차		
📋 사업자인증	✏️ 정보입력	✓ 입점신청완료

준비서류

개인사업자	법인사업자
사업자등록증	사업자등록증
통신판매업신고증	통신판매업신고증
개인 인감증명서	법인 인감증명서
대표자명의 통장사본	법인명의 통장사본
대표자 신분증	법인등기부등본
범용 공인인증서	범용 공인인증서

입점신청

02 소셜커머스 입점하기

국내 대표적인 소셜커머스로는 쿠팡(https://www.coupang.com/), 티몬(www.ticketmonster.co.kr), 쿠차(www.chocha.co.kr), 위메프(www.wemakeprice.com) 등을 들 수 있습니다.

티몬

쿠팡

소셜커머스의 수수료율은 업체와 제품에 따라 조금씩 차이가 있지만 평균 6~20%입니다. 소셜커머스를 통한 제품 판매는 50% 이상의 할인율과 높은 수수료 때문에 팔아도 수익이 발생하지 않을 수 있습니다. 소셜커머스 입점은 판매 마진보다 제품이나 브랜드를 소셜커머스 회원들에게 알릴 수 있는 홍보 수단으로 접근하고, 고객 만족을 통한 재방문을 유도하는 전략이 필요합니다.

01 티몬 입점하기

티몬에는 다이렉트 스토어라는 새로운 입점 및 판매 방법이 제공됩니다. 제휴 문의 및 사전 협의 절차 없이 티몬의 파트너 회원으로 즉시 가입할 수 있습니다. 가입 후 입점 계약이 체결되면 파트너가 직접 상품 등록, 판매, 운영할 수 있는 다이렉트 딜 시스템을 이용할 수 있습니다.

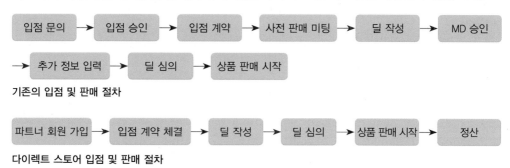

기존의 입점 및 판매 절차

다이렉트 스토어 입점 및 판매 절차

티몬은 최초 입점 시 입점 수수료가 없고, 판매에 따른 판매 수수료와 서버 운영 수수료로 구분됩니다. 판매 수수료는 카테고리별로 조금씩 차이가 있으며, 일반적으로 6~15% 정도입니다. 서버 운영 수수료는 월 매출 100만 원 이상의 경우 매월 10만 원(부가가치세 별도)씩 부과됩니다.

1 티몬(ticketmonster.co.kr)에 접속한 후 화면 아래에 있는 '입점 제휴'를 클릭합니다.

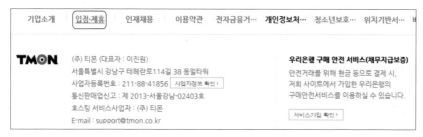

2 티몬 입점 제휴 문의 페이지가 나타나면 목적에 따라 선택합니다. 만약, 배송 상품을 판매한다면 배송 상품 파트너의 [가입하기] 버튼을 클릭한 후 절차에 따라 회원 가입합니다.

16 글로벌 온라인마켓에서 판매하기

01 글로벌 온라인마켓 한눈에 파악하기

온라인 시장은 국경 없는 장터입니다. 이런 특징으로 전 세계를 무대로 거래하는 글로벌 온라인마켓이 꾸준히 성장하고 있는 추세입니다. 대표적인 글로벌 온라인마켓에는 아마존닷컴, 이베이닷컴, 큐텐, 타오바오, 알리바바, 소피 등이 있습니다.

이베이닷컴

아마존닷컴

타오바오

소피

글로벌 온라인마켓은 영어권, 중화권, 일어권, 동남아권 등 4개의 언어권별로 구분할 수 있습니다. 영어권에는 이베이, 아마존, 큐텐싱가폴(qoo10.sg), 중화권에는 타오바오, 큐텐중국(qoo10.cn), 알리바바, 일어권에는 아마존재팬(https://www.amazon.co.jp), 큐텐 일본

(qoo10.jp), 동남아권에는 소피(https://shopee.com) 등이 있습니다.

미국에서 시작된 이베이는 영국, 독일, 한국, 벨기에 등 33개국에서 운영되는 다국적 글로벌 온라인마켓입니다. 아마존은 전 세계 1위 전자상거래 기업으로 전 세계 11개국에서 운영되고 있습니다. 타오바오는 중국의 B2C 마켓입니다. 큐텐(Qoo10)은 일본, 싱가포르, 인도네시아, 홍콩, 중국 등에서 운영되고 있는 다국적 글로벌 온라인마켓입니다. 소피(shopee)는 싱가포르에 본사를 두고 있고, 싱가포르, 인도네이시아, 대만, 태국, 말레이시아, 필리핀, 브라질 등에서 운영되고 있습니다. 소피는 '동남아의 아마존'이라 불릴 정도로 급성장하고 있습니다. 라큐텐은 일본의 최대 인터넷 사이트로, 아시아, 유럽, 아메리카 대륙 등에서 운영되고 있습니다.

02 5대 글로벌 온라인마켓 이해하기

글로벌 온라인마켓에 성공적으로 진입하려면 마켓 이용자를 분석한 후 내 아이템이 그 마켓에 적합한지 판단해야 합니다. 글로벌 온라인마켓마다 이용자의 구매 습성 및 나라별 생활 관습, 기후, 선호도 등이 다르기 때문입니다.

미국, 영국, 한국은 여름과 겨울이 비슷한데, 호주는 정반대입니다. 우리나라가 추운 겨울일 때 호주는 뜨거운 여름이고, 우리나라가 여름이면 호주는 겨울입니다. 즉, 이베이미국(ww.ebay.com)이나 이베이영국(www.ebay.co.uk)에서 여름철 상품을 판매하는 기간 동안에는 이베이호주(www.ebay.com.au)에서의 판매량을 기대하기 어렵습니다.

글로벌 온라인마켓을 잘 이용하면 여름 상품, 겨울 상품과 같이 한철 상품이 아닌 1년 내내 판매할 수 있다는 장점이 있습니다. 호주는 다른 산업에 비해 농업이 발달했지만 공산품의 자급자족이 충분치 않기 때문에 완제품의 수입 의존도가 높습니다. 이러한 호주의 특성을 고려했을 때 농산품보다는 공산품 판매가 유리합니다.

이외에 국가별 선호 색상을 알아두는 것은 판매하고자 하는 상품의 색상을 결정하는 데 도움이 됩니다. 국가별 선호 색상은 그 나라의 국기 색상과 날씨, 문화 등과 많은 관련이 있습니다. 자신이 진입하려는 글로벌 온라인마켓 이용자와 관련국을 철저히 분석한 후 판매하려는 아이템과의 매치 여부를 체크해야 성공 확률을 높일 수 있습니다.

01 이베이 글로벌 온라인마켓 이해와 진출

이베이는 미국 캘리포니아 주 산호세에 본사(ebay.com)를 두고 있고, 그 외 이베이 영국 (ebay.co.uk), 이베이 호주(ebay.com.au), 이베이 독일(ebay.de) 등 세계 39개국에서 서비스 되고 있습니다.

이베이닷컴

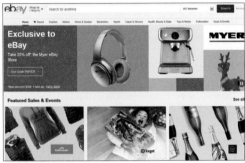
이베이 호주

이베이닷컴은 전 세계의 다양한 인종이 이용하고 있기 때문에 호주 국민을 대상으로 판매하고 싶다면 호주 이베이를 선택하는 것이 유리합니다.

이베이는 개인 및 사업자 모두 판매자로 가입할 수 있습니다. 이베이는 사업자 판매자보다 개인 판매자의 비중이 더 높습니다. 한국 판매자가 수출하는 이베이는 미국 이베이가 83%로 압도적으로 많고, 그다음으로 호주가 10%, 영국이 4% 순입니다. 한국 판매자의 주요 품목은 의류·패션잡화가 33%, 카메라·부품·촬영 용품이 11%, 건강·뷰티 관련 상품이 5%, 보석·시계류가 5%, 가전 제품이 4% 순입니다.

이베이의 판매 프로세스는 다음과 같습니다.
- 1단계: 회원 가입(개인, 사업자 모두 가능)
- 2단계: 페이팔에 계좌 만들기(신용카드만 있으면 누구나 만들 수 있음)
- 3단계: 상품 등록 및 판매하기
- 4단계: 구매가 발생하면 구매자는 페이팔로 결제
- 5단계: 입금 확인(판매자 페이팔 계좌)
- 6단계: 해외 배송
- 7단계: 상품 수령 및 피드백 남기기(구매자)

02 아마존닷컴 글로벌 온라인마켓 이해와 진출

아마존은 세계 11개국에 진출한 상태이고, 소비 대상은 185개국이며, 3억 명이 넘는 고객에게 상품을 팔 수 있습니다.

- 아마존 진출 국가: 미국, 캐나다, 멕시코, 일본, 중국, 인도, 영국, 프랑스, 이탈리아, 스페인, 독일 등 13개국

하지만 한국 셀러가 위에서 열거된 13개국 모든 국가의 아마존에 판매할 수 있는 것은 아닙니다. 한국 셀러가 판매할 수 있는 나라는 미국, 캐나다, 멕시코, 영국, 프랑스, 스페인, 이탈리아, 독일, 일본입니다. 한국 셀러가 여러 나라의 아마존에 판매하려면 아마존 미국(Amazon.com), 아마존 유럽(Amazon.co.uk), 아마존 일본(Amazon.co.jp)에 셀러로 가입해야 합니다.

❶ 아마존 미국

아마존 미국은 가장 기본이 되는 판매 국가입니다. 아마존 진출 국가 중 매출이 가장 큰 시장이고, 고객 수도 가장 많습니다. 다른 나라에 비해 면세 한도도 높아 판매할 상품이 가장 많습니다. 그래서 한국 셀러가 가장 많이 진출한 시장이기도 합니다. 아마존 미국에 판매하면 캐나다와 멕시코 시장까지 확대할 수 있습니다.

❷ 아마존 유럽

아마존 유럽을 시작하려면 아마존 영국에만 회원 가입을 하면 됩니다. 아마존 유럽은 아마존 영국이 중심이 돼 각 상품이 프랑스, 스페인, 이탈리아, 독일로 자동 연동돼 확대됩니다. 아마존 영국은 연매출이 1만 달러가 넘을 경우 한국 내 사업자 증명을 요구합니다. 또한 판매 금액의 20%를 세금으로 납부해야 합니다. 그래서 한국 셀러의 진출도가 가장 낮습니다.

❸ 아마존 일본(Amazon.co.jp)

아마존 재팬은 현재 일본의 최대 마켓이던 '라쿠텐'의 운영 중단으로 더 높은 평가를 받고 있습니다. 하지만 통관과 언어 때문에 많이 힘들어하는 경우가 많습니다. 한국 셀러의 입장에서는 배송 비용이 가장 저렴한 국가이기도 합니다. 문화도 한국과 비슷해서 아이템 선택이 미국보다 손쉬운 편입니다.

아마존의 판매 프로세스는 다음과 같습니다.

- 1단계: 페이오니나 계정 만들기
- 2단계: 아마존 셀러 계정 만들기
- 3단계: 아마존과 페이오니나 계좌 연동하기
- 4단계: 아마존 상품 리스팅 시작하기
- 5단계: 아마존 상품 배송하기(직접 배송 또는 FBA 배송 대행)
- 6단계: 판매 대금 인출하기

03 큐텐 글로벌 온라인마켓 이해와 진출

큐텐(Qoo10)은 큐텐 일본(Qoo10.jp), 큐텐 싱가포르(Qoo10.sg), 큐텐 인도네시아(Qoo10.co.id), 큐텐 중국(Qoo10.cn), 큐텐 홍콩(Qoo10.hk) 등이 개설돼 있는 다국적 글로벌 온라인 마켓입니다.

큐텐 일본

큐텐 홍콩

큐텐 일본과 큐텐 싱가포르는 서로 독립적으로 운영되고 있는 글로벌 쇼핑몰이므로 입점하려는 국가의 큐텐 사이트에 회원 가입하고 상품을 등록해야 합니다. 즉, 큐텐 싱가포르에 입점하고 싶다면 큐텐 싱가포르에 정식 판매자로 입점해야 합니다.

큐텐의 운영 방식은 국내 G마켓과 비슷해 국내 개인 판매자 및 사업자 판매자들이 손쉽게 접근할 수 있고, 관리자 페이지도 한글을 지원합니다. 또한 한국인 MD(Merchandise Director)가 프로모션이나 기타 판매 활동에 도움을 주고 있어 경쟁력 있는 상품을 취급하고 있는 판매자라면 단기간에 좋은 성과를 기대할 수 있습니다. 큐텐 회원 가입 절차는 다음과 같습니다.

- **1단계:** 회원 가입합니다. 단, 비자나 마스터카드, 스마트폰, 이메일 주소 등을 준비해 가입 절차를 마친 후 비자나 마스터로 1,000큐 캐시(약 10달러 정도)를 결제해야 절차를 완료할 수 있습니다.
- **2단계:** 스마트폰에 'Q-Talk'를 설치한 후 회원 가입 때 등록한 이메일 주소와 비밀번호로 Q-Talk에 로그인하고 이메일로 확인, 체크해야 최종적으로 가입 승인을 받을 수 있습니다. 또한 회원 가입 시 기입한 통장 비밀번호는 출금할 때마다 필요하기 때문에 반드시 기억해둬야 합니다.

04 타오바오 글로벌 온라인마켓 이해와 진출

타오바오(taobao.com)는 중국 최대의 C2C(소비자와 소비자 간 거래) 오픈마켓입니다. B2C(기업과 소비자 간 거래) 인터넷 쇼핑몰로는 티몰(TMALL.COM)이 있습니다.

타오바오

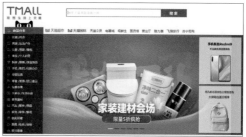

티몰

타오바오는 다음과 같은 장단점이 있습니다.

❶ 개인 자격으로 타오바오 입점

대표자나 직원 명의의 개인 자격으로 입점하는 유형입니다. 개인 자격으로 입점하려면 중국 국내의 은행 통장이 필요하므로 반드시 중국에 가서 통장을 개설해야 합니다. 이는 타오바오의 가장 간편한 입점 방법으로, 시간과 비용이 적게 들고 거래 수수료 부담이 없다는 장점이 있습니다. 상품 판매 가능성을 빠르게 테스트해보고 싶은 기업이나 개인사업자에게 적합한 방법입니다. 하지만 개인 명의이므로 규모가 있는 법인에는 적절하지 않습니다.

❷ 법인 자격으로 타오바오 입점

법인 명의로 타오바오에 입점하는 유형입니다. 여기서 법인은 중국 법인을 말하므로 반드시 현지 법인을 설립해야 합니다. 거래 수수료 부담이 없다는 장점이 있는 반면, 현지 법인을 설립해야 하고, 입점까지의 시간이 약 4~5개월 정도(법인 설립 포함) 걸린다는 단점이 있습니다.

05 알리바바 글로벌 온라인마켓 이해와 진출

알리바바닷컴(alibaba.com)은 전 세계 각지에 흩어진 수천만 명의 수출을 원하는 사람과 수입하고자 하는 사람을 연결해주는 글로벌 B2B 전자상거래 사이트로, 국제 수출입업자를 위한 영어 기반의 글로벌 B2B 온라인 무역 마켓입니다.

알리바바 그룹은 세계 수출입업체를 위한 알리바바닷컴(www.alibaba.com)과 중국 내 거래를 위한 알리바바 차이나(www.1688.com), 합작 투자를 통해 일본 안팎의 무역을 쉽게 하기 위해 일본어로 운영되는 알리바바 재팬(www.alibaba.co.jp) 사이트를 이용해 바이어와 기업을 연결하고 있습니다.

알리바바닷컴에서 가장 인기 있는 카테고리는 유아용품, 화장품, 퍼스널 케어, 건강 보조제, 의류/신발, 푸드/음식, 실내 장식 순입니다.

알리바바닷컴   알리바바 차이나

알리바바는 네이버에서 쇼핑몰(수출상)을 찾아보거나 자신(수입상)이 원하는 물품을 사는 것 또는 옥션이나 G마켓(여기서는 알리바바)에서 각 판매자(수출상)에게 물건을 구입하는 것과 같은 원리입니다.

알리바바의 수익 구조는 네이버 검색엔진, 옥션 등과 비슷합니다. 유료 회원(수출상)의 제품을 검색 최상단에 노출하고, 각 카테고리에도 최상단에 노출합니다. 또한 유료 회원(수출자)은 알리바바가 소유하고 있는 수입상 데이터베이스에 접근할 수 있는 권한이 있으므로 직접 원하는 수입상에 인콰이어리(inquiry)를 보낼 수 있습니다. 알리바바 사이트의 시스템은 서비스 등급마다 차이가 있지만, 전반적으로 다음과 같습니다.

- **1단계:** 알리바바 사이트에는 각 제품군별 카테고리가 있고, 각 카테고리에 맞는 제품을 수출하고자 하는 사람(수출상)이 자신의 상품을 등록합니다.
- **2단계:** 물건을 사고자 하는 사람(수입상)은 알리바바에 접속해 각 카테고리에 들어가 보거나 검색을 이용해 제품을 찾은 후 해당 수출상에게 연락해 가격 등을 확인합니다.
- **3단계:** 수입상에게 받은 견적을 검토한 후 가격 등을 조정해 무역 계약이 이뤄집니다.

쇼핑몰 홍보와 마케팅

Part 05에서는 쇼핑몰 홍보 및 마케팅 방법을 한눈에 살펴본 후 채널별 마케팅 전략을 알아봅니다. 그리고 쇼핑몰 마케팅에서 가장 중요한 키워드 광고와 네이버 쇼핑 광고 전략은 어떻게 진행하는지 직접 따라해 보면서 자세히 알아봅니다.

17 한눈에 살펴보는 쇼핑몰 마케팅 전략

01 인터넷 쇼핑몰 마케팅, 광고와 홍보의 차이

쇼핑몰을 제작한 상태라면 쇼핑몰을 본격적으로 알려야 합니다. 아무리 쇼핑몰을 잘 만들고 좋은 상품을 팔 준비가 됐더라도 찾는 사람이 없다면 의미가 없기 때문입니다. 쇼핑몰을 알리는 방법을 알아보기 전에 쇼핑몰 광고와 쇼핑몰 홍보의 차이점을 알아보겠습니다.

01 광고와 홍보의 차이점

쇼핑몰 마케팅에서의 광고와 홍보는 비용 발생 문제에 따라 구분할 수 있습니다. 키워드 광고와 같이 일정 비용이 수반되는 마케팅은 '광고', 쇼핑몰 운영자가 직접 자신의 블로그에 포스트를 작성하는 경우에는 운영자 자신의 노력과 시간 외에 직접적인 비용이 발생하지 않기 때문에 '홍보'입니다. 즉, 광고는 비용을 지불해 사람들이 많이 찾는 일정 영역에 일정 시간 동안 노출할 수 있는 노출 보장권을 구입하는 것이고, 홍보는 노출 보장이 되지는 않지만 스스로의 노력 여하에 따라 입소문이 날 수 있도록 만드는 것입니다.

인터넷 쇼핑몰을 알리는 데 사용되는 대표적인 마케팅 채널에는 키워드 광고, 쇼핑 광고, 디스플레이 광고, 바이럴 마케팅, 검색 등록, 이메일, SNS 등이 있습니다. 이들 마케팅 채널은 비용 수반 유무에 따라 광고 채널과 홍보 채널로 나눌 수 있습니다. 광고 채널과 홍보 채널을 구분하는 이유는 쇼핑몰 마케팅 예산 집행 시 중요한 기준이 되기 때문입니다.
광고 채널은 광고주가 광고비를 지불해야 집행할 수 있습니다. 키워드 광고, 배너 광고, 쇼핑 광고 등이 대표적인 광고 채널입니다. 반면, 홍보 채널은 쇼핑몰 운영자가 직접 시간을 투자해 진행하기 때문에 비용이 발생하지 않습니다. 블로그 마케팅, 지식인 마케팅, SNS 마케팅, 검색 등록 등이 대표적인 홍보 채널입니다.

광고 채널과 홍보 채널 구분

구분	마케팅 종류	운영 주체	마케팅 채널 이름
광고 채널	키워드 광고	네이버	클릭초이스, 비즈클래스, 네이버쇼핑
		다음	클릭스
		구글	구글 키워드 광고
	쇼핑 광고	네이버	네이버 쇼핑 박스
		다음	쇼핑 하우
		네이트	배너 광고
	배너 광고	네이버	타임보드, 롤링보드
		다음	초기 배너, 초기 브랜드 스테이션
		네이트	메인 배너, 브랜딩샷
	브랜드 검색 광고	네이버	네이버 브랜드 검색
		다음	다음 브랜드 검색
	디스플레이 광고	구글	콘텐츠 매치(디스플레이), 콘텐츠 네트워크
홍보 채널	검색엔진 등록	포털 사이트 등록	사이트 검색 등록
	검색 · 입소문 마케팅	블로그 마케팅	네이버 블로그, 다음 블록, 티스토리 블로그
		주제판 마케팅	네이버 주제판 메인노출 홍보
		카페 마케팅	네이버 카페, 다음 카페
		지식인 마케팅	네이버 지식인, 다음 신지식
		포스트 마케팅	네이버 포스트
	소셜 네트워크 마케팅	인스타그램 마케팅	각 채널을 쇼핑몰, 검색 · 입소문 마케팅, 이벤트 마케팅 등과 연계
		페이스북 마케팅	
		카카오 마케팅	
		유튜브 마케팅	
	언론 · 이메일 마케팅	언론 마케팅	언론사에 보도 자료 송고
		이메일 마케팅	고객 참여가 늘어나는 이메일 마케팅
		이벤트 마케팅	주기적인 쇼핑몰 이벤트 기획 · 운영

02 광고 채널의 종류와 특징

02-1 키워드 광고

검색 포털에서 광고주의 쇼핑몰을 광고 영역에 노출시키는 것이 '키워드 광고'입니다. 다음은 네이버 검색 창에서 '여성 롱패딩'이라는 키워드를 검색했을 때 노출된 검색 결과 페이지입니다. 파워링크(❶), 비즈 사이트(❷), 네이버 쇼핑(❸), 파워 상품(❹)은 모두 키워드 광고 진행으로 노출된 광고주의 상품입니다. 이 상품을 클릭하면 광고주의 상품 상세 페이지로 이동합니다.

네이버 쇼핑의 상단 2개는 키워드 광고로 노출되는 상품, 그 이하는 광고가 아닌 네이버의 노출 기준에 따라 순서가 매겨져 자동 노출되는 판매자의 상품입니다.

네이버쇼핑의 상단 2개는 키워드 광고로 노출되는 상품. 그 이하의 상품은 광고가 아닌 네이버의 노출 기준에 따라 순서가 매겨져 자동 노출되는 판매자의 상품입니다.

'여성 롱패딩' 키워드로 검색된 키워드 광고 상품

02-2 파워링크 광고

블로그 글의 하단에 블로그를 찾은 이용자의 관심사와 글의 연관도에 맞춰 제공되는 파워링크 광고입니다.

파워링크 광고 상품

02-3 배너 및 쇼핑 박스 광고

배너 광고는 인터넷 초창기부터 계속된 광고 방식으로, 네이버, 다음, 네이트 등 검색 포털 사이트 메인 화면에 배너 형태(❶, ❷)로 노출되는 광고입니다. 비용이 많이 들기 때문에 일정 규모 이상의 기업체 브랜드 홍보나 영화와 같이 짧은 시간에 많은 노출이 필요한 대중적인 상품 광고에 적합한 광고입니다.

배너 광고(네이버 기준)는 1시간 독점으로 노출되는 타임보드(❶ 475×100), 다양한 타깃팅과 플래시 효과가 높은 롤링보드(❷ 280×150)가 있습니다. 타임보드 광고 비용은 시간당 1,000~3,000원이고, 시간대에 따라 차이가 있습니다.

쇼핑 박스 광고는 검색 포털 이용자의 쇼핑을 위한 상품 검색 서비스입니다. 쇼핑 박스 광고(❸)는 검색 포털 메인 화면의 우측에 롤링 방식으로 광고주의 상품을 노출시키고, 클릭 시 광고주의 쇼핑몰로 연결되기 때문에 광고 효과가 매우 높습니다. 쇼핑 박스 광고는 키워드 광고와 다르고, 키워드를 설정할 수 없습니다. 브랜드나 제품의 인지도가 크지 않다면 신중하게 고려해야 합니다. 광고 비용은 1주에 약 400만 원 이상의 비딩(가격 경쟁)에서 시작되기 때문에 일정 규모 이상의 업체에 적합합니다.

네이버 배너 및 쇼핑 박스 광고 위치

02-4 브랜드 검색 광고

브랜드 검색 광고란, 브랜드, 회사 이름과 같은 고유 명사 키워드의 검색 결과에 광고주의 쇼핑몰, 기업, 상품, 서비스 이름을 노출시켜 브랜딩 가치를 극대화할 수 있는 광고 상품입니다.

브랜드 검색 광고는 비주얼한 소재로 검색 결과 화면에서 노출 결과에 대한 주목과 반응을 기대할 수 있고, 브랜드 이미지를 효과적으로 전달할 수 있습니다. 하지만 소호 쇼핑몰이 진행하기에는 광고 비용의 부담이 크기 때문에 쇼핑몰 브랜드 인지도를 각인시켜야 할 필요가 있는 시기에 집행하는 것이 바람직합니다.

네이버 브랜드 검색 광고에는 동영상과 이미지를 자유롭게 구성할 수 있는 '프리미엄형'과 이미지와 텍스트로만 구성된 '라이트형'이 있습니다.

브랜드 검색 광고-프리미엄형   브랜드 검색 광고-라이트형

02-5 디스플레이 광고

뉴스나 커뮤니티 사이트에서 콘텐츠를 조회할 때 해당 콘텐츠와 관련성이 높은 광고가 노출되는 형태입니다. 콘텐츠와 관련성이 높은 키워드 광고를 노출시키기 때문에 비교적 저렴하고 노출 수가 많다는 장점이 있습니다.

디스플레이 광고

03 홍보 채널의 종류와 특징

03-1 검색엔진 등록

검색엔진 등록이란, 네이버, 다음 등과 같은 검색 포털에 자신의 쇼핑몰 이름을 무료로 등록하는 것을 말합니다. 검색 포털에 쇼핑몰 이름을 등록하면 검색 결과에 따라 쇼핑몰의 URL과 쇼핑몰의 기본 정보가 [사이트] 탭에 노출됩니다.

검색엔진에 등록된 쇼핑몰 검색 결과

나의 쇼핑몰을 검색 포털의 사이트 영역에 노출하려면 네이버의 경우 네이버 웹마스터 도구에서 사이트를 추가 등록할 수 있습니다. 등록 신청 완료 후 심사를 거쳐 등록 여부를 이메일과 문자 메시지로 통보받을 수 있습니다.

1 네이버 웹마스터 도구(http://webmastertool.naver.com)에 접속한 후 좌측의 [사이트] 메뉴를 클릭하고 [사이트 추가 +] 버튼을 클릭합니다.

2 사이트 정보 입력 페이지에서 사이트 주소를 입력한 후 [확인] 버튼을 클릭합니다.

3 사이트 등록이 완료됐습니다.

03-2 검색 기반 입소문 마케팅

네티즌이 블로그, 카페, UCC 등과 같은 검색 포털의 커뮤니티 매체를 이용해 자발적으로 쇼핑몰을 홍보할 수 있도록 유도하는 마케팅 방법을 '입소문 마케팅' 또는 '바이럴 마케팅'이라고 합니다. 입소문 마케팅의 시작이 검색 포털의 검색에서 시작되게 만드는 것이 검색 기반 입소문 마케팅입니다. 검색 기반 입소문 마케팅의 특징은 네이버, 다음과 같은 검색 포털 사이트에서 서비스되는 채널을 이용한다는 것입니다.

다음은 '홍대 옷가게' 키워드 검색 결과입니다. 블로그(**1**), 포스트(**2**), 카페(**3**), 지식인(**4**), 이미지(**5**), 동영상(**6**), 지도(**7**) 등의 서비스를 통해 생산된 콘텐츠가 '홍대 옷가게' 키워드에 반응해 상위 노출된 결과입니다. 즉, 홍대 옷가게 키워드를 검색한 고객은 해당 콘텐츠를 이용해 관련 제품의 장점을 인지하고, 관련 상품을 판매하는 곳(판매자 쇼핑몰이나 매장)을 찾게 됩니다.

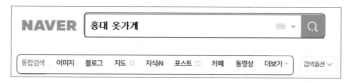

'홍대 옷가게' 키워드에 노출된 채널별 검색 결과

검색 기반 입소문 마케팅의 대표적인 채널인 블로그와 카페의 진행 절차를 간략하게 알아보 겠습니다.

❶ 블로그 마케팅 이해와 진행 절차 알아보기

블로그(Blog)는 기업의 규모와 관계없이 이용되는 중요한 마케팅 도구입니다. 예를 들어 초 보 엄마 A 씨가 아기 기저귀를 구매하기 위해 검색 창에 '아기 기저귀 추천'이라고 검색했다 고 가정해보겠습니다. 검색 결과, 최상단에 광고(❶)가 노출되고, 그 아래에 블로그 글(❷)이 노출됩니다. 초보 엄마 A 씨는 상업적인 광고보다 블로그의 글에 관심을 보이게 될 것입니 다. 업체에게 유리한 내용만 일방적으로 전달하는 상업적인 광고보다는 관심 있는 제품을 먼 저 체험해본 사람들이 올린 블로거의 글을 더 신뢰할 수 있다고 판단하기 때문입니다.

'아기 기저귀 추천' 키워드에 노출된 광고와 블로그 글

다음 그림에서 숫자(❶)와 그래프의 수치(❷)가 의미하는 것은 무엇일까요?

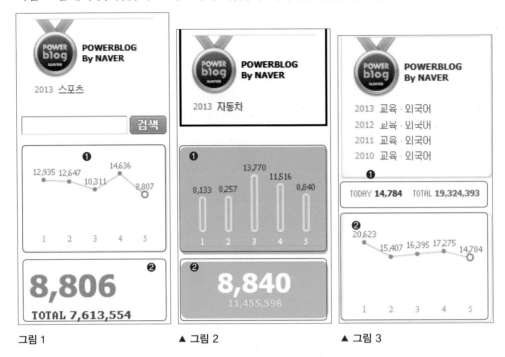

그림 1 ▲ 그림 2 ▲ 그림 3

위 그림 속 ❶은 최근 5일간 일자별로 블로그를 방문한 사람의 수, ❷는 블로그를 방문한 전체 인원 수와 당일 방문한 사람의 수를 의미합니다.

[그림 3]의 방문자 그래프(❶)를 보면 하루 평균 방문자 숫자가 1만 5,000명~2만 명 정도라는 것을 알 수 있습니다. 하루 블로그를 방문하는 숫자가 엄청나게 많아 보이지만, 이 숫자는 블로그 마케팅의 시작에 불과합니다. 1만 5,000명~2만 명의 블로그가 포스트에 덧글을 남기고 자신들의 블로그로 퍼나르기 시작하면 블로그가 가진 확산력으로 인해 엄청난 입소문의 힘이 발휘되기 때문입니다.

블로그에서 글(포스트)을 작성하고 이를 다른 블로그의 공유, 공감, 배포를 통해 확산하는 것이 블로그 마케팅의 기본적인 원리입니다.

블로그에 발행한 글이 어떻게 마케팅으로 활용되는지 알아보겠습니다. 포스트를 읽은 블로그 이웃의 덧글과 공감(❶), 보내기, 구독, SNS(❷) 등 공유를 이용해 좀 더 많은 블로거와 커뮤니케이션할 수 있습니다. 블로그가 이런 방식으로 발전하면 위의 방문자 수치처럼 하루에도 수만 명의 이웃이 나의 블로그를 방문하게 되는 것입니다.

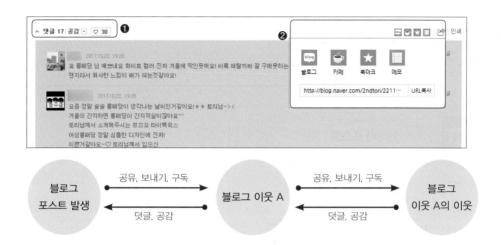

하지만 블로그가 위의 사례와 같이 강력한 마케팅 효과가 나타나도록 활성화하기는 쉽지 않습니다. 블로그는 만든 후 최소한 3~6개월 이상 꾸준히 관리해야 원하는 마케팅 효과가 나타나기 때문입니다. 블로그를 성공적으로 안착시킬 수 있는 마케팅 진행 절차는 다음과 같습니다.

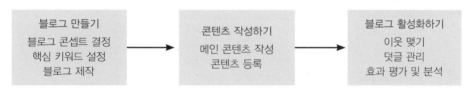

블로그 마케팅 진행 절차

❷ 네이버 포스트 서비스 이해하기

포스트(Post)는 태그를 중심으로 콘텐츠를 생산하거나 공유하는 네이버의 SNS 서비스입니다. 포스트는 홈, 피드, 알림, MY 영역으로 구성돼 있습니다. 포스트의 핵심은 해시태그(#)라 볼 수 있습니다. 예를 들어 '#제주여행'이라 검색하면 제주 여행에 관한 정보만 골라 볼 수 있습니다.

포스트는 PC와 앱 모두 지원됩니다. 네이버 포스트 앱은 PC(http://post.naver.com)와 스토어에서 다운로드할 수 있습니다.

네이버 포스트 바로가기 화면

네이버 포스트의 화면 구성은 다음과 같습니다.

돋보기 아이콘(🔍)을 클릭하면 포스트(글), 태그, 에디터(작성자)로 검색할 수 있습니다.

포스트 검색
검색어 입력

글쓰기 아이콘(✏️)을 클릭하면 포스트 내용을 작성할 수 있습니다.

- 홈: 다양한 태그와 포스트 그리고 포스트에서 활약하는 추천 에디터를 소개하는 공간입니다. 관심사에 맞는 태그와 마음에 드는 에디터를 검색할 수 있습니다.
- 피드: 팔로우한 에디터, 태그, 시리즈의 포스트를 받아볼 수 있습니다.
- 알림: 포스트에 달린 댓글, 팔로우, 좋아요, 게시판 새글 소식이 노출됩니다.
- MY: 내 프로필을 꾸밀 수 있고, 내 포스트, 태그, '좋아요' 한 포스트를 확인할 수 있습니다.

포스트 사용 방법은 네이버 블로그와 유사하기 때문에 블로그 사용자라면 쉽게 익힐 수 있습니다. 블로그와 포스트의 주요 용어는 다음과 같습니다.

블로그 서비스	포스트 서비스
블로그	포스트
블로거	에디터(작가)
이웃 추가	팔로우
서로 이웃 추가	맞팔(서로 이웃)
키워드	태그

블로그와 포스트 서비스 비교

포스트의 주요 특징은 다음과 같습니다.

첫째, [글 불러오기] 탭(❶)을 클릭하면 내 블로그에서 발행한 글을 불러올 수 있습니다.

둘째, 포스트 하단의 [태그] 아이콘(❷)을 클릭한 후 포스트의 핵심이라 할 수 있는 키워드(해시태그)를 5개까지 넣을 수 있습니다.

네이버 포스트 화면 구성

해시태그는 포스트 검색란에서 별도로 검색되기 때문에 매우 중요합니다. 다음은 '#중국 여행' 태그로 검색된 에디터의 포스트입니다. 팔로우 아이콘을 클릭하면 나의 이웃, 즉 나의 팔로우가 되며, 이 사람도 나를 팔로우하면 맞팔(서로 이웃)이 되는 것입니다. 팔로우한 에디터의 글의 포스트 메인 화면의 피드에 자동으로 노출됩니다.

포스트 메인 화면

셋째, 포스트는 네이버 검색, 특히 네이버 모바일 통합 검색에서 메인 화면에 노출되기 때문에 검색 상위 노출을 통한 방문자 유입을 기대할 수 있습니다.

키워드에 노출된 포스트 사례

❸ 카페 마케팅 이해와 진행 절차 알아보기

카페는 관심사가 비슷한 회원이 모여 정보를 공유하고 친목을 다지는 커뮤니티 공간입니다. 카페는 누구에게나 개방적인 블로그와 달리, 회원제로 운영할 수 있습니다. 지식인이나 블로그는 마케팅 효과가 비교적 빠르게 나타나는 반면, 카페는 최소 6개월 이상 꾸준히 운영해야 어느 정도의 성과를 기대할 수 있습니다. 일반적으로 블로그의 이웃보다 카페 회원의 구매 전환 비율이 높은데, 그 이유는 카페는 블로그에 비해 회원의 충성도가 더 높기 때문입니다. 카페의 이런 특징을 적절히 활용하는 것이 카페 마케팅입니다.

국내 최대 규모의 신혼여행 커뮤니티 사례를 예로 들어보겠습니다. 신혼여행 커뮤니티 카페는 회원이 경험하고 직접 작성한 1만 4,000여 편이 넘는 신혼여행 후기가 있고, 꾸준히 업데이트되고 있습니다. 만약 신혼여행을 준비하는 분이라면 이 카페의 회원이 직접 체험한 신혼여행 후기는 소중한 정보가 될 수 있기 때문에 이들의 후기를 보기 위해 카페 회원으로 가입할 것입니다. 만약 신혼여행 관련 상품이나 서비스를 외부 홍보 채널을 이용해 마케팅해야 한다면 20만 명이 넘는 회원이 가입돼 있는 이 카페가 제휴 1순위일 것입니다. 왜냐하면 카페 회원의 '관심사'가 마케팅하려는 상품과 연관성이 매우 높기 때문입니다.

카페는 많은 콘텐츠를 축적하고 있고, 충성도 높은 회원의 확보가 유리한 채널이기 때문에 기업에서 직접 공식 카페를 운영하는 사례도 많습니다. 다음은 ○○○ 호텔 예약 서비스 사이트에서 운영하는 기업 공식 카페입니다. 카페에서 운영하는 공식 채널 링크 정보, 자사의 호텔 상품 및 이벤트 등을 진행할 수 있고, 기업에서 운영하는 공식 홈페이지, 블로그, 페이스북 등 다른 채널로도 쉽게 이동할 수 있도록 연계돼 있습니다.

네이버 카페

다음은 기본적인 카페 마케팅 진행 절차입니다. 이 진행 절차 순으로 각 내용을 설명하겠습니다.

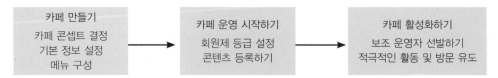

카페 마케팅 진행 절차

❹ 지식인 마케팅

질문자의 질문에 답변을 받을 수 있고, 그 질문과 답변을 통해 검색자의 방문을 유도할 수 있습니다.

지식인 마케팅은 질문을 찾고, 답변을 작성하고, 검색 결과를 확인하는 과정의 연속입니다. 질문자는 타인이 될 수 있고, 마케터 자신이 될 수도 있습니다. 즉, 주체가 누구인지에 따라 다음과 같은 절차로 진행됩니다.

- **방법 1**: 지식iN 홈에서 관련 키워드를 선정한 후 질문 검색하기 → 답변 작성하기 → 채택 결과 확인하기
- **방법 2**: 질문자용 ID 만들기 → 마케터가 직접 질문하기 → 답변 글 작성하기 → 채택하기
- **방법 3**: 외부 마케터(체험단, 제휴 등) → 외부 마케터가 질문하기 → 답변 글 작성하기 → 채택하기
- **방법 4**: 질문하기 → 외부 마케터(체험단, 제휴 등)가 답변하기 → 채택하기

❺ 이미지 / 동영상 마케팅

상품을 알리는 효과는 글보다 사진, 사진보다 동영상이 좀 더 직관적이고 빠른 효과를 기대할 수 있습니다. 빠른 내용 전달은 구매자의 구매 의사 결정에도 큰 영향을 미칩니다. 그렇기 때문에 쇼핑몰의 상품 페이지나 블로그의 포스트 등 모든 콘텐츠에서 사진과 동영상은 필수 요소가 됐습니다.

마케팅 효과 → 글 < 사진 < 동영상

사진 컷은 네이버 통합 검색의 블로그, 포스트, 카페, 이미지 섹션에 노출됩니다. 반면 동영상 블로그, 포스트, 카페뿐 아니라 네이버 TV, 유튜브, 인스타그램 등을 이용해서도 노출, 공유, 전파됩니다.

제품 사진 컷은 해당 상품에 대한 핵심 포인트를 추출한 후 그 포인트를 잘 표현할 수 있도록 합니다. 다음은 마스카라 제품 사진에 대한 핵심 포인트 추출 사례입니다. 각 핵심 포인트 컷마다 필요한 제품 컷 사진, 사용 컷 사진 1~2장을 만듭니다.

- 핵심 포인트 컷 1: 2016년 ○○○ 부분에서 인기 1위를 차지한 제품이라는 것을 강조합니다. ○○○ 부분 인기 1위 마크 노출
- 핵심 포인트 컷 2: 마스카라 제품 컷, 제품을 이용해 길고 또렷하게 완성된 속눈썹 완성 컷
- 핵심 포인트 컷 3: 제품의 가장 큰 장점인 '바를수록 길어 보이는 슈퍼 롱래시 마스카라'라는 점 강조
- 핵심 포인트 컷 4: 브러시로 한 올 한 올 잘 발라진다는 장점 강조
- 핵심 포인트 컷 5: 강한 메시지를 전달하기 위해 마스카라 제품을 사용하는 방법과 사용 전후 컷 강조

빠른 내용 전달은 구매자의 구매 의사 결정에도 영향을 미칩니다. 그렇기 때문에 동영상은 필수입니다. 하나의 상품을 소개하는 상품 상세 페이지에는 보통 1개 정도의 동영상 콘텐츠를 넣습니다. 동영상은 1개 정도 넣고, 운영자가 스스로가 테스터가 돼 영상 내용을 촬영합니다.

다음 표의 품목과 영상 내용을 보면 무엇을 영상으로 담아야 하는지를 가늠할 수 있을 것입니다.

품목별 담아야 할 핵심 영상 내용

품목	영상 내용
여성 의류	야외 촬영 영상
기능성 의류	방수, 탄력성 등 실제 기능 테스트 영상
마스카라	마스카라를 바르는 과정과 방법에 대한 영상
드라이기	작동법과 바람의 세기를 느낄 수 있는 영상
두피 모발 샴푸	사용 방법 영상
타 먹는 건강 식품	제품을 컵에 타서 먹는 영상
휴대폰 커버 필름	필름을 부착하는 시연, 스크래치나 눌림이 자동 복원되는 영상
토종 벌꿀	벌꿀 통을 만드는 모습, 양봉 현장 모습, 벌꿀 채취 과정 영상

다음은 헤어드라이기 제품 상세 페이지의 콘텐츠 제작 사례입니다.

제품 상세페이지 콘텐츠 사례

다음은 헤어드라이기 제품 구성에 관한 내용을 자세히 설명하는 콘텐츠입니다. 제품에 대한 설명은 잘 설명돼 있습니다. 하지만 이 콘텐츠에서 아쉬움이 있다면 운영자가 제품을 체험한 리뷰가 없다는 점입니다.

쇼핑몰의 상품 콘텐츠 구성 시 반드시 모델 또는 리뷰어의 체험기가 녹아 있어야 합니다. 체험기를 얼마나 구매자 입장에서 진솔하게 잘 표현했는지에 따라 결과가 완전히 달라집니다.

만약 위 헤어드라이기가 바람의 세기가 어느 정도인지 다음과 같은 사진으로 표현하면 어떨까요? 글로만 표현하는 것보다 설득력이 높아질 것입니다.

사진 콘텐츠 사례

이번에는 바람의 세기를 사진이 아닌 실제 동영상으로 표현하면 어떨까요? 사진보다 동영상으로 표현하면 전달 효과가 빠릅니다. 또한 구매 여부를 판단하는 데도 많은 도움이 됩니다.

영상 콘텐츠 사례

❻ 지도 검색

네이버 스마트플레이스는 내 상점을 네이버 지도에 등록할 때 사용하는 서비스입니다. 우리가 맛집을 검색했을 때 네이버 지도 서비스에 나오는 것처럼 내 사업장의 주소지를 네이버에 가입할 때 사용할 수 있는 서비스입니다. 예를 들어, '조군샵'이라는 상호를 네이버에서 검색했을 때 우측처럼 지도에 노출됩니다.

사업을 한다면 당연히 등록해야 하는 서비스라 할 수 있습니다.

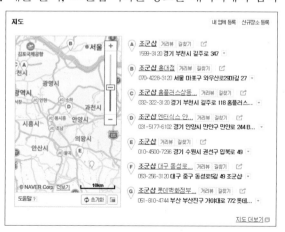

네이버 지도 서비스에 노출된 상호 사례

네이버 스마트플레이스를 이용해 내 사업장을 네이버 지도 검색에 등록하는 방법을 알아보
겠습니다.

1 네이버에서 '네이버 스마트플레이스'를 검색합니다.

2 스마트플레이스에서 [신규등록]을 선택합니다.

3 [등록내역 조회]를 이용해
이미 등록된 곳인지 확인합
니다.

사업자등록증상의 업종에는 '전자상거래업'으로 돼 있지만, 막상 등록하려고 하면 업종이 없다고 나옵니다. 네이버에서는 등록하려는 사업장이 무엇을 판매하는지가 궁금하기 때문에 그냥 '전자상거래업'이라고 입력하면 안 됩니다. 여러분의 쇼핑몰에서 의류를 판매하는지, 화장품을 판매하는지를 입력해야 합니다. 위 예제는 업종에 '패션의류'라고 입력했습니다.

④ [필수 정보 입력]에서 노출하고 싶은 정보를 입력합니다. 단, 주의해야 할 점은 여러분의 핸드폰 번호를 넣으면 그대로 노출될 가능성이 큽니다. 가능한 한 핸드폰 번호는 넣지 않는 것이 좋습니다. 대표번호가 없다면 어쩔 수 없지만, 있다면 대표번호를 넣으세요.

5 [상세 정보 입력]을 입력합니다.

여기서는 '비즈 넘버'라고 나오는데, 비즈 넘버의 뜻은 사업장의 가상 번호라고 생각하면 이해하기 쉽습니다. 우리가 흔히 인터넷 쇼핑을 할 때 핸드폰 번호를 노출하지 않기 위해 가상 안심 번호에 체크 표시를 하는 것과 같은 원리입니다. 하지만 아직은 050 번호가 소비자에게 익숙하지 않아 브랜드의 이미지가 낮아질 수 있으므로 선택적으로 사용하는 것이 좋습니다.

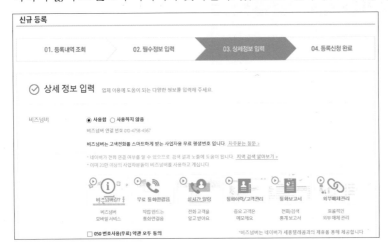

6 등록 신청이 완료되면 제출 서류 안내가 나타나는데, 보통은 사업자등록증과 통신판매신고증을 제출합니다. 단, 간이과세자는 통신판매신고증을 제출하지 않아도 됩니다.

쇼핑몰과 관련된 제출 서류는 다음과 같습니다.

유형	제출 서류
종합 쇼핑몰 의류 패션 잡화 가전 제품 상품권	사업자등록증, 통신판매신고증(간이과세자는 제외)
건강/건강기능식품 판매	국내 소재: 건강기능식품 영업 신고증 또는 수입 판매 영업 신고증(식약청 발급)
꽃배달	국세청에서 최근 90일 내에 발급된 사업자등록 증명
한약 판매 업체(한약방)	한약업 사면허 또는 의약품 판매업 허가증

네이버 스마트플레이스 등록 시 제출 서류 안내

03-3 SNS 마케팅

SNS 마케팅은 수많은 사람과 정보를 실시간으로 공유하고 확산시킬 수 있는 관계 기반 마케팅 도구입니다. 지식인, 블로그, 카페 등의 목적이 '검색'을 통한 콘텐츠 소비와 공유라면,

SNS 마케팅의 목적은 '사람'을 통한 전파입니다. SNS 마케팅은 사람과 사람 사이에서 소문이 시작되고, 확산되는 마케팅이기 때문에 사람과의 관계가 매우 중요합니다.

SNS 마케팅을 입소문 마케팅 도구와 함께 사용하면 쇼핑몰의 홍보 목적을 달성하기가 쉬워집니다. 카페, 블로그 등의 방문자는 콘텐츠를 소비한 후 바로 이탈하는 경우가 많지만, 인스타그램, 페이스북, 카카오 등과 같은 SNS 마케팅은 소비 과정에서의 표현, 즉 '~ 때문에 좋아요.', '~은 불편한 것 같아요.'와 같은 감정 표현이 확실하고, 전파하는 데 최적화된 마케팅 도구입니다.

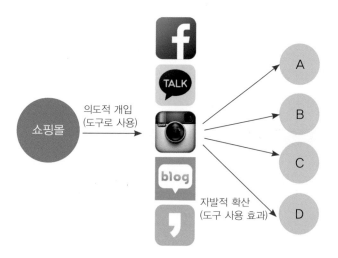

소셜 네트워크를 이용한 마케팅

SNS를 이용하면 고객과 직접 소통할 수 있고, 의견을 실시간으로 교환할 수 있기 때문에 신상품에 대한 모니터링을 이용해 재고 관리나 신상품에 대한 구상도 할 수 있습니다. 또한 고객과 실시간으로 상담할 수도 있습니다.

이벤트를 진행할 때도 SNS를 통해서만 응모할 수 있는 이벤트를 만들면 이메일 발송이나 이벤트 공지와 같은 단방향 이벤트보다 고객과 좀 더 친밀한 관계를 맺을 수 있습니다. 카페24와 메이크샵 솔루션은 쇼핑몰 방문자가 자신의 SNS로 상품 정보를 스크랩할 수 있는 서비스를 상품 페이지에 적용할 수 있습니다.

쇼핑몰 상세 페이지에서 SNS를 이용한 상품 홍보

네이버 스마트스토어는 쇼핑몰 방문자가 자신의 블로그, 카페, 메일, 카카오톡 등 다양한 채널로 상품 홍보할 수 있는 서비스를 제공하고 있습니다.

스마트스토어 상세 페이지에서 다양한 SNS 채널을 이용한 상품 홍보

03-4 언론 마케팅

언론사에 노출되는 것만큼 마케팅 효과가 있는 것은 많지 않습니다. 언론은 고객에게 쇼핑몰의 신뢰도를 검증해주는 역할을 해줍니다. 쇼핑몰의 신뢰도에 따라 구매 결정률이 달라지는

경우가 많습니다. 언론에 노출된 쇼핑몰이라면 마치 언론으로부터 검증됐다는 느낌을 줄 수 있기 때문에 구매 결정에 유리하게 작용합니다.

언론 마케팅 과정은 다음과 같은 절차로 진행됩니다.

- 기자의 이메일 주소를 수집해 보도 자료를 꾸준히 발행합니다.
- 중앙지보다는 지역 전문지부터 기사가 실릴 수 있도록 합니다.
- 지역 전문지에 기사가 실리면 검색 포털 사이트의 [뉴스 검색] 탭의 검색 결과에 나타납니다.
- 지역 전문지에 몇 번의 기사가 실리면 전문가로 인정받게 되고, 중앙지에도 실릴 수 있습니다.

03-5 이메일 마케팅

이메일은 돈을 들이지 않고 구매 가능성이 높은 잠재 고객에게 신상품, 이벤트 등 각종 소식을 전달할 수 있는 마케팅입니다. 카페24와 메이크샵에서는 고객에게 보낼 수 있는 다양한 메일링 기능을 제공합니다.

카페24에서는 [고객 관리]-[메일 관리], [자동 메일 발송 설정], [대량 메일 발송]을 이용해 다양한 방식으로 쇼핑몰 회원에게 메일을 보낼 수 있습니다.

카페24 메일 보내기

메이크샵에서는 [게시판/메일]–[메일(웹메일) 관리], [플러스 메일 서비스] 메뉴를 이용해 쇼핑몰 회원에게 메일을 보낼 수 있습니다.

메이크샵에서 메일 보내기

03-6 이벤트 마케팅

대부분의 쇼핑몰은 고객에게 신상품 소식을 알리거나 할인 행사 참여율을 높이기 위해 이벤트를 진행합니다. 이벤트는 주기와 시기 등에 따라 다양한 유형으로 진행할 수 있고, 이벤트 진행 방식에 따라 유료 또는 무료로 홍보할 수 있습니다.

이벤트를 진행할 때는 목적, 대상층, 유형, 제목, 기간, 효과 예측, 효과 측정 등을 이용해 결과에 따른 효과를 검증한 후 재반영하면 그 효과를 극대화할 수 있습니다.

이벤트 진행 시 체크해야 할 항목과 진행 절차

이벤트를 기획할 때는 일정한 기간을 두고 이벤트에 참여할 수 있도록 유도해야 합니다.

다음은 화장품 쇼핑몰 오픈 이벤트 기획 및 진행 시 반드시 체크해야 할 항목을 나타낸 것입니다.

구분	내용
목적	• 회원 가입을 통한 신규 회원 확보 • 밴드, 포스트, 인스타그램, 트위터, 페이스북, 카카오 등 SNS 잠재 고객 확보 • 신규 런칭 브랜드의 이미지 각인 • 매출 극대화 기대
대상층	• ○○ 쇼핑몰 기존 회원 • 블로그 이웃 • 밴드, 포스트, 인스타그램, 페이스북, 트위터, 카카오 친구 • 블로그 콘텐츠 검색 대상자
유형	• 회원 가입 유도 이벤트 • 쇼핑몰 오픈 홍보 이벤트 • 브랜드 런칭 이벤트
제목	• 쇼핑몰 오픈과 브랜드 런칭에 따른 신규 회원에게 주는 혜택. 예를 들면 '회원가입 시 적립금 50,000원 지급'이나 '50,000원 상품권 증정' 등과 같이 이벤트 내용을 명확히 전할 수 있는 제목 선정
기간	• 이벤트 기간을 명확히 선정해 이벤트 예상 비용 측정
효과 예측	• 이벤트에 따른 예상 매출액, 이벤트 비용, 순이익, 신규 회원 수 예측 분석
효과 측정	• 이벤트 비용과 매출 증감 산출 • 순이익과 신규 회원 수 산출

쇼핑몰 오픈 이벤트 기획과 운영 시 체크해야 할 항목과 내용

04 스마트스토어의 홍보 핵심 전략 살펴보기

스마트스토어로 만든 스토어는 카페24나 메이크샵 솔루션으로 만든 쇼핑몰과 달리, 좀 더 다양한 홍보 서비스를 제공합니다. 스마트스토어 마케팅의 기본은 고객에게 줄 혜택을 잘 관리하는 것입니다.

스마트스토어 고객 혜택 관리란, 원하는 대상에게 쿠폰 또는 포인트 적립 혜택을 등록하고, 그 혜택의 조회 및 수정과 고객을 관리하는 스마트스토어의 마케팅 도구를 말합니다.

타깃	타깃팅 목적
첫 구매 고객	• 첫 구매 고객 늘리기(최근 2년간 구매 이력이 없는 고객 대상) • 첫 구매 혜택(쿠폰, 포인트 적립 등) 설정
재구매 고객	• 재구매 고객 늘리기(최근 6개월 간 구매 이력이 있는 고객) • 쿠폰 즉시 발급 및 구매 시 포인트 적립 설정

스토어찜	• 스토어를 찜하거나 이미 찜한 고객에게 특별한 쿠폰 혜택 설정 • 스토어찜을 클릭한 고객에게 쿠폰(다운로드) 혜택과 함께 구매 유도 • 목적은 스토어찜 늘리기+유지시키기 • 스토어찜 늘리기: 아직 스토어찜을 하지 않은 고객에게 스토어찜 요청 문구가 노출되며, 스토어찜을 누를 때 다운로드할 수 있는 쿠폰이 안내됨. • 스토어찜 유지시키기: 이미 스토어찜한 고객에게는 발급받지 않은 스토어찜 쿠폰을 발급받을 수 있게 노출됨. 이미 발급된 쿠폰은 노출되지 않음(중복 발급 불가).
소식 알림	• 스토어찜에 동의한 후 소식 알림까지 동의한 고객을 위한 쿠폰 혜택 설정 • 소식 알림에 동의한 고객이나 이미 동의한 고객에게 쿠폰(다운로드) 혜택을 제공하거나 쿠폰을 첨부해 메시지를 보냄. • 목적은 '소식 알림 고객 늘리기+유지시키기(스토어 내 혜택 노출)'와 '마케팅 메시지 보내기(스토어에 혜택 노출 안 됨)' • 소식 알림 고객 늘리기: 아직 소식 알림에 동의하지 않은 고객은 소식 알림 요청 문구가 노출되며, 소식 알림 동의를 누를 때 다운로드할 수 있는 쿠폰이 안내됨. 소식 알림과 스토어찜을 함께 동의해야 함. • 소식 알림 유지시키기: 이미 소식 알림 동의한 고객에게 발급받지 않은 소식 알림 쿠폰을 발급받을 수 있게 노출됨. 이미 발급된 쿠폰은 노출되지 않음(중복 발급 불가).
타깃팅	• 고객을 지정해 혜택 제공: 구매 이력이 있는 고객 또는 스토어찜한 고객을 선택해 쿠폰 혜택 설정 • 타깃팅 그룹에 혜택 제공: 판매자가 원하는 그룹을 타깃팅해 혜택(쿠폰) 설정

스마트스토어의 고객혜택 관리 마케팅 도구

위 다섯 가지 유형의 혜택과 쿠폰의 종류는 다음과 같습니다.

• 혜택의 종류에는 쿠폰과 포인트 적립이 있습니다.

• 쿠폰의 종류는 상품 단위 할인인 '상품 중복 할인'과 스토어 단위 할인인 '스토어 장바구니 할인', '배송비 할인'이 있습니다.

스마트스토어의 타깃팅 대상별 혜택

먼저 혜택 이름(❶)을 입력합니다. 혜택 이름은 고객이 쿠폰을 쉽게 인지할 수 있도록 15자 내외로 입력합니다. 최대 30자까지 입력할 수 있지만, 모바일 화면에 노출되는 글자는 15자 내외이며, 이후 말 줄임 처리됩니다. 쿠폰을 지급하는 행사 목적, 대상과 함께 쿠폰 종류를 입력합니다. 만약, 일부 상품/카테고리만 사용할 수 있는 쿠폰이라면 함께 명시합니다.

예 1 행사 목적+타깃팅 대상+쿠폰의 종류를 조합해 노출
- 10월 재구매 고객 할인 쿠폰
- 오픈 기념 첫 구매 고객 할인 쿠폰
- 스토어찜 10% 할인 쿠폰
- 소식받기 3,000원 배송비 할인 쿠폰

예 2 혜택 상품 지정을 '특정 상품 또는 카테고리'로 발행할 경우
- 패션 의류 할인 쿠폰
- 공기청정기 30,000원 할인 쿠폰

타깃팅 대상을 선택합니다.

마케팅 목적에 맞게 신규 고객, 재구매 고객, 스토어찜, 소식 알림, 타깃팅 등 세분화된 타깃(❷)을 설정해 혜택을 설정할 수 있습니다. 설정한 타깃팅 대상에 따라 세부 설정 메뉴에 차이는 있지만, 대부분의 항목은 동일합니다. 예를 들어 고객을 지정해 혜택을 설정하는 것은 '타깃팅'에서만 제공하는 메뉴, 친구맺기를 했을 때 친구 추천 감사 메시지는 '스토어찜'에서만 제공하는 메뉴입니다.

쿠폰 또는 포인트 중 혜택의 종류(❸)를 선택합니다. 어느 혜택 종류를 선택하는지에 따라 세부 항목(쿠폰의 종류, 발급 방법, 할인 설정, 발급일, 포인트 적립, 혜택 기간, 혜택 상품 지정 등)을 설정할 수 있습니다.

04-1 스토어찜/소식 알림 고객 할인 쿠폰 발급하기

다음과 같이 스마트스토어에서 스토어찜을 맺는 고객과 소식 알림 받기를 설정한 고객이 즉시 사용할 수 있는 할인 쿠폰을 다운로드할 수 있도록 혜택을 설정해보겠습니다.

스토어찜 고객 혜택

소식 알림 고객 혜택

1 [고객 혜택 관리]–[혜택 등록]을 클릭한 후 혜택 등록 페이지에서 혜택 이름, 타깃팅 대상은 [스토어찜]을 선택하고, 타깃팅 목적은 '스토어찜 늘리기+유지시키기', 혜택 종류는 '쿠폰', 쿠폰 종류는 '상품 중복 할인', 발급 방법은 '다운로드', 할인 설정은 1,000원으로 하고, 이밖에 혜택 기간, 홍보 메시지 등을 설정한 후 [저장] 버튼을 클릭합니다.

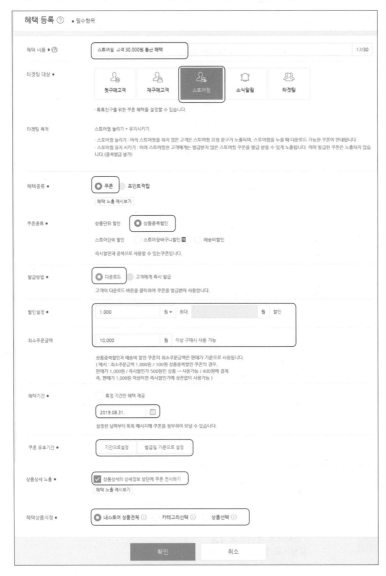

❷ 이번에는 소식 알림 고객 혜택을 지정해보겠습니다. 혜택 등록 페이지에서 혜택 이름, 타깃팅 대상은 [소식 알림]을 선택하고, 타깃팅 목적은 '소식 알림 고객 늘리기+유지시키기', '마케팅 메시지' 중에서 선택하고 나머지 항목은 스토어찜과 동일한 방법으로 진행합니다.

> 타깃팅 목적 중 '소식 알림 고객 늘리기+유지시키기'에 체크 표시를 하고 아래의 '상품 상세의 상세 정보 상단에 쿠폰 전시하기'에 체크 표시를 해야 상품 상세 페이지에 혜택(쿠폰)이 노출됩니다.

❶ 소식 알림 고객 늘리기+유지시키기(스토어 내 혜택 노출)

- 소식 알림에 동의하는 고객을 늘리거나 이미 동의한 고객에게 스토어의 혜택을 보여주고 싶을 때 사용합니다.
- 혜택이 스토어에 자동으로 노출되고, 톡톡 파트너센터에서 소식 알림에 동의한 고객을 대상으로 마케팅 메시지를 보낼 수도 있습니다.

– 소식 알림 고객 늘리기를 하면 다음과 같이 스토어 내 혜택(쿠폰)이 표시됩니다.

홈 화면

상품 상세 화면

소식 알림 동의 화면

❷ 마케팅 메시지 보내기(스토어에 혜택 노출 안 됨)

- 소식 알림에 이미 동의한 고객에게 마케팅 메시지로 혜택을 주고 싶을 때 사용합니다.
- 스토어에는 혜택이 보이지 않고, 혜택 조회/수정 메뉴 또는 톡톡 파트너센터에서 '마케팅 메시지'로 알릴 수 있습니다.

❸ [고객 혜택 관리]–[혜택 조회/수정]을 클릭합니다. 혜택 조회/수정 페이지에서 혜택의 종류는 '쿠폰', 타깃팅 대상을 설정한 후 [조회] 버튼을 클릭해 쿠폰을 조회합니다. 조회 결과 중 [중지], [수정] 버튼을 클릭해 발행한 쿠폰을 중지하거나 수정할 수 있습니다.

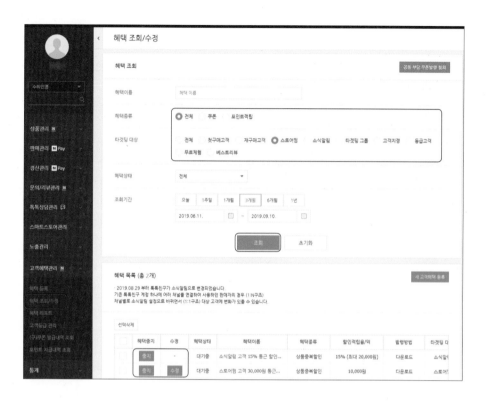

4 고객은 판매자의 스마트스토어에서 [찜하기(❶)]를 클릭하면 발행한 쿠폰이 표시됩니다. [소식받기(❸, ❹)]를 클릭하면 소식 알림 동의 혜택(여기서는 쿠폰(❹))을 받게 되며, 스토어의 각종 소식을 받을 수 있게 됩니다.

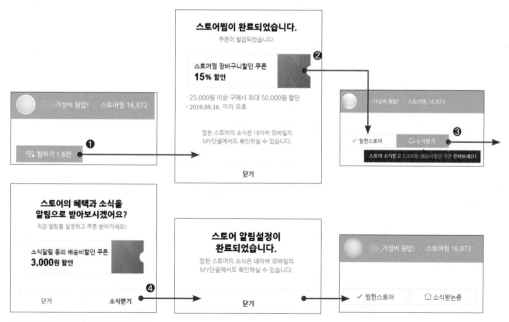

스토어찜하기부터 소식받기까지

스마트스토어센터의 [통계]–[고객 현황]을 클릭한 후 [관심 고객] 탭의 고객 현황 그래프와 다음 조회 건수 표를 이용하면 스토어찜 수, 톡톡 친구 수를 확인할 수 있습니다.

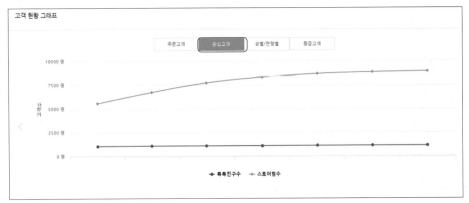

기...	고객수			주문/환불		고객비율		관심고객				
	전체주문고객	기존고객	신규고객	전체주문...	전체환불...	기존고객...	신규고객...	스토어찜수(증감)	스토어찜수(누적)	톡톡친구수(증감)	톡톡친구수(누적)	VVIP
201...	1,545	43	1,502	1,634	112	2.8%	97.2%	1,219	5,560	32	1,035	0
201...	1,296	41	1,255	1,371	123	3.2%	96.8%	1,169	6,729	26	1,061	0
201...	1,176	35	1,141	1,248	123	3.0%	97.0%	980	7,709	11	1,072	0
201...	531	22	509	562	67	4.1%	95.9%	592	8,301	10	1,082	0
201...	316	10	306	322	46	3.2%	96.8%	379	8,680	11	1,093	0
201...	203	7	196	209	32	3.4%	96.6%	165	8,845	2	1,095	0
201...	153	6	147	159	15	3.9%	96.1%	85	8,930	0	1,095	0

04-2 재구매 고객 할인 쿠폰 발급과 예상 고객 수 확인하기

판매자의 스토어에서 최근 6개월 간 구매 이력이 있는 고객을 대상으로 재구매 시 할인 쿠폰 혜택이나 적립 혜택을 발급할 수 있습니다.

혜택 등록 페이지에서 타깃팅 대상 중 [재구매 고객]을 선택한 후 스토어찜 쿠폰 혜택이나 적립 혜택을 발급할 수 있습니다.

재구매 시 할인 쿠폰 및 적립 혜택 발급

예상 고객 수란의 [예상 고객 수 확인]을 클릭하면 선택 조건에 해당하는 예상 고객 수가 자동으로 표시됩니다. 물론 이는 판매자 스토어의 회원 이력을 바탕으로 산출한 예상 수치입니다. 이 수치는 판매자 스스로의 경험을 바탕으로 어느 정도의 신뢰성을 산출해볼 수 있습니다.

05 나에게 가장 효율적인 마케팅 채널은?

쇼핑몰 운영자라면 누구나 '키워드 광고, 쇼핑 광고, 디스플레이 광고, 입소문 마케팅, 검색 등록, 이메일 마케팅, SNS 마케팅, 모바일 마케팅 등 수많은 마케팅 채널 중에서 나에게 가장 최적화된 광고·홍보 방법은 무엇일까?'라는 고민을 해봤을 것입니다. 이때 가장 중요한 것은 '비용 대비 효과'입니다.

키워드 광고, 쇼핑 광고 등과 같은 유료 광고는 금전적인 문제를 고려해야 할 것이고, 블로그, 인스타그램, 페이스북, 카카오 등 무료 광고는 투자되는 시간을 고려해야 할 것입니다.

이는 광고와 홍보 중 어느 쪽이 효율적이고, 어느 쪽이 비효율적이라고 단정할 수 없다는 의미입니다. 우선 나 자신과 고객들의 관심을 파악한 후 최선책과 차선책을 결정해 집행하는 것이 중요합니다.

마케팅 채널 결정하기

예를 들어 수영복과 같이 빠른 회전이 요구되는 계절성, 시기성 상품을 판매해야 하는 상황이고, 마케팅 자본에 여유가 있다면 블로그에 치중하는 것보다 키워드 광고, 쇼핑 광고 등과 같은 유료 광고에 집중하는 것이 효율적일 것입니다. 반면, DIY와 같은 취미 활동이 요구되는 품목을 판매해야 하는 상황이고, 마케팅 자본에 여유가 없다면 DIY 카페나 블로그를 운영하고 회원 수를 늘린 후 SNS 마케팅 등과 같은 무료 마케팅에 집중하는 것이 효율적일 것입니다.

"울랄라공주 쇼핑몰의 홍보 수단은 키워드 광고입니다. 네이버 카페를 운영했지만 관리상의 어려움이 있어 현재는 운영하지 않고 있습니다. 블로그나 카페는 만드는 것보다 꾸준히 관리하는 것이 더 중요합니다. 만약 꾸준히 관리하지 못하면 오히려 역효과가 발생합니다. 쇼핑몰 오픈 6개월까지는 키워드 광고 집행 상황에 따라 큰 폭의 매출 차이가 발생했지만, 6개월이 넘어가면서부터는 그 차이가 줄어들기 시작했습니다."

– 박인수(울랄라공주 대표)

"설화의 홍보 수단은 키워드 광고입니다. 페이스북, 블로그 등은 설화의 소소한 이야기를 통해 고객과의 소통 공간, 새 소식을 알리는 공간으로 활용하고 있습니다. 하지만 설화 쇼핑몰 내의 공지사항, Q&A, 후기 게시판 등 다양한 커뮤니티 공간을 통해 고객과 생각을 공유하고 있습니다."

– 이세원(설화 대표)

"빅클럽은 재구매율이 높은 편입니다. 특히 주기적으로 보내는 안부 이메일을 통한 재구매 비율이 높습니다. 키워드 광고 시 신상품 중 검증받은 상품과 베스트 상품 중심의 랜딩 페이지, 매치되는 키워드 전략이 효과적입니다."

– 허용성(빅클럽 대표)

품목과 운영 상황에 따라 다르겠지만, 대부분의 키워드 광고를 주요 마케팅 채널로 사용하고 있습니다. 쇼핑몰의 규모가 커지면서부터 주요 홍보 수단뿐 아니라 다양한 보조 홍보 수단도 함께 사용하는 것이 일반적입니다. 쇼핑몰의 규모가 커지고 자체 생산 또는 자체 브랜드 상품 등을 직접 생산하면서부터 브랜드 검색 광고, 쇼핑 광고 등을 집행합니다. 10~20대 여성이 주 고객층인 스타일○○, 큐니○○ 쇼핑몰은 모델 컷 등과 같은 스타일 연출이 중요하기 때문에 블로그와 카카오스토리, 페이스북 이외에도 인스타그램을 보조 홍보 수단으로 적극 활용하고 있습니다.

특히 키워드 광고와 같은 유료 광고는 집행하는 광고비가 많을수록 유입률과 매출이 높아지는 것이 일반적입니다. 그래서 오픈 초기 3개월 전까지는 유료 광고에 치중합니다. 하지만 그 이후부터는 광고비 부담으로 매출액 대비 최대 10% 정도에서 집행합니다. 명품 속옷 쇼핑몰인 울랄라공주는 평균 매출액 대비 25~30% 정도의 광고비를 집행하는데, 매출액 대비 높은 광고비를 집행할 수 있는 이유는 오프라인 매장을 통한 매출, 도매와 대리점을 통한 매출이 함께 발생하기 때문입니다.

인터넷 쇼핑몰의 광고 채널과 홍보 채널은 매체마다 비용 산정 방식이 다르기 때문에 효율성을 높이기 위해서는 마케팅 채널의 종류에 대한 특성과 효과를 파악하고 나에게 적합한 마케팅 채널을 선택해야 합니다.

마케팅 효과를 극대화하기 위해서는 마케팅 집행 결과를 철저히 분석해 시행착오를 최소화해야 합니다. 마케팅을 한 후 쇼핑몰에 유입되는 주 고객층을 정확히 분석하고, 문제점과 특징을 파악한 후 그에 맞게 상품과 재고를 관리하고 유료 광고와 무료 광고의 집중도 등을 조절해야 합니다. 이러한 특성을 정확히 파악하기 위한 가장 기초적인 작업이 '로그 분석'입니다. 로그 분석은 쇼핑몰 방문자가 몇 명이고, 언제 방문했으며, 무엇을 하고 나갔는지 등을 분석하는 도구입니다.

스마트스토어의 통계 메뉴. 카페24 관리자 페이지, 메이크샵 접속 통계 메뉴에는 로그 분석 기능을 기본적으로 제공하고 있으며, 기능에 따라 유료 서비스로 제공하고 있습니다.

18 키워드 광고와 네이버 쇼핑 광고 전략

01 키워드 광고 진행 절차 이해하기

01 광고 용어 살펴보기

광고를 진행하기 전에 기본적인 온라인 광고 용어를 이해해야 합니다. 광고 용어에는 CPC, CPM, CPP, CPT, CPV 방식이 있는데, 기본적인 개념 정도는 이해하고 있어야 광고를 효율적으로 집행할 수 있습니다.

광고 용어	설명
CPC(Cost Per Click)	• 한 번 클릭할 때마다 책정된 광고비가 소진됨. • 클릭할 때마다 판매자의 상품 페이지로 유입되기 때문에 불필요한 광고비를 줄일 수 있음.
CPM(Cost Per Mille)	• 1,000번 노출될 때마다 광고비가 소진됨. • 뷰 형식의 광고로, 주로 배너 광고에 이용됨. • 특정 타깃이 아닌 불특정 다수에게 보이기 때문에 전환율이 낮음.
CPP(Cost Per Period)	• 일정 기간 동안 고정된 금액으로 과금되는 방식임. • CPT와 거의 동일하며, 기간이나 시간에 따라 나뉨.
CPT(Cost Per Time)	• 일정 시간 동안 고정된 금액으로 과금되는 방식임.
CPV(Cost Per View)	• CPC와 같은 개념으로, 동영상 광고 형태의 CPC라고 보면 됨. 즉, 클릭당 과금인지, 동영상 조회당 과금인지의 차이임. • 유튜브에 광고를 진행하면 1뷰당 설정한 비용이 과금됨.
CPA(Cost Per Action)	• 설정한 액션에 도달할 때마다 광고비가 소진됨. • 액션은 회원 가입, 설문이나 이벤트 참여 등의 목적에 따라 다양하게 설정할 수 있음.

광고 용어 설명

오픈마켓, 쇼핑몰, 스마트스토어 등 모든 마켓의 광고는 크게 CPC, CPP로 구분하지만, 일반 판매자는 대부분 CPC를 주력 마케팅 방법으로 운영하기 때문에 이후에 설명하는 키워드 광고 역시 CPC 광고를 중심으로 설명합니다.

각 마켓별 CPC 광고의 명칭은 다음과 같습니다.

- 네이버 쇼핑: 쇼핑 검색(스마트스토어, 쇼핑몰이 주로 이용)
- 오픈마켓(G마켓, 옥션): 파워클릭
- 오픈마켓(11번가): 포커스클릭

02 키워드 광고 프로세스 최적화와 목표 설정

키워드 광고는 '목표 설정 → 실행 → 추적 및 보고'라는 3단계 프로세스의 끊임없는 반복입니다. 키워드, 광고 문구, 랜딩 페이지 등을 수정 보완한 후 최적화된 광고로 재실행해야 한다는 전제 조건이 있습니다. 즉, '목표 설정 → 실행 → 추적 및 보고 →재실행 → 추적 및 보고'의 연속적인 과정으로 진행됩니다.

목표 설정 〉 실행 〉 추적 및 보고

키워드 광고 프로세스

키워드 광고 프로세스의 3단계는 모두 중요하지만, 광고주가 특히 신경 써야 할 부분은 첫 번째 단계인 '목표 설정'입니다. 뚜렷한 목표 설정 없이 단순히 클릭이 많이 되는 단어를 구매한다거나 예산만을 생각하고 광고비를 집행하면 원하는 결과를 얻을 수 없습니다.

목표 설정은 '광고 투자 수익율(ROAS)은 500%, 광고비 200만 원 투자, 매출은 500만 원 증가'와 같이 구체적인 목표를 제시할 수 있어야 합니다. 키워드 광고의 목적은 전환율을 높여 매출을 증대시키거나, 회원 가입을 유도해 고객 데이터베이스를 확보하거나, 브랜드의 인지도를 높이거나, 이벤트 또는 프로모션을 홍보하는 것입니다. 키워드 광고는 업종마다 다를 수 있지만, 대부분은 다음과 같이 구체적인 목표를 설정해 운영합니다.

키워드 광고의 목적	키워드 광고의 목표 설정
전환	• 전환율 300%로 매출 150% 증가 • 신규 회원 가입 증대 • 신규 회원 DB 확보
브랜드 인지도	• 상품, 서비스, 쇼핑몰 브랜드 향상 및 이미지 제고 • 신뢰도 향상
방문자 확보와 매출 증대	• 쇼핑몰 방문객 200% 증가 • 이벤트로 1만 명 참여 • 프로모션 홍보로 신규 회원 1만 명 유입과 매출 200% 증가

키워드 광고의 목적과 목표 설정

'키워드 광고 프로세스'에서 추적 또는 보고의 과정은 광고 보고서를 철저히 분석한 후 효과 측정을 이용해 그 결과를 재실행 시에 반영하는 프로세스입니다. 좋은 광고 방법은 끊임없는 '목표 설정 → 실행 → 추적 → 재실행'을 이용해 찾아가는 것이지, 한 번에 좋은 광고 방법을 찾는 것이 아닙니다.

키워드 광고 프로세스에서 철저하게 분석해야 할 항목은 '전환'입니다. 여기서 전환은 광고주가 원하는 고객 행동의 숫자를 말합니다. 고객 행동에는 회원 가입, 주문서 작성, 게시판 글쓰기, 주문(구매) 완료, 전화를 받는 것, 견적 의뢰를 받는 것 등이 있습니다.
일반적으로 쇼핑몰은 상품 대금을 결제하고 배송이 완료된 상태, 즉 구매 완료를 전환으로 정합니다. 하지만 다른 목적을 가진 광고, 예를 들면 광고의 목적이 '회원 가입 극대화'라면 회원 가입 완료 페이지에 전환 코드를 삽입해 성과를 측정해야 합니다.

'전환'의 의미를 정할 때 중요한 항목은 '광고 매출'입니다. 일반적으로 광고란, 방문자를 늘리는 것을 말합니다. 하지만 광고를 하면 구매 전환율과 구매당 단가도 획기적으로 개선되리라 생각하는 광고주가 많습니다.
구매 전환율과 1건당 구매 단가는 쇼핑몰의 경쟁력으로 결정되는 경우가 많습니다. 따라서 광고 진행과 함께 쇼핑몰의 경쟁력을 높이는 활동을 지속적으로 전개해야 합니다. 여기서 1건당 구매 단가란, '고객의 주문 1건당 평균 구매 금액'을 말하고, '매출/주문 건수'로 계산합니다.

광고 매출 = 방문자 × 구매 전환율 × 1건당 구매 단가

예를 들어 '여성 의류'라는 검색어로 광고를 진행하는 상태라면 '여성 의류' 검색어로 얼마나 쇼핑몰에 들어왔는지보다 얼마나 전환했는지가 중요한 광고 효과 특정의 기준이 됩니다. '여성 의류'라는 검색어로 1,000명이 방문했는데, 그중 10명이 옷을 구매했다면, 전환 수는 10이고, '여성 의류' 키워드의 전환율[(방문자 수÷전환 수)×100]은 1%[(1,000명÷10명)× 100]이 됩니다. 당연히 전환율이 높을수록 광고 효과도 높아집니다.

TIP 광고 만들기에서 키워드와 소재의 의미

❶ 키워드란, 검색 사용자가 검색을 위해 사용하는 단어이자, 광고주가 광고를 노출하는 단위입니다. 광고 그룹별로 광고를 노출할 키워드를 추출해야 합니다. 광고 그룹당 최대 1,000개, 광고주 계정당 최대 10만 개까지 추가할 수 있습니다.

❷ 소재란, 사용자에게 보이는 광고 요소입니다. 검색 광고에서는 대표적으로 광고 문안(제목, 설명)이 소재에 해당하고, 사용자에게 노출되는 광고의 요소를 모두 포함합니다. 광고 그룹당 최대 5개까지 만들 수 있으며, 확장 소재는 유형별로 각 1개씩 만들 수 있습니다.

03 키워드 광고 4단계 진행 절차

키워드 광고는 다음과 같이 광고 계정 만들기부터 시작해 캠페인을 중심으로 광고를 만드는 과정을 거칩니다.

광고주 계정 만들기 ▷ 캠페인 만들기 ▷ 광고 그룹 만들기 ▷ 광고 만들기 (키워드/소개)

키워드 광고 4단계 진행 절차

❶ 광고주 계정 만들기

광고주가 복수의 계정을 생성할 수 있고, 광고의 목적에 따라 다수의 캠페인을 운영할 수 있습니다. 중복 계정 생성은 사업자 광고주에 한해 가능하며, 동일한 사업자번호로 최대 5개까지 생성할 수 있습니다.

❷ 캠페인 만들기

캠페인은 마케팅 활동의 목적을 기준으로 묶어 관리하는 광고 전략 단위입니다. 검색 광고 캠페인 유형에는 '파워링크', '쇼핑 검색', '파워 콘텐츠', '브랜드 검색'이 있고, 계정당 각 유형을 모두 포함해 최대 200개까지 만들 수 있습니다. 캠페인을 이용해 동일한 목적을 가진 마케팅 활동을 묶어 특정 기간과 예산을 관리할 수 있습니다. 이벤트, 시즌, 광고 노출 기간과 하루 예산 등의 목적에 따라 캠페인을 생성하고 광고 전략을 수립해야 광고를 효과적으로 운영할 수 있습니다.

❸ 광고 그룹 만들기

캠페인 활동에 대한 개별 실행 방법을 설정하는 단위입니다. 누구에게(타깃팅, 키워드), 무엇을 보여주고(웹 사이트, 소재, 확장 소재), 어디로 안내할 것인지(연결 URL)을 설정할 수 있습니다. 웹 사이트, 매체, 지역, 노출 요일과 시간대, 하루 예산, 기본 입찰가, 콘텐츠 매체 전용 입찰가 등을 설정할 수 있습니다. 캠페인당 최대 1,000개, 광고주 계정당 최대 1만 개까지 만들 수 있습니다.

❹ 광고 만들기

다수의 키워드와 다수의 소재를 조합해 광고를 만듭니다.

다음은 광고를 누가, 어떤 목적으로, 어떤 고객에게, 무엇을 보여주고, 어디로 데려가는지를 바탕으로 구분한 것입니다.

광고 캠페인 진행 방식

키워드 광고 계정 만들기

키워드 광고를 집행하기 위해서는 신규 광고주로 등록하고 광고주 계정을 만들어야 합니다. 네이버 블로그, 카페 등을 만들려면 회원 가입을 해야 하듯이 검색 포털에 신규 광고주로 등록하려면 계정을 만들어야 합니다. 광고주가 되는 방법은 매우 간단합니다. 네이버의 경우, 네이버 광고주 페이지(searchad.naver.com)에서 회원 가입하면 광고를 직접 관리할 수 있습니다.

1 네이버 광고 관리 시스템(https://searchad.naver.com)에서 [신규가입]을 클릭합니다. 만약 이미 회원 가입돼 있다면 바로 로그인합니다.

2 광고주 가입 페이지가 나타나면 약관 동의 항목에 모두 체크 표시를 하고 가입 유형을 선택합니다. 페이지 하단에 있는 회원 유형란에 사업자등록번호를 입력하고 [사업자등록번호 가입 가능 확인] 버튼을 클릭하면 광고주 가입 절차가 진행됩니다.

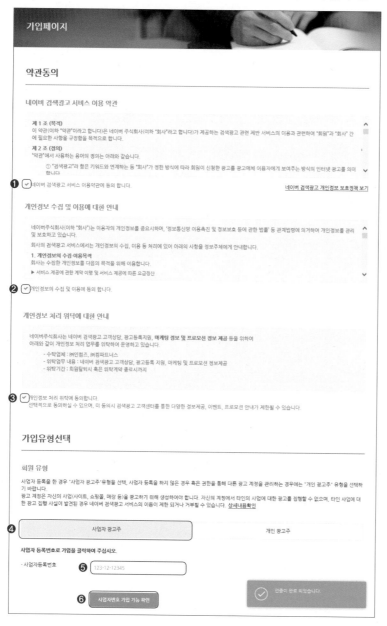

❸ 사업자등록번호가 정상적으로 확인되면 페이지 하단 우측에 '인증이 완료됐습니다.'라는 메시지 창이 나타나면서 페이지 하단의 회원 정보 입력 영역이 활성화됩니다. 계정 기본 정보, 세금계산서 정보의 입력란에 개인 정보를 입력한 후 [가입] 버튼을 클릭합니다.

4 '회원 가입을 환영합니다.'라는 메시지 창이 나타나면 광고주 회원 가입이 완료됩니다. [네이버 검색 광고 시작하기] 버튼을 클릭합니다.

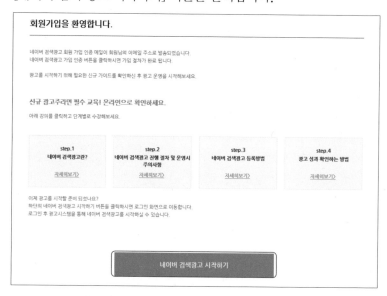

5 네이버 광고 관리자 페이지 메인 화면에 접속합니다. 광고와 관련된 핵심 요약 내용을 확인할 수 있습니다. 우측의 [광고 시스템]을 클릭하면 광고를 만들거나 관리할 수 있는 페이지로 이동합니다.

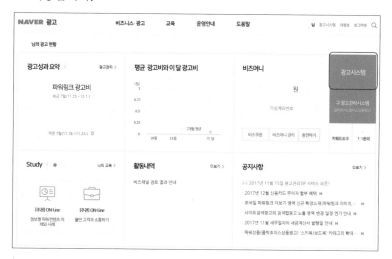

03 키워드 광고 만들기

광고주 계정을 만들었으므로 '키워드 광고 4단계 진행 절차'의 2단계 과정인 캠페인 만들기,
3단계인 광고 그룹 만들기, 4단계인 광고 만들기(키워드/소재) 과정을 알아보겠습니다.
광고 시스템 메인 화면에서 좌측 상단의 [광고 만들기] 버튼을 클릭합니다. 광고 만들기는 1
단계 '캠페인 만들기', 2단계 '광고 그룹 만들기', 3단계 '광고 만
들기(키워드/소재)'의 총 3단계로 이뤄져 있습니다.

네이버 광고 시스템의 광고 만들기

01 캠페인 만들기

광고 만들기의 첫 번째 단계는 캠페인 만들기입니다. 이미 만들어진 캠페인을 사용하려면 우
측 상단에 있는 [등록된 캠페인 불러오기] 버튼을 클릭해 캠페인을 선택하고, 바로 2단계 광
고 그룹 만들기로 이동할 수 있습니다.

1 광고 만들기의 첫 번째 단계는 캠페인 만들기입니다. 필수 입력 사항인 캠페인 유형 선택,
캠페인 이름을 입력한 후 [저장하고
계속하기] 버튼을 클릭합니다.

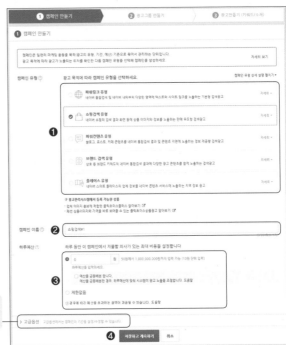

> 캠페인 생성 단계에서 설정하지 않아도 향후 캠페
> 인 정보 수정 화면에서 설정할 수 있습니다.

❶ 캠페인 유형: 캠페인은 마케팅 활동의 목적을 기준으로 묶어 관리하는 광고 전략 단위입니다. 검색 광고 캠페인 유형에는 '파워링크', '쇼핑 검색', '파워콘텐츠', '브랜드 검색'이 있습니다.

❷ 캠페인 이름: 캠페인 이름은 광고에는 노출되지 않고, 광고 관리의 목적으로만 사용되기 때문에 광고의 특색에 맞는 이름을 입력하면 관리하기 쉽습니다.

❸ 하루 예산: 하루 동안 이 캠페인에서 지불할 의사가 있는 최대 비용을 설정합니다. 하루 동안 지불할 예산을 설정하거나 전체 예산을 제한 없이 지불할 수 있도록 설정할 수 있습니다. 하루 예산을 설정하면 당일 해당 캠페인에 과금된 금액이 설정된 하루 예산보다 많아질 것이라 예상되는 시점에 해당 캠페인의 상태를 '중지' 상태로 전환합니다. 만약 설정된 하루 예산을 하루 동안 균등하게 노출하고 싶다면 '예산을 균등 배분합니다.'의 체크 박스에 체크 표시를 합니다. 그러면 캠페인 하루 예산 설정 시 예산 배분 방식을 설정할 수 있습니다.

• 일반 노출 방식: 광고가 설정한 하루 예산에 도달할 때까지 계속 노출되는 방식입니다. 만약 예상보다 광고 클릭이 많이 일어나 하루 예산이 조기에 소진된다면 광고가 노출되지 않습니다.

• 균등 배분 방식: 하루를 기준으로 예산을 고르게 배분해 광고 노출을 조절하는 방식입니다. 이 방식은 하루 예산이 조기에 소진돼버리는 것을 막을 수 있지만, 특정 시간대에 빈번한 광고 노출이 필요할 때는 충분히 노출되지 않을 수 있습니다.

T I P   올바른 광고 집행 예산

• 네이버 광고의 특성상 최초의 광고 집행은 설정한 예산 금액이 얼마의 기간 또는 시간 동안 소진됐는지 파악해볼 필요가 있습니다. 최소 50원~10억 원까지 입력할 수 있으므로 조금씩 과금 금액을 올려가면서 적정 수준을 파악하는 것이 좋습니다. 이는 과도한 과금을 방지하고 클릭당 단가를 조절해야 하기 때문입니다.
• 캠페인의 하루 예산은 계정 단위가 아닌 캠페인 단위로 설정되므로 복수의 캠페인이 있다면 캠페인마다 설정해야 합니다.

---

02 광고 그룹 만들기

2단계에서는 광고 그룹을 만듭니다. 하나의 캠페인에는 다수의 광고 그룹을 만들 수 있습니다.

1 광고 그룹 만들기 페이지에서는 광고 그룹 이름, URL, 기본 입찰가를 입력한 후 [저장하고 계속하기] 버튼을 클릭합니다.

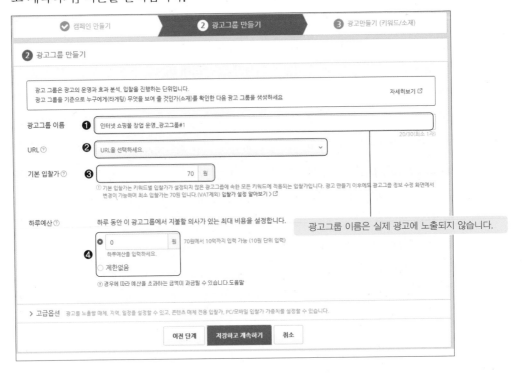

❶ 광고 그룹 이름: 광고 시스템 내에서 광고를 효율적으로 관리할 수 있는 이름을 입력합니다.

❷ URL: 광고의 대상이 되는 사이트를 입력하거나 이미 입력돼 있는 사이트를 선택합니다.

❸ 기본 입찰가: 해당 광고 그룹에 등록되는 키워드에 동일하게 적용되는 입찰가입니다.

❹ 하루 예산: 하루 동안 광고 그룹에서 지출 가능한 예산을 설정합니다. 하루 예산을 설정하면 당일 해당 광고 그룹에서 과금된 금액이 설정된 하루 예산보다 많아질 것이라 예상되는 시점에 해당 광고 그룹의 상태가 '중지'로 전환됩니다.

03 광고 만들기

광고 만들기의 마지막 단계로, 키워드를 추가하고 소재를 만들 수 있습니다.

1 키워드를 추가합니다. 다음 두 가지 방법으로 키워드를 추가할 수 있습니다.

방법 1: 좌측 '선택한 키워드' 영역(**1**)에 원하는 키워드를 한 줄씩 입력합니다.

방법 2: 우측 영역에서 연관 키워드를 확인한 후 키워드 앞에 있는 [추가] 버튼(**2**)을 클릭하면 키워드를 추가할 수 있습니다.

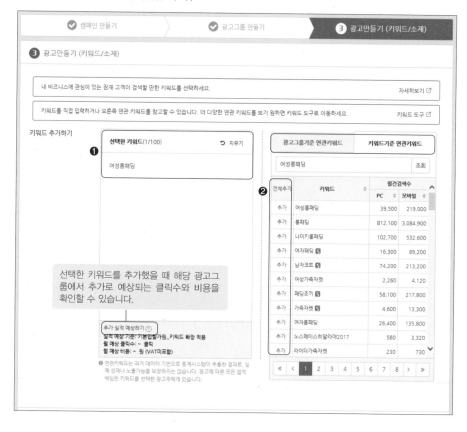

TIP **키워드 삽입 이용하기**

제목과 설명 입력란 우측의 [키워드삽입]을 이용하면 소재를 효과적으로 만들 수 있습니다.

키워드 삽입이란, 소재(제목, 설명)에 키워드를 자동으로 삽입해주는 기능입니다. 키워드 삽입은 필수는 아니지만, 일반적으로 제목이나 설명에 키워드가 삽입돼 있으면 주목도를 높일 수 있으므로 키워드 삽입 기능을 사용하면 소재를 좀 더 효과적으로 만들 수 있습니다.

2 소재를 만듭니다. 제목(최대 15자), 설명(20~45자), 연결 URL을 입력한 후 [광고 만들기] 버튼을 클릭합니다. 연결 URL은 해당 광고 그룹 등록 시 입력한 사이트 URL을 자동으로 불러옵니다. 세부 연결 URL로 설정하고자 하는 경우에는 수정도 할 수 있습니다.

04 광고 관리하기

광고 만들기 과정에서 만든 광고 그룹을 로그 분석을 이용해 효과를 검증하고, 그 결과를 바탕으로 광고 중지, 수정, 재집행, 삭제하는 방법을 알아보겠습니다.

1 네이버 키워드 광고 시스템의 메인 화면에서 [광고 관리] 메뉴를 클릭하면 모든 캠페인이 검색됩니다.

2 캠페인 이름을 클릭하면 입찰가 변경, 캠페인 중지/진행 등 캠페인의 모든 사항을 수정 및 관리할 수 있는 캠페인 관리 페이지로 이동합니다. 캠페인 이름에 마우스 커서를 올려놓으면 나타나는 캠페인 수정 아이콘(✎)을 클릭하면 캠페인 이름, 하루 예산 등을 수정할 수 있고, 캠페인을 삭제할 수 있습니다.

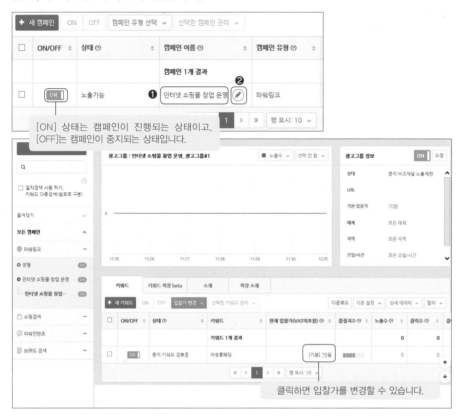

04 사이트 검색(파워링크) 광고 이해와 제대로 집행하기

사이트 검색 광고는 업종 및 서비스 관련 키워드 검색 시 네이버 통합 검색 및 다양한 노출 매체에 다음 그림과 같이(**1**) 쇼핑몰과 홍보 문구가 노출되는 상품입니다.

네이버 통합 검색 탭의 파워링크/비즈 사이트 영역에 노출되거나 모바일의 통합 검색 결과에 노출되는 광고 상품입니다. 통합 검색 탭 하단의 블로그, 사이트, 웹 문서, 지식iN, 카페 탭을 클릭하면 상단의 파워링크 영역이나 네이버 쇼핑의 검색 결과 하단에 노출됩니다. 이외에도 다양한 영역에 동시 노출되는 네이버의 대표 검색 광고 상품입니다.

'가을가디건' 키워드로 노출된 파워링크 광고

일반 쇼핑몰 운영자가 가장 선호하는 광고 방식입니다. 스마트스토어만 운영하는 판매자들은 네이버 쇼핑 광고를 선호합니다. 하지만 스마트스토어를 함께 운영하는 판매자라면 네이버 쇼핑 광고와 함께 진행하는 것이 좋습니다.

사이트 검색(파워링크) 광고의 특징은 다음과 같습니다.

- 광고 등록과 노출 비용은 발생하지 않고, 클릭 시에만 과금되는 CPC 방식입니다.
- 광고주가 직접 입찰가를 설정할 수 있습니다.
- 네이버 쇼핑 광고는 원하는 키워드를 선택할 수 없고, 노출 순위가 매칭 결과에 따라 결정됩니다. 반면, 사이트 검색 광고는 원하는 키워드를 등록해 광고할 수 있습니다.

사이트 검색 광고 진행 절차는 다음과 같습니다.

다음은 사이트 검색 광고 그룹 구성 샘플 사례입니다.

- 캠페인 이름: 여성 카디건
- URL: www.○○○.co.kr
- 키워드: 여성 카디건, 여성 가을 카디건, 니트 카디건, 가을 롱 카디건, 카디건 신상
- 제목: 여성 카디건은 예쁘다닷컴
- 설명 문구: 좋은 원단, 편안한 착용감! 가을 카디건 신상 20% 세일 추석룩 3일 특가!

1 캠페인 만들기의 캠페인 유형으로 [파워링크 유형]을 선택합니다.

2 광고 그룹을 만듭니다. 광고 그룹 이름, URL, 기본 입찰가, 하루 예산을 설정한 후 [저장하고 계속하기] 버튼을 클릭합니다.

3 좌측에 있는 키워드 창에 원하는 키워드를 직접 입력해도 되지만, 추가로 등록하고 싶다면 원하는 연관 키워드를 선택한 후 [추가]를 클릭합니다.

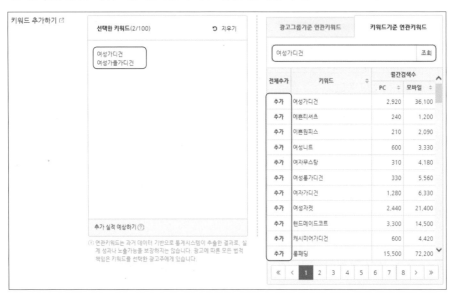

4 소재를 만듭니다. 제목과 설명 문구, 랜딩 URL을 입력합니다. [광고 만들기] 버튼을 클릭하면 광고 만들기가 완성됩니다. 광고 검수 기간은 1일 이내입니다.

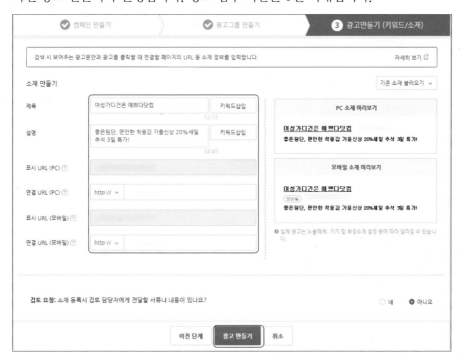

T I P　　제목에 스마트스토어 업체 이름 입력하기

　　제목에 스마트스토어 업체 이름을 입력해 업체도 함께 홍보되도록 합니다. 위 사례에서는 '여성 카디건은 예쁘다닷컴'이라고 입력했습니다.

---

5 PC와 달리, 모바일에서 통합 검색 시 파워링크 영역에 노출되는 광고는 광고 문안 옆에 이미지(**❶**)나 추가 메뉴(**❷**) 등이 나타나는 것을 확인할 수 있습니다. 이 항목은 모바일에서 적용되는 확장 소재입니다. 확장 소재를 적용한 광고가 그렇지 않은 광고보다 눈에 띄기 때문에 고객의 클릭을 유도하는데 효과적입니다.

[확장 소재] 탭을 클릭한 후 [새 확장 소재]에서 위치 정보, 네이버 예약, 추가 제목, 홍보 문구, 가격 링크 등 판매하는 상품의 특징에 따라 다양한 소재 종류를 선택할 수 있습니다.

05 쇼핑 검색 광고 이해와 제대로 집행하기

01 쇼핑 검색 광고 이해하기

쇼핑 검색 광고는 네이버 통합 검색 결과 및 네이버 쇼핑 검색 결과에 광고가 노출되는 이미지형 검색 광고 상품으로, 스마트스토어와 가장 밀접한 광고 채널입니다.

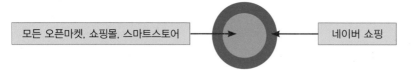

네이버 쇼핑과 오픈마켓, 쇼핑몰, 스마트스토어의 관계

오픈마켓, 쇼핑몰, 스마트스토어는 네이버 쇼핑 안에 있는 모든 판매 채널이라 할 수 있을 만큼 전자상거래 전체 시장의 흐름을 바꾸고 있습니다.

쇼핑 검색 광고의 특징은 다음과 같습니다.

• 검색자가 클릭한 수만큼 과금되는 CPC 방식의 광고로, 입찰가를 직접 설정할 수 있습니다. 즉, 검색자가 광고 상품(❶)을 클릭하면 입찰받은 광고비가 과금됩니다.
• 쇼핑 검색 광고는 통합 검색 결과 PC와 모바일에서는 2구좌(❶), 네이버 쇼핑 검색 결과 PC는 5구좌(❶), 모바일은 4구좌(❶)에 노출됩니다. 광고로 노출되는 상품은 다음 그림과 같이 광고 아이콘(❷)이 표시됩니다. 즉, 이 상품은 쇼핑 검색 광고로 노출되는 것입니다.

네이버 쇼핑 통합 검색 광고 영역(PC)

네이버 쇼핑 통합 검색 광고 영역(모바일)

네이버 쇼핑 검색 결과(PC)

네이버 쇼핑 검색 결과(모바일)

- '네이버 페이 추가적립' 아이콘(❶)이 함께 노출돼 더 높은 광고 효과를 기대할 수 있습니다.

네이버 페이 추가 적립이 노출된 광고

02 네이버 쇼핑의 광고 노출 순위는 어떻게 결정될까?

네이버 쇼핑 광고주의 상품 노출 순위는 광고주 상품 단위로 직접 적용한 입찰가, 이용자가 검색한 키워드, 상품의 연관도, 클릭 수에 따라 결정됩니다. 클릭 수를 각종 불법 프로그램이나 광고 대행을 이용해 늘리거나 광고 구매 후기를 하는 경우에는 네이버 쇼핑의 패널티를 받을 수 있습니다.

광고 노출 순위 = 입찰가 + 연관도 + 클릭 수

즉, 입찰가를 아무리 높여도 네이버 쇼핑 알고리즘에 부합하지 않는다면 판매자가 원하는 키워드에 노출되지 않습니다.

동일 순위에서 다른 판매자의 제품보다 클릭 수가 높다면 지수가 상승하게 됩니다. 만약 광고 시작 시 4칸 순위
였는데, 그 이하로 떨어진다면 지수가 떨어졌다는 것을 의미하기 때문에 이때는 입찰가를 높여 광고 입찰을 해야
합니다.

03 쇼핑 광고 그룹 설정하기

그룹을 만들기 전에 상품을 분류해 놓고 설정하는 것이 나중에 광고를 관리하는 데 도움이
됩니다. 다음과 같은 절차라고 생각하면 이해하기 쉬울 것입니다.

| 광고 그룹 | → | 모바일/PC 구분 | → | 상품 키워드 분류 |

광고 그룹 만들기 절차

1 네이버 광고 관리 시스템(https://searchad.naver.com)에 회원 가입 후 로그인합니다.

2 네이버 광고 관리 메인 우측의 [광고 시스템]을 클릭합니다.

3 광고 관리 페이지 좌측 상단의 [광고 만들기] 버튼을 클릭합니다.

4 캠페인 만들기 페이지에서 캠페인 유형을 선택한 후 내용을 작성합니다. 네이버 쇼핑 광고를 진행한다면 '쇼핑 검색 유형'을 선택합니다. 캠페인 이름과 하루 광고비로 지불할 예산을 선택한 후 [저장하고 계속하기] 버튼을 클릭합니다.

❶ 캠페인 유형: 캠페인은 마케팅 활동의 목적을 기준으로 묶어 관리하는 광고 전략 단위입니다. 검색 광고 캠페인 유형에는 '파워링크', '쇼핑 검색', '파워콘텐츠', '브랜드 검색'이 있습니다.

❷ 캠페인 이름: 캠페인 이름은 광고에 노출되지 않고, 광고 관리의 목적으로만 사용되기 때문에 광고의 특색에 맞는 이름을 입력하면 관리하기 쉽습니다.

❸ 하루 예산: 하루 동안 이 캠페인에서 지불할 의사가 있는 최대 비용을 설정합니다. 하루 동안 지불할 예산을 설정하거나 전체 예산을 제한 없이 지불할 수 있도록 설정할 수 있습니다. 하루 예산을 설정하면 당일 해당 캠페인에 과금된 금액이 설정된 하루 예산보다 많아질 것이라 예상되는 시점에 해당 캠페인의 상태를 '중지' 상태로 전환합니다. 만약 설정된 하루 예산을 하루 동안 균등하게 노출하고 싶다면 '예산을 균등 배분합니다.'의 체크 박스에 체크 표시를 합니다. 그러면 캠페인 하루 예산 설정 시 예산 배분 방식을 설정할 수 있습니다.

- 일반 노출 방식: 광고가 설정한 하루 예산에 도달할 때까지 계속 노출되는 방식입니다. 만약 예상보다 광고 클릭이 많이 일어나 하루 예산이 조기에 소진된다면 광고가 노출되지 않습니다.

- 균등 배분 방식: 하루를 기준으로 예산을 고르게 배분해 광고 노출을 조절하는 방식입니다. 이 방식은 하루 예산이 조기에 소진돼버리는 것을 막을 수 있지만, 특정 시간대에 빈번한 광고 노출이 필요할 때는 충분히 노출되지 않을 수 있습니다.

TIP **올바른 광고 집행 예산**

- 네이버 광고의 특성상 최초의 광고 집행은 설정한 예산 금액이 얼마의 기간 또는 시간 동안 소진됐는지 파악해볼 필요가 있습니다. 최소 50원~10억 원까지 입력할 수 있으므로 조금씩 과금 금액을 올려가면서 적정 수준을 파악하는 것이 좋습니다. 이는 과도한 과금을 방지하고 클릭당 단가를 조절해야 하기 때문입니다.
- 캠페인의 하루 예산은 계정 단위가 아닌 캠페인 단위로 설정되므로 복수의 캠페인이 있다면 캠페인마다 설정해야 합니다.

---

5 광고 그룹 만들기 페이지에서 광고 그룹을 생성하기 위해 그룹 유형과 쇼핑몰을 선택한 후 [저장하고 계속하기] 버튼을 클릭합니다. 그룹 유형은 네이버 쇼핑에 등록된 모든 상품을 등록할 수 있는 '쇼핑몰 상품형'과 디지털/가전 카테고리만 운영할 수 있는 '제품 카탈로그형'을 선택합니다. 여기서는 '쇼핑몰 상품형'을 선택합니다.

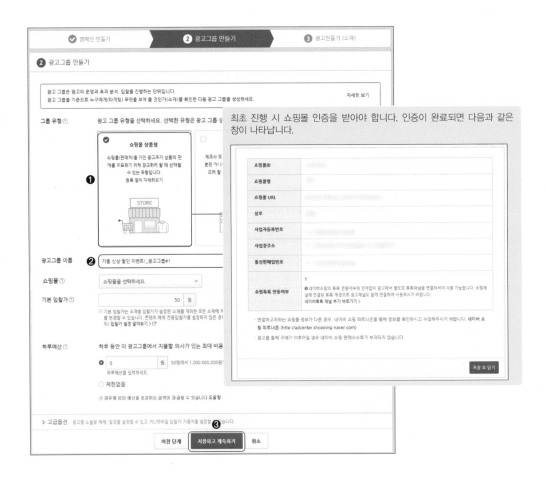

6 광고를 집행할 상품을 검색해 찾은 후 좌측에 있는 [추가] 버튼을 눌러 선택합니다. 상품은 상품 이름, 카테고리, 상품 ID로 찾을 수 있습니다.

7 검색 결과 상품 목록 중 광고 그룹으로 설정할 상품의 [+ 추가]를 클릭한 후 페이지 하단에 있는 [광고 만들기] 버튼을 클릭해 완료합니다.

8 광고 만들기가 완료되면 소재 검수 안내 문구가 표시됩니다. 다음 그림은 '중지: 소재 검토 중(❷)' 상태입니다. 소재 검수 기간은 영업일 기준 1일 이내입니다. 검수가 완료되면 등록돼 있는 이메일, 문자 또는 톡톡 등으로 결과를 안내받을 수 있습니다. 소재 상태는 '중지: 소재 검토 중', '중지: 소재 노출 제한', '중지: 소재 OFF', '노출 가능'이 있는데, '상태 노출 가능' 상태가 돼야 광고 집행이 가능합니다. 검수가 완료된 후 광고가 ON(❶) 상태라면 광고가 자동으로 노출됩니다.

> **TIP** **소재 검토 중일 경우**
>
> 소재 검토는 일반적으로 영업일 기준 1일이 소요됩니다. 만약 소재 검토가 지연되고 있다면 해당 광고 그룹에 등록된 비즈 채널의 상태가 노출 가능 상태인지 확인하거나 광고비가 충전돼 있는지도 확인해야 합니다.

---

06 모바일 광고

네이버의 모바일 화면에서 진행되는 광고입니다. 모바일에 최적화된 화면을 이용해 업체, 상품에 대한 정보를 전달할 수 있습니다.

대표적인 모바일 광고 상품에는 모바일 클릭초이스, 클릭초이스 상품 광고, 모바일 브랜드 검색, 클릭초이스 플러스 등이 있습니다.

모바일 클릭초이스, 클릭초이스 상품 광고 등은 신생 쇼핑몰, 중소 규모 쇼핑몰, 대형 쇼핑몰 모두 진행하기에 적합하지만, 모바일 브랜드 검색 등은 신생 쇼핑몰이 진행하기에 적합하지 않은 모바일 광고 서비스입니다.

❶ 모바일 클릭초이스

네이버 모바일 웹 서비스인 모바일 네이버(m.naver.com)의 통합 검색 결과에 최대 5개까지 광고를 노출하는 상품으로, 검색 결과에 광고와 전화번호가 함께 노출되며 전화 연결도 가능합니다.

모바일 특화키워드는 광고 관리 시스템에서 구매한 키워드에 [모바일] 마크로 표시됩니다.

- 광고 방식: 키워드별로 최대 클릭 비용과 품질 지수를 고려해 산출된 광고 순위에 따라 각 영역별 광고 개수에 맞춰 광고가 노출됩니다.
- 광고 비용: 광고 노출 기간 동안 클릭이 일어난 횟수에 따라 비용을 지불하는 CPC 과금 방식으로, 클릭당 최소 70원입니다. 모바일 검색의 경우, 전화번호 클릭 시 CPC 방식으로 과금합니다.

❷ 클릭초이스 상품 광고

사이트가 아닌 상품을 광고하는 새로운 검색 광고입니다. 모바일에 최적화된 환경에서 필요한 상품 정보를 쉽게 확인할 수 있어 상품을 탐색하는 사용자에게 적합한 서비스입니다. 네이버 모바일 통합 검색 페이지의 해당 업종 영역에 기본 이미지, 가격 정보가 노출됩니다.

클릭초이스 상품 광고 사례

- 광고 방식: 통합 검색 결과 최대 8~9개 노출+더보기 링크를 이용해 추가로 노출합니다.
- 광고 비용: 광고 노출 기간 동안 클릭이 일어난 횟수에 따라 비용을 지불하는 CPC 과금 방식으로, 클릭당 최소 70원입니다.

❸ 클릭초이스 플러스

업종별로 모바일에 최적화된 광고 UI를 표현할 수 있으며, 미리보기 화면을 추가 제공해 광고주의 업체, 상품에 대한 정보를 전달할 수 있습니다.

클릭초이스 플러스 광고 사례

- 광고 방식: 통합 검색 결과 최대 8~9개 노출+더보기 링크를 통해 추가로 노출합니다.
- 광고 비용: CPC 과금 방식입니다. 이용자의 트래픽을 연결하는 클릭 영역(전화 걸기, 홈페이지, 가격표 등)은 클릭당 과금되며, 이외에 제목, 설명, 이미지, 지도, 부가정보 아이콘 등의 영역은 과금되지 않습니다.

❹ 모바일 브랜드 검색

브랜드 키워드 또는 브랜드와 연관성이 높은 키워드를 검색할 경우 해당 브랜드의 내용을 다양한 이미지와 함께 통합 검색 결과의 최상단에 노출하는 콘텐츠 검색형 검색 광고입니다. 모바일 브랜드 검색은 최대 2면으로 구성되고, 좌우로 넘겨볼 수 있습니다. 메인/서브 이미지, 타이틀, 링크를 활용해 업체 위치, 개별 서비스, 할인 정보, 앱 다운로드 등으로 활용할 수 있습니다.

브랜드 검색 2면 브랜드 검색 1면

- 광고 방식: 브랜드 키워드를 구매한 광고주의 1개 광고만 해당 영역에 노출되기 때문에 브랜드의 홍보 효과가 큽니다.

- 광고 비용: 최소 광고비는 50만 원(부가가치세 별도)이며, 광고 노출 기간 및 광고 가능한 키워드의 기간 조회 수(최근 30일 조회 수)의 합에 따라 산정됩니다. 신생 쇼핑몰이 진행하기에는 가격이 부담스러운 서비스입니다.

쇼핑몰 상품 사진 촬영과 포토샵 핵심 기능 익히기

Part 06에서는 쇼핑몰 상품 사진 촬영에 필요한 기초 지식과 쇼핑몰 운영자에게 꼭 필요한 포토샵 핵심 기능을 알아봅니다. 그리고 편집 툴을 이용해 멋진 상품 상세 페이지를 손쉽게 제작하는 방법에 대해 알아봅니다.

19 쇼핑몰 상품 사진 촬영

01 상품 사진 촬영 기초 지식

쇼핑몰은 상품 사진을 보고 구매 여부를 판단합니다. 따라서 상품 사진을 어떻게 촬영하는지에 따라 구매 호감도가 결정될 수 있습니다. 이번에는 상품 사진을 촬영하는 데 필요한 디지털카메라를 알아보겠습니다.

01 디지털카메라의 외형과 명칭

카메라 조작 스위치의 위치와 조합은 카메라마다 조금씩 다릅니다. 기본적인 디지털카메라의 외형과 명칭은 다음과 같습니다.

디지털카메라의 앞쪽 외형과 명칭

디지털카메라의 뒤쪽 외형과 명칭

02 촬영과 관리가 편한 디지털카메라

디지털카메라로 촬영한 사진은 바로 확인해보고 마음에 들지 않으면 다시 촬영할 수 있습니다. 디지털카메라는 LED 창으로 촬영한 사진을 확인할 수 있고, 촬영한 이미지는 파일 형태로 저장되기 때문에 원하는 사진만 사용할 수 있습니다.

PC 환경에서 파일 형태로 저장되는 디지털카메라의 촬영 결과물은 PC와 USB 포트 또는 HDMI 포트를 이용해 바로 전송할 수 있습니다. USB 케이블 또는 HDMI 케이블을 이용해 디지털카메라의 USB 포트 또는 HDMI 포트를 PC의 USB 포트 또는 HDMI 포트에 연결한 후 PC에서 디지털카메라의 사진 이미지를 불러올 수 있습니다.

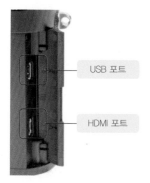

디지털카메라의 USB 포트와 HDMI 포트

03 디지털카메라의 보디와 렌즈 이해하기

디지털카메라는 종류와 가격에 따라 기능과 성능이 다릅니다. 가격이 비쌀수록 성능이 좋다고 생각하거나 렌즈가 큰 것이 좋다고 생각하는 등 어떤 디지털카메라를 구입해야 할지 혼동될 수 있습니다. 특히 렌즈의 종류는 다양하기 때문에 구입하는 과정에서 보디(Body) 구매 시보다 혼동될 수 있습니다.

디지털카메라는 몇 가지 사항만 주의해 선택하면 됩니다. 디지털카메라는 보디와 렌즈로 구분해 구입할 수 있습니다. 초보자들은 활용도가 높은 표준렌즈(50mm)를 구매해 사용한 후 필요에 따라 렌즈를 추가로 구매하는 것이 바람직합니다.

디지털카메라 보디

디지털카메라 렌즈

• 화각과 초점거리 이해하기

디지털카메라의 보디와 렌즈를 구입하기 전에 화각과 초점거리를 이해하면 목적에 맞게 구매하기 쉽습니다. 화각은 '화면을 담을 수 있는 범위'를 말합니다. 화각이 넓고 좁은 것은 렌즈의 초점거리와 밀접한 관련이 있습니다. 초점거리가 길수록 좁은 화각, 짧을수록 넓은 범위의 화각을 담을 수 있습니다.

표준 렌즈   광각 렌즈   망원 렌즈

• 렌즈의 종류와 특징

렌즈는 표준 화각을 포함하는 표준렌즈를 기준으로 광각렌즈와 망원렌즈로 나눕니다.
• 표준렌즈: 화각이 46도인 렌즈(50mm 렌즈)
• 광각렌즈: 화각이 46도보다 넓은 렌즈(17~40mm 렌즈)
• 망원렌즈: 화각이 46도보다 좁은 렌즈(70~200mm 렌즈)

표준렌즈는 어느 정도의 광각과 망원 화각을 포함하기 때문에 가장 보편적이고 활용도가 높습니다. 표준렌즈는 초보자도 큰 어려움 없이 촬영하기에 적합합니다. 대부분의 디지털카메라 제조사에서는 표준렌즈를 기본으로 채택하고 있습니다.

광각렌즈   표준렌즈   망원렌즈

02 사진 촬영 기초 지식

01 조리개와 셔터스피드 설정하기

- **조리개의 역할**

조리개는 렌즈를 통해 들어오는 빛의 양을 조절하는 장치입니다. 1.4, 2, 2.8, 4, 5.6, 8, 11, 16, 22가 조리개 값으로, 조절되는 값을 'f'로 표기합니다. f 값으로 표기된 수치 사이의 빛의 양은 두 배씩 차이나며, 숫자가 낮을수록 빛을 많이 받아들이고, 클수록 적게 받아들입니다.

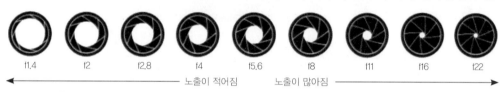

조리개와 노출 관계

다음은 조리개 값에 따른 사진 상태를 나타낸 것입니다.

▲ f2   ▲ f4   ▲ f6   ▲ f8

- **조리개 우선 모드와 사진의 심도**

조리개 우선 모드는 촬영자의 의도에 따라 심도를 조절할 수 있는 모드로, 'Av 모드'라고 합니다. 사용자가 원하는 조리개 값을 설정하면 그 노출에 맞게 셔터스피드가 자동으로 설정됩니다. 즉, 자동 모드로 촬영할 때보다 깊은 심도 또는 얕은 심도를 표현할 수 있습니다.

조리개 우선 모드(Av 모드)

얇은 심도는 다음 좌측 그림과 같이 특정 부분(그림에서는 벨트)에 초점을 맞추는 경우 초점이 맞는 곳 이외의 배경을 흐려지게 해서 피사체를 돋보이게 표현하고자 할 때 사용합니다. 또한 깊은 심도는 다음 그림과 같이 전체적으로 선명하게 촬영해야 할 때 사용합니다.

얇은 심도   **깊은 심도**

• **셔터스피드의 역할**

셔터를 누르면 눈을 깜빡이듯이 '찰칵'하면서 셔터막이 열렸다가 닫히는데, 이 '찰칵' 하는 속도 차이에 따라 빛의 양이 정해집니다. 셔터스피드는 얼마나 오랫동안 필름(디지털카메라의 경우 CCD)을 빛에 노출시킬 것인지를 설정하는 것입니다.

셔터스피드의 수치는 일반적으로 초 수로 표현하며, 단계는 다음과 같은 수치로 정의할 수 있습니다.

1/1000	1/500	1/250	1/125	1/60	1/30	1/15	1/8	1/4	1/2	1/1	1/2

◄──────── 노출이 적어짐.   노출이 많아짐. ────────►

셔터스피드와 노출의 관계

• **조리개와 셔터스피드의 관계**

f 값이 낮을수록 빛을 받아들이는 조리개의 구경이 커지므로 '조리개를 개방했다.'라고 표현하며, 이와 반대로 f 값이 높을수록 조리개 구경이 작아지므로 '조리개를 조였다.'라고 표현합니다. 셔터스피드는 조리개 값에 따라 달라지는데, 조리개 구경의 크기가 클 경우 짧은 시간에도 촬영에 필요한 빛을 채울 수 있기 때문에 셔터스피드는 상대적으로 짧아집니다. 이와

반대로, 조리개 값이 클 경우 촬영에 필요한 빛을 채울 수 있는 시간이 오래 걸리기 때문에 셔터스피드 시간이 길어집니다. 예를 들어, f1.7 상태에서 셔터를 누르면 빛을 받아들이는 구경의 크기가 커서 시간은 짧게 걸립니다.

다음은 조리개를 f1.7, f16으로 설정한 상태에서 셔터를 눌러 조리개 값에 따라 달라지는 셔터스피드 수치로 촬영한 사진입니다.

f1.7m 1/100s   f16 1/13s

02 상품 사진의 색상 맞추기

쇼핑몰의 고객은 상품을 모니터로 확인할 수밖에 없기 때문에 제품의 실제 색상과 가장 비슷한 색으로 촬영하는 것이 중요합니다.

• 화이트밸런스가 왜 필요한가요?

사진을 촬영하다 보면 흰색 벽을 촬영했을 때 흰색이 회색으로 나타나는 경우가 있습니다. 또한 파란색 하늘이 붉게 나타나거나 노란색 티셔츠가 불그스름하게 나타나기도 합니다. 이처럼 원래 사물의 색상과 다르게 촬영되는 것을 방지하기 위해 사용하는 기능이 화이트밸런스(White Balance)입니다.

이렇게 사물의 원래 색과 다르게 나타나는 이유는 카메라가 빛에 따라 색상을 올바로 인식하지 못하기 때문입니다. 화이트밸런스 기능을 이용하면 사물의 다양한 색상을 제대로 표현할 수 있습니다. 화이트밸런스 기능은 자동, 태양광, 흐림, 텅스텐, 형광등, 사용자 설정 중에서 선택할 수 있습니다.

AWB ☀ 🏠 ☀ ☁ 🔆 ⚡

화이트밸런스 모드

- **화이트밸런스와 색감**

인터넷 쇼핑몰은 등록된 상품 이미지만으로 상품의 색상을 알려주기 때문에 상품 촬영 시 화이트밸런스와 색감이 매우 중요합니다. 때때로 인터넷 쇼핑몰에서 구매한 상품 색상과 실제로 받아본 상품의 색상이 다르다며 반품을 요청하는 사례가 있으므로 최대한 실제 색상에 가까워 보이도록 촬영하는 것이 좋습니다.

화이트밸런스의 조작 방법은 디지털카메라마다 약간씩 다르지만, 다음은 공통사항이므로 촬영 상태에 따라 적절한 모드를 선택하면 원하는 색감의 사진을 얻을 수 있습니다.

❶ 자동(Auto) AWB

자동은 디지털카메라에 내장된 소프트웨어를 이용해 색온도에 따라 알아서 화이트밸런스 값을 조절하므로 자연스러운 색상을 얻을 수 있습니다.

❷ 태양광 ☀

한낮의 햇빛 아래에서 인지되는 색상을 표준으로 합니다. 이 모드에서의 촬영은 색상을 한낮에 햇빛 아래에 있는 것처럼 만듭니다.

❸ 그늘 🏠

태양광 아래에서 촬영하면 사진에 푸르스름한 색상이 추가됩니다. 이때 그늘 모드로 설정하면 푸르스름한 색이 제거됩니다.

❹ 백열등 ☀

백열등 아래에서 촬영하면 주황색과 노란색이 추가됩니다. 이때 백열등 모드로 설정하면 이와 같은 난색이 보정됩니다.

❺ 흐림 ☁️

구름으로 흐릿한 날에 촬영하는 경우, 맑은 날보다 푸른 색조가 강하게 나타납니다. 이 모드는 이러한 푸르스름한 색조를 보정하기 위해 약간의 노란색 색조를 추가합니다.

❻ 형광등 〰️

상품이 형광등 조명 아래에 있는 경우 눈으로 보면 자연스럽게 보이지만, 디지털카메라에는 녹색이 포함됩니다. 형광등 모드로 설정하면 이러한 현상을 막을 수 있습니다.

❼ 플래시 ⚡

플래시가 터지면 태양광과 비슷하지만, 약간 푸르스름한 색이 추가됩니다. 플래시 모드는 이를 보정해줍니다.

자동   태양광   백열등   플래시   형광등   흐림

플래스 모드와 보정 상태

03 수동으로 화이트밸런스 설정하기

디지털카메라의 자동 화이트밸런스 모드로 정확한 사물의 색감이 표현되지 않는다면 커스텀(custom) 모드(일명 '수동 화이트밸런스 모드')를 사용해 색감을 맞출 수 있습니다.

화이트밸런스를 수동으로 맞추기 위해서는 그레이카드나 화이트카드를 이용하는 것이 효과적입니다. 촬영할 사물 앞에 그레이카드를 위치시킨 후 수동 화이트밸런스 모드에서 그레이카드에 초점을 맞추면 현재 환경에 알맞게 맞춰져 일일이 모드를 바꿔가면서 촬영할 필요가 없습니다.

1 조명이나 형광등 아래에서 화이트밸런스를 오토 **AWB** 로 설정한 후 촬영하면 원래 배경 색감이 제대로 표현되지 않습니다. 이런 경우 수동 화이트밸런스 모드로 선택한 후 촬영할 제품 앞에 그레이카드나 흰색 종이를 위치시킵니다.

2 그레이카드나 화이트카드가 디지털카메라 뷰파인더 80% 이상의 면적을 차지하도록 화각 을 맞추고 셔터를 눌러 그레이카드의 회색이나 화이트카드의 흰색을 촬영합니다.

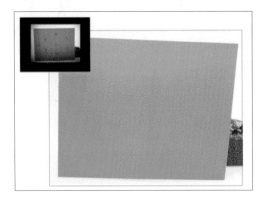

3 디지털카메라로 촬영한 회색 또는 흰색의 정보를 수동 화이트밸런스를 기준으로 설정합 니다. 이렇게 설정한 후에 촬영하면 다음과 같이 배경의 색감이 제대로 표현됩니다.

04 상품 사진 촬영 초점 맞추기

04-1 상품 포인트 찾기

상품 사진 몇 컷으로 상품의 모든 것을 보여줄 수는 없습니다. 따라서 상품의 주요 포인트를 찾아 촬영하는 감각이 필요합니다. 제품의 특징을 잘 살려 이미지를 표현해야 고객에게 더욱 어필할 수 있습니다. 그렇다 하더라도 상품의 사실적인 표현을 넘어서면 상품 이미지와 너무 다르다는 불만족과 함께 반품 요청에 시달리게 될 수도 있습니다.

다음은 가방 상품 사진 촬영 사례입니다. 가방의 전체적인 이미지와 함께 가방의 주요 특징을 나타내는 부분이 무엇인지 포인트를 찾은 후 접사 촬영했습니다. 특히 가방의 내부가 닫힌 상태로 촬영하는 것보다 약간 벌려 촬영하면 고객이 구매 결정을 하는 데 도움을 줄 수 있습니다.

브랜드 가방의 특징을 잘 표현한 사진

04-2 포커스 잡기

초점은 자동 또는 수동으로 맞출 수 있습니다. 디지털카메라의 셔터는 초점 등을 맞추는 '반셔터'와 사진을 촬영하는 '셔터'로 구성돼 있습니다. 셔터를 살짝 누르면 '삐릭' 소리가 나는데, 이때가 바로 반셔터 상태입니다. 반셔터 상태에서 카메라가 사물에 초점을 맞춤과 동시에 사물과 떨어진 거리, 초점, 빛의 양에 따라 조리개와 셔터 속도 등을 계산합니다. 반셔터 상태에서 셔터 버튼을 완전히 누르면 '찰칵'하는 소리와 함께 사진이 찍히게 됩니다.

셔터

디지털카메라의 셔터

정상적으로 보이는 사진도 흐린 영역과 선명한 영역이 있기 마련입니다. 다음 사진을 보면 흐린 영역과 선명한 영역으로 구분돼 있습니다. 흐린 영역은 선명하게 초점이 맞는 영역의 앞이나 뒤의 물체가 흐려지는 부분, 즉 초점이 맞지 않은 부분이고 선명한 영역은 제대로 초점이 맞는 '초점 포인트'입니다.

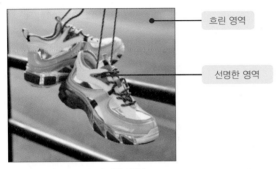

흐린 영역

선명한 영역

사진의 흐린 영역과 선명한 영역

03 조명의 종류와 특징

조명은 좀 더 넓은 범위에 부드럽고 균일한 빛을 주기 위한 투과 세트로, 특히 야외보다 실내에서 촬영하는 경우, 충분한 광량을 확보할 수 있어야 원하는 사진을 얻을 수 있습니다.

상품 촬영을 위한 조명은 디지털카메라에 장착해 사용할 수 있는 휴대용 플래시와 전문적인 촬영을 위한 스트로보 조명이 있습니다.

휴대용 플래시는 작고 가벼워 휴대하기가 간편하고, 실내 공간에서 자연스러운 색상의 사진을 만들 수 있으며, 햇빛이 강한 야외 촬영 시에는 역광이나 그림자 부분의 빛을 채워주는 역할도 합니다. 휴대용 플래시는 그림과 같이 디지털카메라의 핫슈에 끼우고 플래시 버튼을 이용해 보디와 플래시를 고정시킨 후 전원 버튼을 눌러 사용합니다.

휴대용 플래시　　　**핫슈**　　　　　　　　**휴대용 플래시를 핫슈에 장착한 모습**

스트로보는 휴대와 보관이 불편하지만, 광량이 풍부하고 빛의 방향과 성질을 조절할 수 있으므로 실내 촬영 시 유용하게 사용할 수 있습니다.

스트로보 촬영 세트

T I P	스마트폰을 활용한 상품 촬영

스마트폰에 내장된 카메라의 성능이 뛰어나 상품 촬영 시 디지털카메라 대용으로 이용하는 사례가 늘어나고 있습니다.

스마트폰에 내장된 카메라 화소는 스마트폰 모델에 따라 전면 800만 화소 이상, 후면 1,600만 화소 이상으로 상품을 촬영해도 충분할 정도로 높아졌습니다. 실제로 상품 촬영에도 활용하고 있습니다. 스마트폰으로 상품 촬영 시 그림과 같이 삼각대와 스마트폰 전용 플래시를 사용하면 원하는 사진을 얻는 데 도움이 됩니다.

스마트폰 전용 삼각대   스마트폰 전용 플래시   셔터 블루투스 리모컨

20 쇼핑몰 운영자를 위한 포토샵 핵심 기능 익히기

01 포토샵 기초 지식

포토샵은 이미지 보정 및 합성 기능을 제공합니다. 쇼핑몰을 운영하다 보면 간단한 상품 사진 보정부터 상품 페이지 디자인에 이르기까지 포토샵을 이용해야 하는 경우가 종종 있습니다. 웹 디자이너가 아니더라도 쇼핑몰 운영자라면 기본 기능을 알고 있어야 합니다.

01 포토샵 화면 구성 살펴보기

포토샵 화면의 기본 구성은 다음과 같습니다.

❶ 메뉴 표시줄: 포토샵의 다양한 기능을 실행하는 메뉴입니다.

❷ 옵션 바: 도구 상자에서 선택한 도구의 세부적인 기능을 설정할 수 있습니다.

❸ 도구 상자: 각 아이콘을 클릭하면 이미지 편집 작업에 사용하는 다양한 기능을 사용할 수 있습니다. 삼각형 모양이 있는 아이콘을 마우스로 길게 누르면 숨어 있는 아이콘이 표시됩니다.

❹ 파일 이름: 작업 중인 파일 이름과 확대 비율, 색상 모드가 표시됩니다.

❺ 작업 창: 실제 작업하는 공간입니다.

❻ 상태 표시줄: 화면 확대 비율, 파일 크기 등이 표시됩니다.

❼ 패널: 자주 사용하는 기능을 그룹별로 모아 놓은 곳입니다.

02 포토샵 작업 환경 변경하기

포토샵의 기본 작업 환경을 자신의 사용 환경에 맞게 변경할 수 있습니다.

1 포토샵을 실행한 후 [Edit]-[Preferences]-[General]을 클릭합니다.

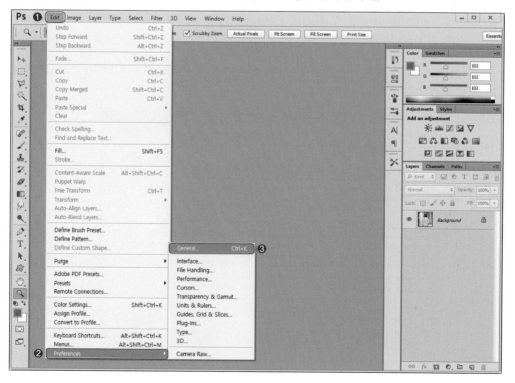

2 [Preference] 대화상자가 나타나면 [Units & Rulers] 메뉴를 클릭하고 Units 영역의 Rulers 와 Type 값을 Pixels로 선택한 후 [OK] 버튼을 클릭합니다. Pixels로 선택하는 이유는 웹에서 사용하는 이미지 단위가 기본적으로 픽셀(px) 단위이기 때문입니다.

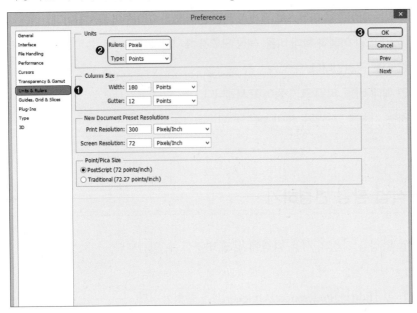

3 [Interface] 메뉴를 선택합니다. Appearance 영역에서 Color Theme의 색상을 선택한 후 'Open Documents as Tabs' 체크 박스의 체크 상태를 해제합니다. 포토샵 작업 화면을 원하는 색상으로 변경합니다.

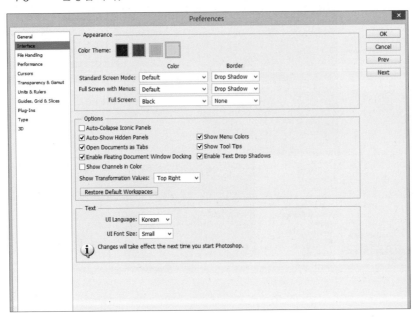

다음은 Color Theme의 색상을 검은색과 회색으로 선택했을 때의 결과 화면입니다. 자신의 작업 스타일에 맞게 선택하면 됩니다.

어두운 색을 선택했을 때

밝은색을 선택했을 때

다음은 'Open Documents as Tabs'의 체크 박스를 선택했을 때와 선택하지 않았을 때의 작업 창 화면입니다. 'Open Documents as Tabs' 체크 박스를 선택했을 때는 새 창이 탭으로 열립니다. 반면, 체크 박스를 선택하지 않았을 때는 작업 창이 새 탭으로 열립니다. 이러한 차이점을 고려해 본인이 작업하기 편리한 환경으로 변경합니다.

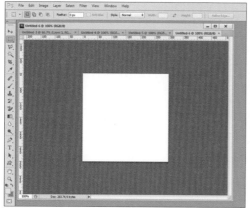

Open Documents as Tabs 체크 상태 화면

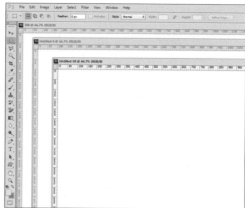

Open Documents as Tabs 체크 해제 상태 화면

03 파일 용량을 줄여 저장하기

웹에서 사용할 수 있는 이미지는 주로 jpg, gif, png 파일입니다. 디지털카메라로 촬영한 사진이나 포토샵에서 직접 디자인 파일을 웹용으로 사용하려면 [SAVE] 명령으로 저장하는 것보다 [Save for Web & devices] 명령을 사용해 파일 용량을 줄이는 것이 좋습니다. 사진의 용량은 웹에서 로딩되는 속도와 비례하므로 가능한 한 용량을 줄이는 것이 좋습니다.

1 파일 용량을 줄이는 연습에 사용할 파일을 불러온 후 [File]-[Save for Web]을 클릭합니다.

2 [Save for Web & Devices] 대화상자가 나타나면 상단의 [4-up] 탭을 클릭합니다. 자동으로 4개의 화면으로 분할되며, 각각의 화면은 파일 용량(❺)이 다르다는 것을 확인할 수 있습니다. 4개의 화면 중 웹에서 보일 이미지의 상태를 고려해 파일 용량과 이미지 손실률이 적은 화면을 선택한 후 파일 형식을 선택하고 [Save] 버튼을 클릭합니다.

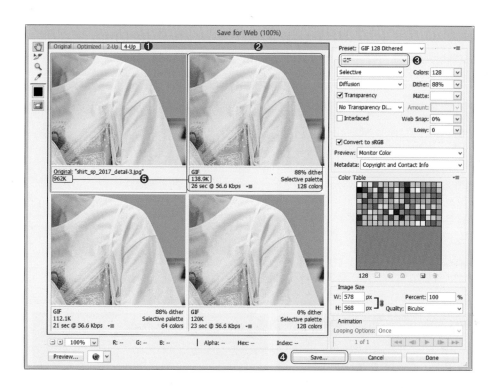

04 이미지 크기 조절하기

디지털카메라로 촬영한 상품 사진을 그대로 사용하는 것보다 상품 이미지의 크기, 해상도 등을 조절한 후에 사용하는 것이 좋습니다.

1 상품 사진 파일(shirt_sp_2017_detail-3.jpg)을 불러온 후 [Image]-[Image Size]를 클릭합니다.

2 [Image Size] 대화상자가 나타납니다. 현재 Width(가로)와 Height(세로) 사이즈, Resolution(해상도)이 표시됩니다. 이미지의 Width(가로) 값에 '300px'을 입력한 후 [OK] 버튼을 클릭하면 Height(세로) 값이 가로 비율에 맞춰 자동으로 조절됩니다.

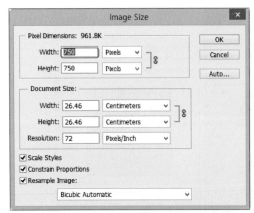

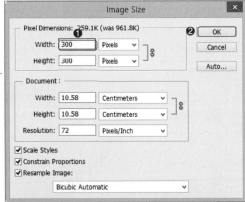

Width(가로)값: 750px 사이즈 이미지

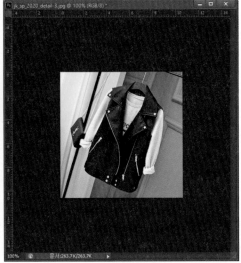

Width(가로)값: 300px 사이즈 이미지

05 상품 크기 자르기

촬영한 사진 중 특정 영역만 사용하거나 촬영한 결과물에서 불필요한 부분을 잘라내야 하는 경우가 있습니다. 이미지를 원하는 부분만 잘라낼 때는 자르기 도구( )를 사용합니다.

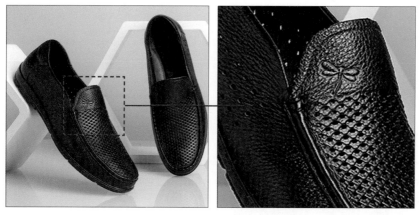

상품 사진 자르기

1 이미지 파일(shirt_sp_2017_detail-3.jpg)을 불러온 후 도구상자에서 자르기 도구(⬚)를 클릭합니다. 적당히 드래그한 후 조절점을 드래그해 잘라낼 크기와 모양을 정확히 지정하고 우측 상단의 적용 버튼(✔)을 누르거나 Enter 를 누릅니다.

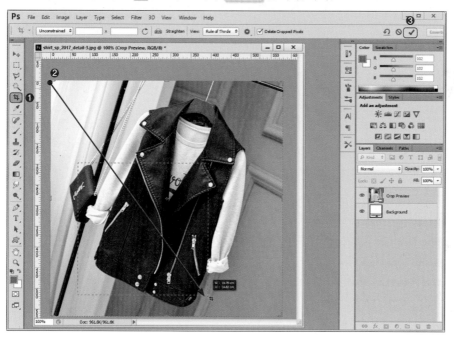

2 이미지가 지정한 크기와 모양으로 잘립니다.

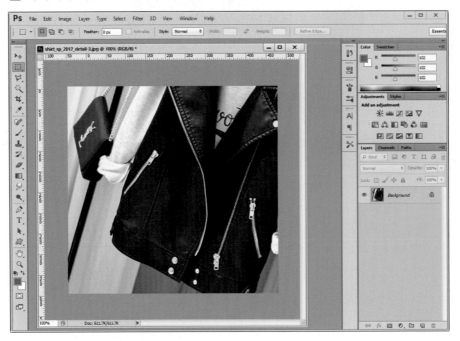

06 글자 입력 및 꾸미기

문자 도구는 글자를 입력할 때 사용합니다. 문자 도구(T)를 길게 누르면 수평 문자 도구
(T), 세로 문자 도구(IT), 수평 문자 마스크 도구(T), 세로 문자 마스크 도구(IT) 메뉴
가 나타납니다.

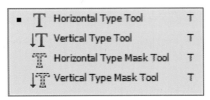

문자 도구 종류

문자를 가로로 입력할 때는 수평 문자 도구(T)를 사용하고, 세로로 입력할 때는 세로
문자 도구(IT)를 이용합니다. 가로 문자 영역을 선택 영역으로 만들려면 수평 문자 마스
크 도구(T)를, 세로 문자 영역을 선택 영역으로 만들려면 세로 문자 마스크 도구(IT)
를 이용합니다.

1 원하는 실습 파일을 불러옵니다.

2 문자 도구(T)를 클릭합니다. 글꼴을 'Headlin' 계열, 글자 크기를 '30px', 글자색을 '검은
색(#000000)'으로 지정한 적용 버튼(✔)을 누르거나 Ctrl + Enter 를 누릅니다. 상품 이름
과 모델 이름의 입력이 완성됐습니다. 입력한 글자를 드래그해 블록으로 설정한 후 옵션 바
에 글꼴, 글자색 등을 새로 지정할 수 있습니다.

---

02 상품 사진 편집하기

01 상품 사진 보정 및 효과주기

스마트폰이나 디지털카메라로 촬영한 원본 사진의 잡티나 구김 등을 지워 깨끗한 피부로 수
정하는 경우가 많은데, 이를 '사진 이미지 보정'이라 합니다. 포토샵에서도 보정 기능을 지원
하는 다양한 도구가 있습니다.

이미지 보정 도구인 힐링브러시 도구(🖌)를 살펴보겠습니다. 힐링브러시 도구(🖌)를 길게
누르면 다음과 같은 스폿 힐링브러시 도구(Spot Healing Brush Tool), 힐링브러시 도구(Healing
Brush Tool), 패치 도구(Patch Tool), 레드아이 도구(Red Eye Tool)를 선택할 수 있습니다.

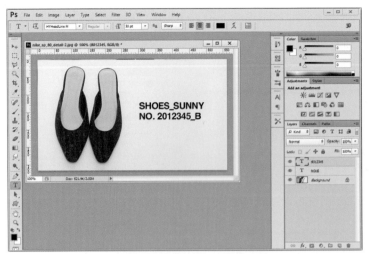

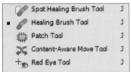

• 사진 속 불필요한 요소 제거하기

촬영한 사진 속에서 업체의 상호나 로고를 지우거나 모델 사진에서 잡티나 배경 요소 등을 제거하는 경우 등 불필요한 요소를 자연스럽게 제거해야 하는 경우가 종종 발생합니다.

1 사진 속에서 불필요한 요소를 자연스럽게 제거할 실습 파일(point.jpg)을 불러온 후 힐링 브러시 도구( )를 클릭합니다.

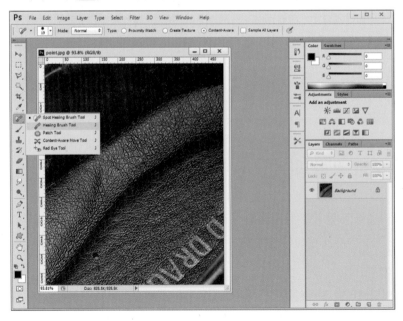

☑ 힐링브러시 옵션 바에서 드롭 버튼(▼)을 클릭하고 브러시의 크기를 조절합니다. Size는 19px, Hardness는 100%, Spacing은 25%로 설정한 후 옵션 막대에서 Source의 [Sampled] 라디오 버튼을 선택합니다.

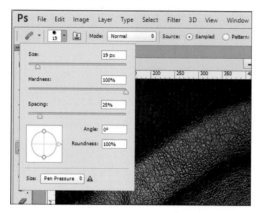

☑ Alt 를 누른 상태로 이미지에서 복제할 지점을 클릭합니다. 복제할 지점에 마우스 포인터를 올려놓은 후 문지르기를 합니다. 다음과 같이 복제할 지점의 이미지가 복제돼 가죽에 새겨진 로고가 자연스럽게 지워지는 것을 확인할 수 있습니다. 이러한 방식으로 작업을 반복하면 가죽의 로고를 깔끔하게 제거할 수 있습니다.

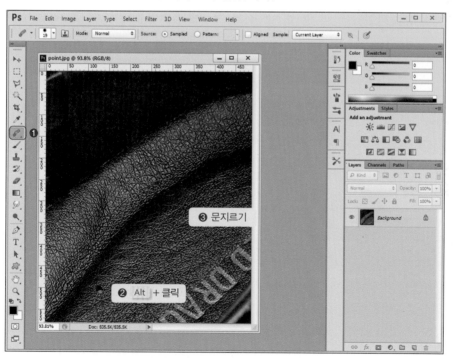

복제 전 이미지

복제 후 이미지

02 레벨 값으로 이미지 보정하기

상품 사진 촬영 시 조명 등의 영향으로 잘못된 색감은 곡선(Curves) 대화상자에서 적절한 값을 주어 보정할 수 있고, 화이트밸런스, 노출 등도 한 번에 보정할 수 있습니다.

1 이미지 보정 실습 파일(nike_sp_80_detail-1.jpg)을 불러옵니다.

2 [Image]−[Adjustments]−[Curves]를 클릭합니다.

3 [Curves] 대화상자가 나타나면 작업 창의 결과를 확인하면서 감마 그래프 곡선에서 하이
라이트 부분을 위쪽으로 드래그한 후 [OK] 버튼을 클릭합니다.

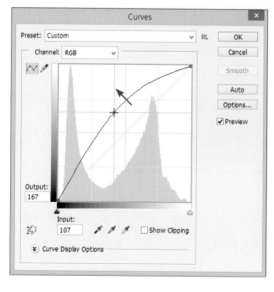

보정 전 원본 이미지

보정 후 원본 이미지

03 상품 배경 제거하기

상품 사진에서 상품 배경을 깔끔한 흰색으로 만드는 방법을 알아보겠습니다. 가장 먼저 배경을 깔끔하게 제거하기 위해 이미지를 추출합니다. 이미지 추출 방법에는 올가미 도구(⌀)나 펜 도구(✎)를 이용하는 방법과 퀵마스크(◻)를 이용하는 방법이 있습니다. 여기서는 퀵마스크를 이용해 상품 배경을 흰색으로 만들어 보겠습니다.

1 상품 배경을 흰색으로 보정할 실습 파일(nike_sp_80_detail-3.jpg)을 불러옵니다. 도구상자 아래의 퀵마스크 모드(◻)를 클릭합니다.

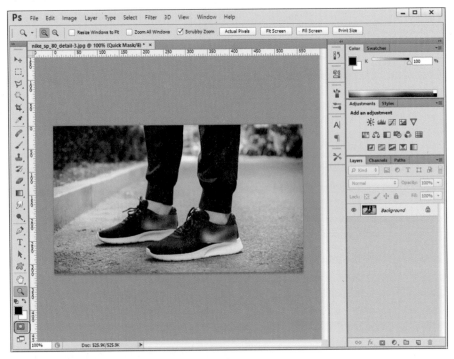

2 좀 더 정밀하게 작업하기 위해 돋보기 도구(🔍)를 클릭해 상품이 잘 보이도록 확대합니다. 브러시 도구(✏)를 클릭한 후 옵션 막대에서 크기 조절 드롭 버튼(▼)을 클릭합니다.

③ 보정하기에 적당한 브러시 크기를 선택합니다. 여기서는 25px 크기의 Hard Round 브러시를 사용하겠습니다.

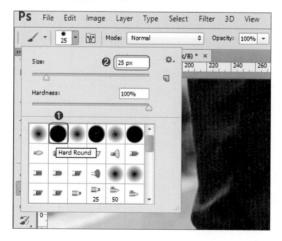

④ 브러시 크기를 조절해 가면서 추출할 영역(상품 사진)을 꼼꼼하게 색칠합니다. 여러 번 덧칠해도 무관합니다. 덧칠 작업이 완성된 후 퀵마스크 모드()를 클릭합니다.

⑤ 추출할 상품을 따라 선택 영역이 만들어집니다.

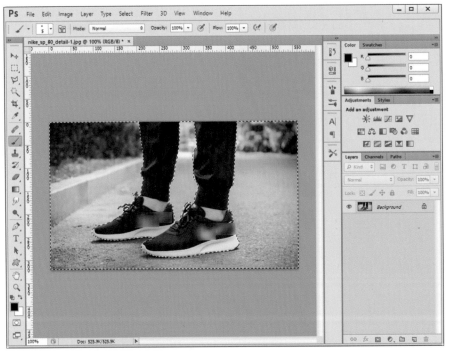

6 [Select]-[Inverse]를 클릭해 선택을 반전합니다.

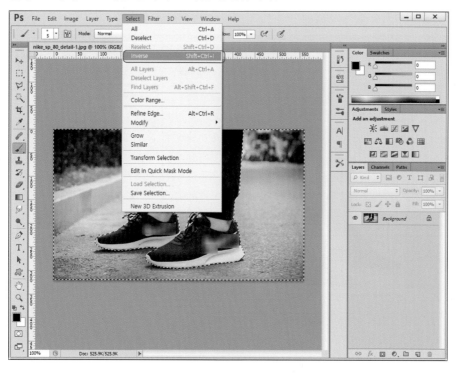

7 [Edit]-[Copy]를 클릭하거나 Ctrl + C 를 눌러 선택 영역의 이미지를 복사합니다.

8 [File]-[New]를 클릭해 새 창을 만듭니다. [Edit]-[Paste]를 클릭하거나 Ctrl + V 를 눌러 선택한 상품 이미지를 붙여 넣습니다.

03 편집 툴을 이용해 팝업 창 만들어 스마트스토어에 팝업 창 띄우기

카페24 에디봇(Editor + Robot) 배너를 활용해 템플릿을 선택한 후 이미지를 교체하고 문구만 수정해 저장하면 끝! 단, 1분이면 배너 디자인 편집, 수정, 만들기가 가능합니다. 640×640px의 정사각형 모양을 만들어 스마트스토어에 팝업 창을 띄워보겠습니다.

> **TIP** **에디봇 배너에서 제공하는 레이아웃과 템플릿**
>
> 다음은 에디봇 배너에서 제공하는 레이아웃입니다.
>
> | 가로형 배너 (1000 x 600) | 가로 띠 배너 (1000 x 200) | 정사각형 배너 (600 x 600) | 세로형 배너 (400 x 600) |
> |---|---|---|---|

에디봇 배너에서 제공하는 다양한 템플릿 사용 방법을 알아보겠습니다.

1 [앱스토어]-[앱스토어 바로가기]에서 '에디봇'을 검색한 후 '에디봇 배너'를 선택해 설치합
니다. 언제든지 [앱스토어]-[마이앱]-[에디봇 배너]-[관리하기]에서 접속할 수 있습니다.

2 [간편하게 배너 만들기]를 클릭하면 '에디봇 배너(Edibot Banner)' 편집 창이 팝업으로 나타납니다.

3 정사각형 배너를 만들려면 세 번째 레이아웃 형태 중에서 선택해야 합니다. 이 중 세 번째 디자인에 마우스 커서를 올려놓으면 나타나는 [배너 만들기] 버튼을 클릭해 보겠습니다.

4 첫째, 에디봇에는 가로형, 가로 띠 배너, 정사각형 배너, 세로형 배너 네 가지 형태의 레이아웃 안에서 다양한 템플릿을 제공하고 있는데, 여기에서 사용하고자 하는 배너와 비슷한 형태와 비율의 템플릿을 선택할 수 있습니다.

5 둘째, 사용하려는 이미지를 드래그 앤 드롭으로 간단하게 등록할 수 있습니다. 사이즈 변경, 회전은 물론 필터 효과까지 다양한 수정 기능을 이용하면 원하는 결과물을 만들 수 있습니다.

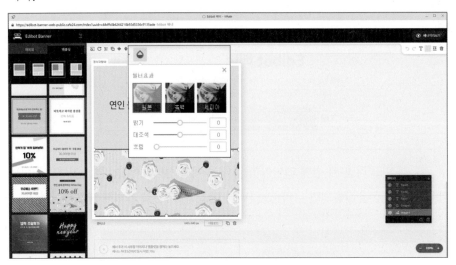

6 셋째, 문구를 아이템에 맞게 변경할 수 있습니다. 수많은 폰트, 행간, 자간까지 조절할 수 있고, 수정, 편집, 복제, 색상 변경도 가능합니다.

7 마지막으로 5개까지 동시에 작업한 결과물을 미리보기로 비교해본 후 마음에 드는 결과물을 골라 저장할 수도 있고, 일괄 저장도 할 수 있습니다.

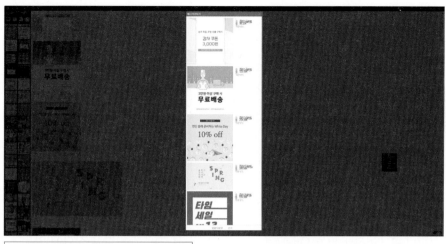

이미지를 다운로드 하시겠습니까?

이미지에 포함된 상표, 초상, 저작물 등의 이용 시 발생할 수 있는 권리 침해에 관하여 카페24는 책임 지지 않습니다

확인　　취소

8 [스마트스토어]–[상품 관리]–[공지사항 관리]–[새 상품 공지사항 등록]을 클릭합니다.

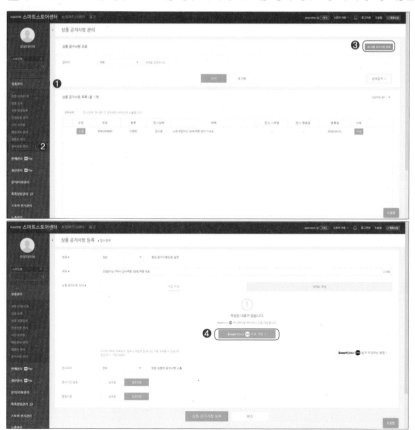

⑨ 제목을 입력한 후 [SmartEditor One으로 작성]을 클릭합니다. 그런 다음 상단에 있는 사진을 클릭하고 에디봇 배너로 만든 이미지를 업로드합니다. 전시 기간 설정, 팝업 사용에 '설정함'을 선택하고 [상품 공지사항 등록]을 클릭합니다. 현재 시간을 포함해야 현재 쇼핑몰 접속 시 팝업 창이 나타나는 것을 확인할 수 있습니다.

10 스마트스토어를 확인하면 팝업 창이 나타난 것을 확인할 수 있습니다.

에디봇 배너를 이용한 팝업 디자인의 예

TIP 에디봇 배너 활용

에디봇 배너는 스마트스토어의 프로모션 이미지, 마케팅 배너, 상품 컬렉션 등과 같은 각종 이미지 영역에 활용할 수 있습니다.

---

21 상품 상세 페이지 만들기

01 상품 상세 페이지 이해하기

01 상품 상세 페이지란?

상품 상세 페이지란, 상품 사진을 클릭하면 상품의 구체적인 내용을 확인할 수 있도록 자세한 상품 정보를 설명한 페이지를 말합니다.

쇼핑몰 상품 사진   상품 상세 페이지

상품 상세 페이지는 구매 결정의 마지막 단계로 상품이 지니고 있는 특징을 분석한 후 그 특징을 고객에게 가장 효과적으로 전달할 수 있어야 합니다. 예를 들어 의류 상품 상세 페이지라면 옷이 지니고 있는 고유의 색감과 상품 페이지의 색감 등을 조화롭게 매치시켜야 구매율

을 높일 수 있습니다. 특히 고객의 시선을 고려한 효율적인 공간 활용, 의도에 알맞은 그래픽 요소를 적절히 삽입하는 배치의 묘미를 충분히 고려해 제작해야 합니다.

좋은 상품 상세 페이지 레이아웃이란, 정리 정돈이 잘된 서랍과 같이 일률적으로 정리하는 것을 의미하는 것이 아닙니다. 고객이 미적인 즐거움과 시각적인 편안함을 느낄 수 있고, 시선의 흐름에 방해가 되지 않게 만들어야 합니다. 또한 전체적으로 통일감과 균형감이 있어야 하고, 판매하려는 상품의 특징을 가장 알기 쉽고 명료하게 전달할 수 있어야 합니다. 다시 말해, 인터넷이라는 한정된 공간에서 상품의 정보를 최대한 보기 좋고 알기 쉽게 표현해야 합니다.

상품에 대한 분석과 그 상품을 구매하는 고객층 분석 등을 이용해 레이아웃을 기획하고 만들어야 합니다. 즉, 상품의 어떤 부분을 강조할 것인지, 어떤 특징에 중점을 두어 구매 욕구를 일으키게 할 것인지를 종합적으로 고려해야 합니다.

상품 상세 페이지에는 여러 장의 상품 사진이 배치됩니다. 상품 사진은 고객이 가장 궁금해하는 것부터 배치하는 것이 좋습니다.

만약 의류 쇼핑몰의 경우, 고객이 가장 궁금해하는 것은 옷을 착용했을 때의 모습일 것입니다. 그렇기 때문에 모델이 상품을 착용한 피팅 사진을 상품 상세 페이지의 상단에 배치하는 것이 좋습니다. 또한 실제 착용하지 않더라도 상품의 느낌을 최대한 잘 전달할 수 있도록 다양한 각도에서 촬영한 사진을 그 아래에 배치하는 것이 좋습니다.

상품 상세 페이지에서 상품 사진의 배치 순서

02 상품 상세 페이지 유형

오픈마켓 플랫폼의 종류로는 G마켓, 옥션, 11번가, 쿠팡, 네이버 스마트스토어 등을 들 수 있는데, 공통적으로 오픈마켓의 상품 상세 페이지의 가로 길이는 860px의 크기로 사용하는 것을 권장합니다. 세로 길이는 상품의 종류 등에 따라 다양한 길이로 사용하지만 20,000px 이내로 사용하는 것을 권장합니다. 특히 G마켓과 옥션의 경우 20,000px이 넘어가는 경우 하이퍼링크가 스마트폰에서 작동하지 않는 현상이 발생할 수 있습니다. 또한 가능한 한 20,000px의 이미지를 하나의 이미지로 업로드하는 것보다 몇 개의 분할 이미지로 업로드하는 것을 권장합니다. 세로가 긴 이미지를 한 번에 업로드하는 경우 해상도가 낮아져 글씨가 흐릿해 보이는 현상이 나타나기도 합니다. 그리고 페이지의 로딩 시간이 느려져 쇼핑몰을 이탈하는 현상이 발생할 수 있습니다.

길이	PC 상품 상세 페이지	모바일 상품 상세 페이지
가로 길이(❶)	860px	860px
세로 길이(❷)	제한은 없지만, 가능한 한 분할해서 업로드할 것	20,000px(가능한 한 분할해서 업로드할 것)(파일 용량 제한)

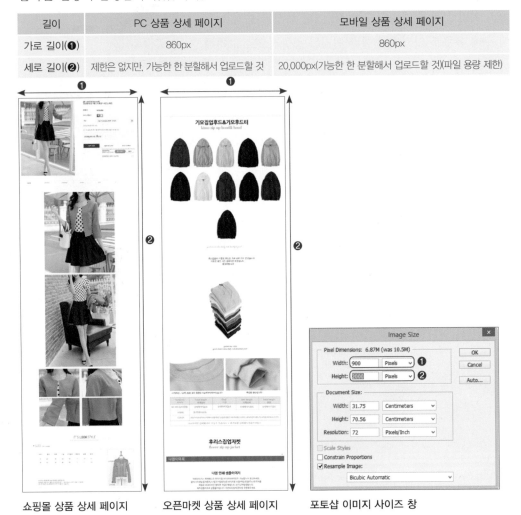

쇼핑몰 상품 상세 페이지   오픈마켓 상품 상세 페이지   포토샵 이미지 사이즈 창

에디봇은 초보자부터 숙련자까지 상품 상세 설명 콘텐츠를 빠르고 쉽게 완성할 수 있는 인공지능 콘텐츠 에디터 툴입니다. 애플리케이션(앱) 형태의 무료 서비스이고, 현재 크롬(Google Chrome) 브라우저에서만 사용할 수 있습니다. 앱을 설치한 후 [상품관리>에디봇>환경 설정]에서 환경 설정을 변경할 수 있습니다. 영어, 일본어, 중국어(간체), 스페인어, 포르투갈어 등의 번역을 제공합니다. 에디봇에서 제공하는 템플릿을 활용하면 상품 상세 페이지를 쉽고 편리하게 만들 수 있습니다.

TIP 에디봇에서 제공하는 무료 템플릿 미리보기

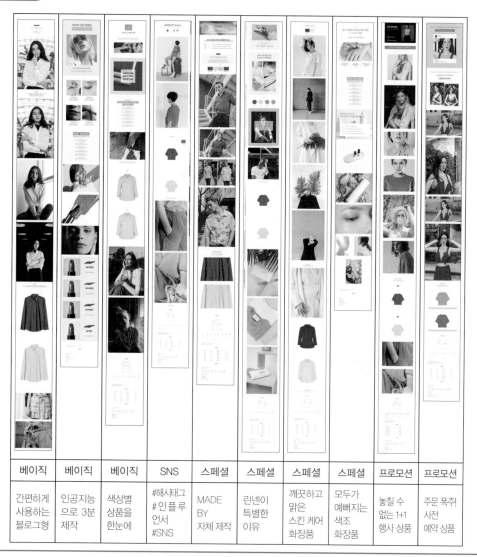

베이직	베이직	베이직	SNS	스페셜	스페셜	스페셜	스페셜	프로모션	프로모션
간편하게 사용하는 블로그형	인공지능으로 3분 제작	색상별 상품을 한눈에	#해시태그 #인플루언서 #SNS	MADE BY 자체 제작	린넨이 특별한 이유	깨끗하고 맑은 스킨 케어 화장품	모두가 예뻐지는 색조 화장품	놓칠 수 없는 1+1 행사 상품	주문 폭주! 사전 예약 상품

1 [앱스토어]–[앱스토어 바로가기]에서 '에디봇'을 검색한 후 '에디봇 배너'를 선택해 설치합니다.

2 [앱스토어]−[마이앱]−[에디봇 배너]−[관리하기]−[공통 설정] 탭에서 PC 상품 상세 설명의 사이즈를 860px로 수정한 후 나머지는 그대로 둔 상태에서 [저장]합니다.

3 [상품 관리]−[상품 등록]−[간단 등록]을 클릭한 후 상품 상세 설명의 [에디봇 작성] 탭에서 [에디봇으로 작성>] 버튼을 클릭하면 '에디봇 AI 에디터' 팝업 창이 나타납니다.

4 에디봇은 총 10가지의 무료 템플릿을 제공합니다(추가 한 가지는 빈 캠퍼스에서 내맘대로 할 수 있는 사용자 화면입니다). 아이템에 어울리는 상품 상세 페이지를 선택하면 우측의 '템플릿 미리보기' 영역에서 축소된 화면을 미리볼 수 있습니다.

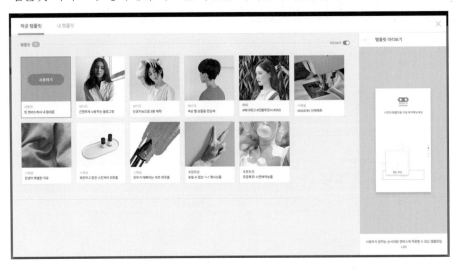

5 첫 번째 템플릿을 선택해보겠습니다. [사용하기]를 클릭하면 이미지 업로드 창이 나타납니다.

6️⃣ 예제 파일로 제공한 소스를 드래그해 화면에 놓으면 자동으로 분류돼 들어갑니다.

Part 06의 예제 소스

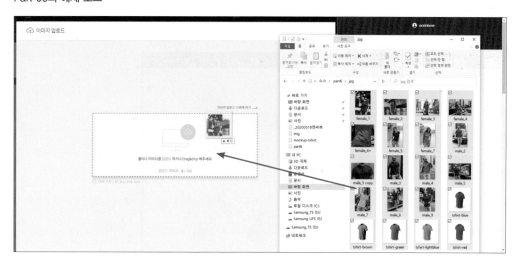

7 대표 이미지를 변경한 후 우측 상단의 [상세 편집]을 클릭합니다.

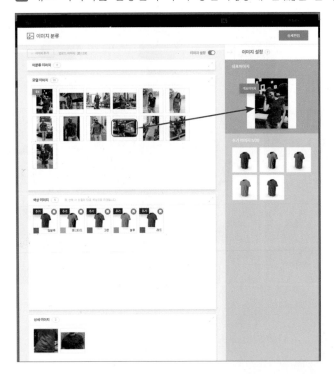

8 첫 번째 좌측 상단의 T 타입 툴을 클릭한 후 제목에 '남여공용 베이직 코튼 면티 민소매 반팔티셔츠'라고 입력합니다.

9 다섯 번째 꾸미기 스티커를 이용해 사진 사이에 붙여 넣습니다.

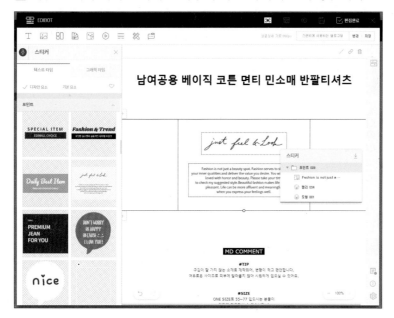

10 네 번째 색상 정보를 적당한 부분에 드래그해 넣습니다. 기존에 색상이 없는 사진은 삭제
합니다.

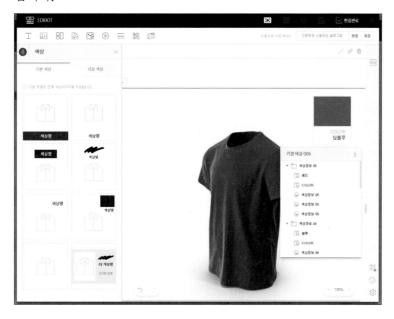

11 끝에서 두 번째 아이콘인 '상품 정보' 아이콘을 삽입해 사이즈 정보, 착용 정보 등을 넣습니다.

12 상품 리뷰를 넣습니다.

13 완료되면 우측 상단에 있는 [편집 완료]를 클릭합니다.

14 이 템플릿이 마음에 들고 계속 이 틀로 사용하려면 우측 상단에 있는 [저장] 버튼을 클릭한 후 새로운 템플릿으로 저장합니다. 다시 에디봇으로 새로운 상품을 등록하면 현재 작성한 템플릿이 나타납니다. [저장] 버튼 아래에 있는 아이콘을 이용하면 영역의 순서를 변경할 수 있습니다. 에디봇에 대한 좀 더 자세한 설명은 우측 하단에 있는 톱니 모양을 누르면 확인할 수 있습니다.

15 결과 화면은 다음과 같습니다.

Index

찾아보기